AtV

Als die schöne, aber unnahbare Marja Gawrilowna den geheimnisumwitterten Husarenoberst Burmin kennen- und lieben lernt, ahnt sie nicht, daß es derselbe Mann ist, dem sie vor über drei Jahren in dem nächtlichen Holzkirchlein angetraut wurde, weil ihr Bräutigam in einem gespenstischen Schneesturm verschollen war ... Während sich die durch ihre illegitime Herkunft überaus verletzliche, scheue Asja wegen eines einzigen Augenblicks des Zögerns und der Unentschlossenheit für immer von dem geliebten Mann abwendet, begeht die leidenschaftliche Katerina zwei grausame Morde, nur um mit Sergej ein unerlaubtes Liebesglück genießen zu können, und sei es als Gefangene auf dem Weg nach Sibirien ... Als Glück empfindet der Gorkische Erzähler heute die Tatsache, daß sein Gegenüber, eine füllige, Apfelsinen kauende und ihr drittes Kind erwartende Matrone, seinem schüchternen Liebeswerben einst eine Abfuhr erteilt hat und nun die Frau eines anderen ist ...

Der Band vereint Liebesgeschichten der bedeutendsten russischen Epiker des 19. Jahrhunderts und des beginnenden 20. Jahrhunderts, durchweg Autoren von weltliterarischem Rang, die auch in diesem Genre Meisterwerke von unvergänglicher Schönheit verfaßt haben.

Russische Liebesgeschichten

Herausgegeben von
Margit Bräuer

Aufbau Taschenbuch Verlag

ISBN 3-7466-1136-9

1. Auflage 2003

Hinweise zu den Inhabern der Original- und Übersetzungsrechte
am Schluß des Bandes
Umschlaggestaltung Simone Leitenberger
unter Verwendung des Gemäldes
von Nikolai Alexandrowitsch Jaroschenko
»Die Studentin«, 1883, Kaluga, Kunstmuseum,
picture-alliance/akg-images
Druck Clausen & Bosse, Leck
Printed in Germany

www.aufbau-taschenbuch.de

Inhalt

Alexander Puschkin
Der Schneesturm

Eilig geht der Pferde Lauf
Durch die hohen Wehen …
Seitwärts ist ein Gotteshaus
Ganz allein zu sehen.

Plötzlich Schneesturm überall,
Mit den Flügeln pfeifend,
Fliegt durch weißen Flockenfall,
Fast den Schlitten streifend,
Schwarzer Rabe. Leid'ger Ton!
In die Ferne spähen
Unruhvoll die Pferde schon,
Ihre Mähnen wehen …

Shukowski

Gegen Ende des Jahres 1811, in einer für uns denkwürdigen Zeit, lebte auf seinem Gut Nenaradowo der gutherzige Gawrila Gawrilowitsch R. Er war im ganzen Kreis für seine Gastfreundlichkeit und sein Entgegenkommen bekannt; alle Augenblicke kamen Gäste angefahren, um zu essen, zu trinken und mit seiner Frau um fünf Kopeken Boston zu spielen; einige kamen auch, um sich die Tochter, Marja Gawrilowna, anzusehen, ein schlankes, blasses siebzehnjähriges Mädchen. Sie galt für eine reiche Braut, und viele sahen sie schon in Gedanken als eigene Frau oder als die ihrer Söhne.

Marja Gawrilowna verdankte ihre Erziehung französischen Romanen, und infolgedessen war sie verliebt. Der Gegenstand, den sie sich auserwählt hatte, war ein armer Fähnrich, der den Urlaub in seinem Dorf verbrachte. Es versteht sich von selbst, daß der junge Mann von der gleichen Leidenschaft ergriffen war und daß die Eltern seiner Angebeteten, sowie sie die gegenseitige Zuneigung bemerkten, der Tochter verboten, auch nur an ihn zu denken, und ihn schlechter empfingen als einen Gerichtsbeisitzer im Ruhestand.

Unsere Liebenden standen im Briefwechsel und trafen sich jeden Tag heimlich im Kiefernwäldchen oder bei der alten Kapelle. Dort schworen sie sich ewige Liebe, beklagten ihr Schicksal und schmiedeten die verschiedensten Pläne. Auf diese Weise schrieben und unterhielten sie sich und gelangten (was durchaus natürlich ist) zu folgender Überlegung: Wenn einer ohne den anderen nicht atmen kann und der Wille der grausamen Eltern unserem Glück im Wege steht, wäre es dann nicht möglich, ohne diesen Willen auszukommen? Es versteht sich, daß dieser glückliche Gedanke zuerst dem jungen Mann gekommen war und daß er der romanhaften Einbildungskraft Marja Gawrilownas überaus gefiel.

Der Winter zog ein und bereitete ihren Zusammenkünften ein Ende; doch wurde der Briefwechsel dafür um so reger. Wladimir Nikolajewitsch flehte sie in jedem Brief an, die Seine zu werden, sich heimlich trauen zu lassen, sich für einige Zeit versteckt zu halten und danach sich den Eltern zu Füßen zu werfen, die, zu guter Letzt von der heroischen Standhaftigkeit und dem Unglück der Liebenden gerührt, unbedingt sagen werden: »Kinder, laßt euch umarmen!«

Marja Gawrilowna schwankte lange, und viele Fluchtpläne wurden verworfen. Schließlich war sie mit folgendem einverstanden: Am festgesetzten Tag sollte sie nicht zu Abend essen und sich unter dem Vorwand von Kopfschmerzen auf ihr Zimmer zurückziehen. Ihre Zofe war in die Verschwörung eingeweiht; beide sollten durch die Hintertür in den Garten hinausgehen, hinter dem Garten einen reisefertigen Schlitten vorfinden, sich hineinsetzen und in das fünf Werst von Nenaradowo entfernte Shadrino fahren, direkt vor die Kirche, wo Wladimir sie schon erwarten sollte.

Am Vorabend des entscheidenden Tages schlief Marja Gawrilowna die ganze Nacht nicht; sie packte ihre Sachen, bündelte Wäsche und Kleider, schrieb einen langen Brief an ein empfindsames Fräulein, ihre Freundin, und einen anderen an ihre Eltern. Sie nahm von ihnen in den rührendsten Ausdrücken Abschied, entschuldigte ihren Schritt mit der unüberwindlichen Macht der Leidenschaft und schloß mit den Worten, daß die glücklichste Minute ihres Lebens jene sein werde, in der es ihr erlaubt werde, sich den teuren Eltern zu Füßen zu werfen. Sie verschloß beide Briefe mit einem Tulaer Siegel, auf dem zwei flammende Herzen mit entsprechender Inschrift dargestellt waren, warf sich kurz vor Morgengrauen auf ihr Bett und fiel in einen leichten Schlaf; doch auch hier weckten sie alle Augenblicke entsetzliche Träume. Einmal schien es ihr, daß der Vater sie im Augenblick, da sie den Schlitten bestieg, um zur Trauung zu fahren, anhielt, mit beängstigender Schnelligkeit über den Schnee schleifte und sie in ein dunkles, abgrundtiefes unterirdisches Verlies warf … und sie flog mit einem unbeschreiblichen Gefühl des Schreckens kopfüber in die Tiefe; ein anderes Mal sah sie Wladimir blaß und blutig auf dem Rasen liegen. Sterbend bat er sie mit durchdringender Stimme, sich schnell mit ihm trauen zu lassen … Andere abscheuliche und unsinnige Träume lösten einander ab. Schließlich erhob sie sich, bleicher denn je und mit wirklichen Kopfschmerzen. Der Vater und die Mutter bemerkten ihre Unruhe. Ihre zärtliche Besorgtheit und ihre ununterbrochenen Fragen: »Was fehlt dir, Mascha? Du bist doch nicht etwa krank, Mascha?« schnitten ihr ins Herz. Sie suchte sie zu beruhigen, fröhlich zu scheinen – und konnte es nicht. Der Abend kam heran. Der Gedanke, daß dies der letzte Tag sei, den sie mit ihrer Familie verbringe, drückte ihr schier das Herz ab. Sie hielt sich kaum aufrecht, in Gedanken nahm sie Abschied von allen Personen und Gegenständen, die sie umgaben.

Das Abendbrot wurde aufgetragen; ihr Herz begann heftig zu schlagen. Mit bebender Stimme erklärte sie, daß sie nicht zu Abend essen wolle, und verabschiedete sich von dem Vater und der Mutter. Sie küßten und segneten sie wie gewöhnlich – beinah wäre Mascha in Tränen ausgebrochen. In ihrem Zimmer angelangt, warf sie sich in einen Sessel und ließ den Tränen freien Lauf. Die Zofe redete ihr zu, sich zu beruhigen und Mut zu fassen. Alles war bereit. In einer halben Stunde sollte Mascha für immer ihr Elternhaus, ihr Zimmer, ihr stilles Mädchenleben hinter sich lassen ... Draußen tobte ein Schneesturm: Der Wind heulte, die Fensterläden klapperten und klopften laut; alles schien ihr voller Drohung und schlimmer Vorbedeutung. Bald wurde es im Hause still, und alle gingen zur Ruhe. Mascha wickelte sich einen Schal um, zog einen warmen Mantel über, nahm ihre Schatulle in die Hand und ging zum hinteren Ausgang. Das Dienstmädchen folgte ihr mit zwei Bündeln. Sie begaben sich in den Garten. Der Schneesturm hatte nicht nachgelassen; der Wind blies ihr entgegen, als wollte er die jugendliche Missetäterin aufhalten. Mit Mühe gelangten sie bis an das Ende des Gartens. Auf dem Weg wartete schon der Schlitten auf sie. Die frierenden Pferde hielten nicht still; Wladimirs Kutscher ging vor den Deichseln auf und ab und hielt die Ungeduldigen zurück. Er half dem Fräulein und ihrem Mädchen beim Einsteigen und beim Verstauen der Bündel und der Schatulle, nahm die Zügel, und die Pferde galoppierten davon. Überlassen wir das Fräulein dem Schutze des Schicksals und der Kunst des Kutschers Tereschka, und wenden wir uns unserem jungen Liebhaber zu.

Den ganzen Tag war Wladimir unterwegs gewesen. Am Morgen hatte er den Geistlichen von Shadrino aufgesucht und war mit Müh und Not mit ihm einig geworden; dann machte er sich auf den Weg, um unter den Gutsbesitzern der Nachbarschaft Trauzeugen zu suchen. Der erste, bei dem er erschien, der verabschiedete vierzigjährige Kornett Drawin, war gern dazu bereit. Dieses Abenteuer, versicherte er, erinnere ihn an die frühere Zeit und die Husarenstreiche. Er überredete Wladimir, zum Mittagessen dazubleiben, und behauptete, daß es an den übrigen zwei Zeugen nicht fehlen werde. In der Tat erschienen gleich nach dem Essen der Feldmesser Schmitt mit Schnurrbart und Sporen und der Sohn des Kreishauptmanns, ein Knabe von sechzehn Jahren, der seit kurzer Zeit bei den Ulanen war. Sie nahmen nicht nur den Vorschlag Wladimirs an, sondern schworen ihm, daß sie bereit seien, für ihn ihr Leben hinzugeben. Wladimir umarmte sie voller Begeisterung und fuhr nach Hause, um seine Vorbereitungen zu treffen.

Die Dämmerung war schon lange hereingebrochen. Er schickte seinen zuverlässigen Tereschka mit der Troika und genauen und weitläufigen Anweisungen nach Nenaradowo, für sich selbst aber ließ er vor den kleinen Schlitten nur ein Pferd spannen und machte sich allein, ohne Kutscher, auf den Weg nach Shadrino, wohin in ungefähr zwei Stunden auch Marja Gawrilowna kommen sollte. Der Weg war ihm bekannt, und zu fahren hatte er ungefähr zwanzig Minuten.

Doch kaum war Wladimir aus der Ortschaft auf das freie Feld hinausgefahren, als sich ein Wind aufmachte und ein solcher Schneesturm einsetzte, daß er nichts mehr erkennen konnte. Im Nu war der Weg zugeweht; die Umgebung verschwand hinter einem undurchsichtigen und gelblichen Schleier, durch den weiße Schneeflokken flogen; der Himmel verschmolz mit der Erde. Wladimir merkte, daß er sich auf den Feldern befand, und suchte vergebens, wieder auf den Weg zu gelangen; das Pferd lief aufs Geratewohl und fuhr alle Augenblicke in eine Schneewehe oder brach in eine Grube ein; der

Schlitten schlug fortwährend um. Wladimir bemühte sich, wenigstens die Richtung einzuhalten. Allein es schien ihm, daß schon mehr als eine halbe Stunde vergangen sei, und das Wäldchen von Shadrino hatte er noch nicht erreicht. Es vergingen ungefähr weitere zehn Minuten; das Wäldchen war immer noch nicht zu sehen. Wladimir fuhr über ein von tiefen Schluchten durchzogenes Feld. Der Schneesturm ließ nicht nach, und der Himmel wurde nicht klarer. Das Pferd begann müde zu werden, und von ihm selbst floß der Schweiß in Strömen, obwohl er jeden Augenblick bis zum Gürtel im Schnee saß.

Schließlich sah er, daß er in die falsche Richtung fuhr. Wladimir hielt an: Er begann nachzudenken, sich zu erinnern, zu überlegen und kam zu dem Schluß, daß er sich nach rechts halten müsse. Er fuhr nach rechts. Sein Pferd lief kaum noch. Länger als eine Stunde war er schon unterwegs. Shadrino konnte nicht mehr weit sein. Er fuhr und fuhr, doch das Feld nahm kein Ende. Nur Schneewehen und Schluchten; alle Augenblicke schlug der Schlitten um, alle Augenblicke richtete er ihn wieder auf. Die Zeit verging; Wladimir erfaßte große Unruhe.

Schließlich sah er seitwärts etwas Schwarzes. Wladimir lenkte dorthin. Als er näher kam, erkannte er das Wäldchen. Gott sei Dank, dachte er, jetzt ist es nicht mehr weit. Er fuhr am Rande des Wäldchens entlang, in der Hoffnung, jeden Augenblick auf den bekannten Weg zu stoßen oder um das Wäldchen herumfahren zu können: Shadrino lag gleich dahinter. Bald hatte er einen Weg gefunden und fuhr in das Dunkel der vom Winter entblößten Bäume hinein. Der Wind konnte hier nicht toben, der Weg war glatt, das Pferd wurde munterer, und Wladimir beruhigte sich.

Doch er fuhr und fuhr, und von Shadrino war nichts zu sehen; das Wäldchen nahm kein Ende. Wladimir bemerkte voller Entsetzen, daß er in einen unbekannten Wald hineingefahren war. Verzweiflung überkam ihn. Er schlug auf das Pferd ein, das arme Tier begann im Trab zu laufen, doch bald hörte es auf, und nach einer Viertelstunde ging es wieder im Schritt, trotz aller Anstrengungen des unglücklichen Wladimir.

Allmählich wurde der Wald lichter, und Wladimir fuhr aus ihm heraus; Shadrino war nicht zu sehen. Es mußte gegen Mitternacht sein. Tränen schossen ihm aus den Augen; auf gut Glück fuhr er weiter. Der Sturm legte sich, und die Wolken verzogen sich; vor ihm breitete sich eine weite, gleichsam mit einem weißen welligen Teppich bedeckte Ebene aus. Die Nacht war ziemlich klar. In der Nähe erblickte er ein kleines Dörfchen, das aus vier oder fünf Höfen bestand. Wladimir fuhr zu ihm hin. Bei der ersten Hütte sprang er aus dem Schlitten, lief zum Fenster und begann zu klopfen. Nach einigen Minuten wurde der Laden hochgeschoben, und ein alter Mann steckte seinen grauen Bart hervor. »Was willst du?« – »Ist es noch weit bis Shadrino?« – »Ob's bis Shadrino weit ist?« – »Ja, ja! Ist es weit?« – »Nicht weit, ungefähr ein Dutzend Werst.« Bei dieser Antwort faßte sich Wladimir an den Kopf und stand, ohne sich zu rühren, wie ein zum Tode Verurteilter.

»Wo kommst du denn her?« fuhr der Alte fort. Wladimir hatte nicht den Mut, auf seine Fragen zu antworten. »Kannst du mir, Alter«, fragte er, »Pferde nach Shadrino beschaffen?« – »Was gibt's schon für Pferde bei uns«, antwortete der Bauer. »Kann ich nicht wenigstens einen Führer haben? Ich bezahle, was er verlangt.« – »Warte«, sagte der Alte und ließ wieder den Laden herunter, »ich schicke dir meinen Sohn, der führt dich.« Wladimir begann zu warten. Keine Minute war vergangen, als er wieder zu klopfen anfing. Der Laden wurde hochgeschoben, der Bart zeigte sich. »Was willst du?« – »Wo bleibt denn dein Sohn?« – »Er kommt gleich, er zieht sich nur die Stiefel an. Oder frierst du? Komm rein und wärm dich.« – »Nein danke, schicke mir nur schnell den Sohn.«

Das Tor quietschte in den Angeln; ein Bursche mit einem Knotenstock trat heraus und ging voran; bald zeigte er den von Schneewehen verdeckten Weg, bald suchte er ihn. »Wie spät ist es?« fragte ihn Wladimir. »Bald wird's hell«, antwortete der junge Bauer. Wladimir sagte kein Wort mehr.

Die Hähne krähten, und es war schon hell, als sie Shadrino erreichten. Die Kirche war verschlossen. Wladimir entlohnte den Führer und fuhr zum Hof des Geistlichen. Auf dem Hof war seine Troika nicht zu sehen. Was für eine Nachricht erwartete ihn!

Doch kehren wir zu den freundlichen Gutsherren nach Nenaradowo zurück, und sehen wir, was sich bei ihnen tut.

Nichts tut sich bei ihnen.

Die Alten waren aufgewacht und hatten sich in das Gastzimmer begeben, Gawrila Gawrilowitsch in Schlafmütze und weicher haariger Hausjacke, Praskowja Petrowna in wattiertem Schlafrock. Der Samowar wurde hereingebracht, und Gawrila Gawrilowitsch schickte das Mädchen zu Marja Gawrilowna, um zu erfahren, wie es um ihre Gesundheit stehe und wie sie geruht habe. Das Mädchen kehrte zurück und verkündete, daß das Fräulein schlecht geschlafen habe, doch daß es ihr jetzt besser gehe und sie gleich in das Gastzimmer komme. In der Tat öffnete sich die Tür, und Marja Gawrilowna trat herein, um Papa und Mama zu begrüßen.

»Hast du noch Kopfschmerzen, Mascha?« fragte Gawrila Gawrilowitsch. »Es geht mir besser, Väterchen«, antwortete Mascha. »Du hast bestimmt gestern zuviel Kohlengas eingeatmet, Mascha«, sagte Praskowja Petrowna. »Kann sein, Mütterchen«, antwortete Mascha.

Der Tag verlief ohne Zwischenfälle, doch zur Nacht wurde Mascha krank. Man schickte in die Stadt nach einem Arzt. Er kam gegen Abend und fand die Kranke phantasierend vor. Ein heftiges Fieber stellte sich ein, und die arme Kranke befand sich zwei Wochen am Rande des Grabes.

Niemand im Hause wußte von der beabsichtigten Flucht. Die Briefe, die sie am Vorabend geschrieben hatte, waren verbrannt; ihre Zofe erzählte niemandem etwas, aus Angst vor dem Zorn der Herrschaft. Der Geistliche, der verabschiedete Kornett, der schnurrbärtige Feldmesser und der kleine Ulan hielten sich zurück, und das mit Recht. Der Kutscher Tereschka sagte niemals etwas Überflüssiges, nicht einmal im Rausch. Auf diese Weise wurde das Geheimnis von mehr als einem halben Dutzend Verschwörern gehütet. Allein Marja Gawrilowna gab im pausenlosen Fieberwahn selbst ihr Geheimnis preis. Ihre Worte klangen jedoch derart unwahrscheinlich, daß die Mutter, die nicht von ihrem Bett wich, ihnen nur zu entnehmen vermochte, ihre Tochter sei unsterblich in Wladimir Nikolajewitsch verliebt und diese Liebe sei vermutlich auch der Grund ihrer Krankheit. Sie beriet sich mit ihrem Mann, mit einigen Nachbarn, und hierauf beschlossen alle einstimmig, daß dies anscheinend Marja Gawrilownas Schicksal sei, daß man dem Manne, der einem vorbestimmt ist, nicht einmal zu Pferde entgehen könne, daß Armut keine Sünde sei, daß es nicht auf Reichtum, sondern auf den Menschen ankomme, und was dergleichen mehr ist. Sprichwörter moralischen Inhalts sind erstaunlich nützlich in jenen Fällen, in denen uns selbst wenig zu unserer Rechtfertigung einfällt.

Unterdessen erholte sich das Fräulein nach und nach wieder. Wladimir hatte sich lange Zeit nicht im Hause Gawrila Gawrilowitschs sehen lassen. Er fürchtete den üblichen Empfang. Es wurde beschlossen, nach ihm zu schicken und ihm das unerwartete Glück mitzuteilen – die Einwilligung zur Ehe. Doch wie groß war das Erstaunen der Gutsherren von Nenaradowo, als sie auf ihre Einladung hin einen halbverrückten Brief von ihm erhielten! Er erklärte ihnen, daß sein Fuß nie wieder die Schwelle ihres Hauses betreten werde, und bat, einen Unglücklichen zu vergessen, für den der Tod die einzige Hoffnung geblieben sei. Einige Tage später erfuhren sie, daß Wladimir zur Armee abgereist sei. Das war im Jahre 1812.

Lange wagte niemand, dies der genesenden Mascha zu erzählen. Sie erwähnte Wladimir mit keinem Wort. Als sie dann nach einigen Monaten seinen Namen unter denjenigen fand, die sich bei Borodino ausgezeichnet hatten oder schwer verwundet wurden, fiel sie in Ohnmacht, und man fürchtete einen Rückfall des Fiebers. Jedoch hatte der Ohnmachtsanfall Gott sei Dank keine Folgen.

Ein neuer Kummer suchte sie heim: Gawrila Gawrilowitsch starb und hinterließ ihr als Erbin das ganze Gut. Aber das Erbe tröstete sie nicht; sie teilte aufrichtig den Schmerz der armen Praskowja Petrowna und schwor, sich niemals von ihr zu trennen; beide verließen Nenaradowo, den Ort trauriger Erinnerungen, und fuhren zum ***schen Gut, um dort zu leben.

Die Freier umschwärmten auch hier die anmutige und reiche Braut; doch sie machte keinem auch nur die geringste Hoffnung. Die Mutter versuchte sie manchmal zu überreden, sich einen Freund zu erwählen; Marja Gawrilowna indes wiegte den Kopf und versank in Nachdenken. Wladimir lebte schon nicht mehr: Er war in Moskau gestorben, am Vorabend der Einnahme durch die Franzosen. Sein Andenken schien Mascha heilig zu sein; jedenfalls hütete sie alles sorgsam, was an ihn erinnern konnte: Bücher, die er einstmals gelesen, seine Zeichnungen und die Noten und Gedichte, die er für sie abgeschrieben hatte. Die Nachbarn, die von allem erfuhren, wunderten sich über ihre Hartnäckigkeit und warteten voller Neugier auf den Helden, der schließlich über die bedauernswerte Treue der jungfräulichen Artemisia triumphieren mußte.

Unterdessen war der Krieg ruhmvoll beendet worden. Unsere Regimenter kamen aus der Fremde zurück. Das

Volk lief, um sie zu begrüßen. Die Kapellen spielten Lieder, die sie während des Feldzugs erbeutet hatten: Vive Henri-Quatre, Tiroler Walzer und Arien aus der »Joconde«. Die Offiziere, die in den Krieg fast als Halbwüchsige gezogen waren, kehrten heim, im Kampf zu Männern herangereift und die Brust voller Orden. Die Soldaten unterhielten sich fröhlich und mengten alle Augenblicke deutsche und französische Wörter in ihre Rede. Unvergeßliche Zeit! Zeit des Ruhms und der Begeisterung! Wie heftig schlug jedes russische Herz bei dem Worte Vaterland! Wie süß waren die Tränen des Wiedersehens! Mit welcher Einmütigkeit floß das Gefühl des nationalen Stolzes mit dem der Liebe zum Herrscher zusammen! Und für ihn, was für ein Augenblick!

Die Frauen, die russischen Frauen, waren damals unvergleichlich! Ihre gewöhnliche Kälte verschwand. Ihre Begeisterung war wahrhaft berauschend, als sie die Sieger begrüßten, hurra riefen

und in die Luft die Hauben warfen.

Wer von den damaligen Offizieren gesteht nicht ein, daß er der russischen Frau die beste und wertvollste aller Belohnungen verdankt? ...

In dieser glanzvollen Zeit lebte Marja Gawrilowna mit ihrer Mutter im ***schen Gouvernement und sah nicht, wie beide Hauptstädte die Heimkehr der Truppen feierten. Doch in den Landkreisen und Dörfern war die allgemeine Begeisterung vielleicht noch größer. Wenn dort ein Offizier erschien, so war dies für ihn ein wahrer Triumph, und dem Verehrer im Frack erging es nicht gut in seiner Nähe.

Wir sagten bereits, daß Marja Gawrilowna trotz ihrer Kälte auch weiterhin von Freiern umgeben war. Doch alle traten in den Hintergrund, als in ihrem Schloß der verwundete Husarenoberst Burmin erschien, mit dem Georgskreuz im Knopfloch und einer interessanten Blässe, wie es die dortigen Fräulein nannten. Er war ungefähr sechsundzwanzig Jahre alt. Er war gekommen, um den Urlaub auf seinen Besitzungen zu verbringen, die nicht weit von dem Dorfe Marja Gawrilownas lagen. Marja Gawrilowna zeichnete ihn vor den anderen sehr aus. In seiner Gegenwart machte ihre gewöhnliche Nachdenklichkeit einer gewissen Lebhaftigkeit Platz. Man konnte nicht behaupten, daß sie mit ihm kokettierte, doch der Dichter hätte zu ihrem Benehmen gesagt:

Se amor non è che dunque? ...

Burmin war in der Tat ein sehr liebenswürdiger junger Mann. Er besaß gerade jene Fähigkeiten, die den Frauen gefallen: Anstand und Beobachtungsgabe, keinerlei Anmaßung und eine unbekümmerte Spottlust. Marja Gawrilowna gegenüber benahm er sich schlicht und zwanglos; doch was sie auch sagte oder tat, seine Augen, sein ganzes Wesen waren nur auf sie gerichtet. Er schien von stiller und bescheidener Art zu sein, allerdings wollte das Gerücht wissen, daß er seinerzeit ein entsetzlicher Tunichtgut gewesen war, doch schadete ihm das nicht in den Augen Marja Gawrilownas, die, wie übrigens alle jungen Damen, mit Vergnügen Streiche verzieh, welche Kühnheit und Feurigkeit des Charakters verrieten.

Aber mehr als alles (mehr als seine Zärtlichkeit, mehr als seine angenehme Unterhaltung, mehr als seine interessante Blässe, mehr als seine verbundene Hand) reizte sein Schweigen ihre Neugier und ihre Phantasie. Sie konnte sich nicht verhehlen, daß er ihr sehr gefiel; wahrscheinlich hatte auch er mit seinem Verstand und seiner Erfahrung schon bemerkt, daß sie ihn auszeichnete: Aber warum hatte er sich ihr bis jetzt noch nicht zu Füßen geworfen und seine Liebe gestanden? Was hielt ihn zurück? Schüchternheit, ohne die es keine wahre Liebe gibt, Stolz oder die Koketterie eines durchtriebenen Schürzenjägers? Dies war für sie ein Rätsel. Sie dachte ordentlich darüber nach und kam zu dem Schluß, daß Schüchternheit der einzige Grund dafür sei, und nahm sich vor, ihm durch noch größere Aufmerksamkeit Mut zu machen und, falls es die Umstände erlauben sollten, sogar durch Zärtlichkeit. Sie bereitete eine gänzlich unerwartete Lösung vor und erwartete voller Ungeduld den Augenblick einer romantischen Liebeserklärung. Ein Geheimnis, welcher Art es auch sei, ist für ein Frauenherz immer eine Last. Ihre Kriegslist hatte den gewünschten Erfolg; wenigstens verfiel Burmin in eine solche Nachdenklichkeit, und seine Augen ruhten mit solch einem Feuer auf Marja Gawrilowna, daß der entscheidende Augenblick nicht mehr fern zu sein schien. Die Nachbarn sprachen von der Hochzeit wie von einer abgemachten Sache, und die gute Praskowja Petrowna freute sich, daß ihre Tochter endlich einen würdigen Freier gefunden hatte.

Die alte Frau saß eines Tages allein im Empfangszimmer und legte eine Grande-Patience, als Burmin in das Zimmer trat und sich sofort nach Marja Gawrilowna erkundigte. »Sie ist im Garten«, antwortete die Alte. »Gehen Sie zu ihr, ich werde hier auf euch warten.« Burmin ging, und die Alte bekreuzigte sich und dachte: Vielleicht findet die Sache heute noch ihren Abschluß!

Burmin traf Marja Gawrilowna am Teich unter einer Weide an, sie hielt ein Buch in der Hand, trug ein weißes Kleid und sah wie eine echte Romanheldin aus. Nach den ersten Fragen vermied es Marja Gawrilowna, das Gespräch fortzusetzen, um auf diese Weise die gegenseitige Verwirrung zu vergrößern, aus der man sich nur durch ein überraschendes und entschlossenes Liebesbekenntnis befreien konnte. Und so geschah es denn auch: Burmin, der die Schwierigkeit seiner Lage empfand, erklärte, er habe schon lange nach einer Möglichkeit gesucht, ihr sein Herz zu eröffnen, und bat für einen Augenblick um ihre Aufmerksamkeit. Marja Gawrilowna schloß ihr Buch und senkte die Augen zum Zeichen des Einverständnisses.

»Ich liebe Sie«, sagte Burmin, »ich liebe Sie leidenschaftlich ...« Marja Gawrilowna errötete und ließ den Kopf noch tiefer sinken. »Es war eine Unvorsichtigkeit von mir, mich der lieb gewordenen Gewohnheit zu überlassen, Sie tagtäglich zu sehen und zu hören ...« Marja Gawrilowna erinnerte sich an den ersten Brief des Saint-Preux. »Jetzt ist es schon zu spät, meinem Schicksal widerstehen zu wollen, die Erinnerung an Sie, Ihr liebes, unvergleichliches Bild wird von nun an zugleich Schmerz und Freude meines Lebens sein; doch es bleibt mir noch, einer schweren Pflicht nachzukommen: Ich muß Ihnen ein furchtbares Geheimnis mitteilen: Ein unüberwindliches Hindernis liegt zwischen uns ...« – »Es hat immer bestanden«, unterbrach ihn Marja Gawrilowna voller Lebhaftigkeit, »ich hätte nie Ihre Frau werden können ...« – »Ich weiß«, antwortete er still. »Ich weiß, daß Sie einst liebten, doch der Tod und drei Jahre der Trauer ... Liebe, gute Marja Gawrilowna, nehmen Sie mir nicht den letzten Trost – die Vorstellung, daß Sie einverstanden wären, mich glücklich zu machen, wenn nicht ... Schweigen Sie, um Himmels willen, schweigen Sie, Sie quälen mich. Ja, ich weiß es, ich fühle es, Sie würden die Meinige sein, doch – ich bin das unglücklichste Geschöpf ... Ich bin verheiratet!«

Marja Gawrilowna sah ihn voller Befremden an.

»Ich bin verheiratet«, fuhr Burmin fort. »Ich bin schon das vierte Jahr verheiratet, und ich weiß nicht, wer meine Frau ist, wo sie ist und ob ich sie je treffen werde!«

»Was sagen Sie da?« rief Marja Gawrilowna aus. »Wie seltsam das ist! Fahren Sie fort, ich erzähle Ihnen nachher ... Doch fahren Sie fort, ich bitte Sie!«

»Zu Beginn des Jahres achtzehnhundertzwölf«, sagte Burmin, »eilte ich nach Wilna, wo unser Regiment lag. Eines Tages kam ich spätabends zu einer Poststation; ich hatte schon befohlen, schnellstens die Pferde anzuspannen, als ein entsetzlicher Schneesturm losbrach, so daß der Postmeister und die Fuhrleute mir rieten, abzuwarten. Ich hörte auf sie, doch eine unbegreifliche Unruhe hatte mich erfaßt, es schien, als triebe mich jemand nur so voran. Der Schneesturm hatte unterdessen nicht nachgelassen; ich hielt es nicht mehr aus, wiederholte meinen Befehl und fuhr während des stärksten Sturmes ab. Meinem Kutscher fiel es ein, auf dem Fluß entlang zu fahren, was uns den Weg um drei Werst verkürzen sollte. Aber die Ufer waren verweht, und der Kutscher fuhr an der Ausfahrt zum Weg vorbei, und auf diese Weise befanden wir uns plötzlich in einer unbekannten Gegend. Der Sturm tobte nach wie vor. Ich erspähte ein Licht und befahl, dorthin zu fahren. Wir gelangten in ein Dorf. Das Licht kam aus einer Holzkirche. Ihre Tür stand offen, hinter dem Zaun hielten mehrere Schlitten, und auf dem Vorplatz bewegten sich Menschen. ›Hierher! Hierher!‹ riefen mehrere Stimmen. Ich befahl dem Kutscher heranzufahren. ›Ich bitte dich, wo bist du die ganze Zeit geblieben?‹ sagte jemand zu mir. ›Die Braut ist ohnmächtig, der Pope weiß nicht, was er machen soll; wir wollten schon wieder zurückfahren. Steig schnell aus.‹ Ohne ein Wort zu sagen, sprang ich aus dem Schlitten und trat in die Kirche, die schwach von zwei oder drei Kerzen erleuchtet war. Ein Mädchen saß auf einer Bank in einer dunklen Ecke; ein anderes Mädchen rieb ihr die Schläfen. ›Gott sei Dank‹, sagte dieses, ›endlich sind Sie gekommen. Sie haben das Fräulein beinahe zu Tode gequält.‹ Ein alter Geistlicher trat an mich heran und fragte: ›Befehlen Sie zu beginnen?‹ – ›Beginnen Sie, beginnen Sie, Väterchen‹, antwortete ich zerstreut. Sie stellten das Mädchen auf die Beine und stützten es. Sie schien nicht übel zu sein … Welch ein unverständlicher, unverzeihlicher Leichtsinn … Ich stellte mich neben sie vor den Altar; der Geistliche beeilte sich; drei Männer und die Zofe hielten die Braut und waren nur mit ihr beschäftigt. Wir wurden getraut. ›Küßt euch‹, sagte man uns. Meine Frau wandte mir ihr bleiches Gesicht zu. Ich wollte sie gerade küssen ... Da rief sie: ›Ach, er ist es nicht! Er ist es nicht!‹ und fiel bewußtlos zu Boden. Die Zeugen richteten ihre erschrockenen Blicke auf mich. Ich drehte mich um, ging aus der Kirche, ohne von jemandem daran gehindert zu werden, warf mich in den Schlitten und schrie: ›Vorwärts!‹«

»Du lieber Gott«, rief Marja Gawrilowna, »und Sie wissen nicht, was aus Ihrer armen Frau geworden ist?«

»Ich weiß es nicht«, antwortete Burmin. »Ich weiß nicht, wie das Dorf heißt, wo ich getraut wurde, ich erinnere mich nicht, von welcher Poststation ich abgefahren bin. Damals maß ich meinem verbrecherischen Streich so wenig Bedeutung bei, daß ich sogleich einschlief, als ich von der Kirche weggefahren war, und erst am Morgen des folgenden Tages, auf der dritten Station, aufwachte. Der Diener, der mich damals begleitete, ist während des Feldzugs gestorben, so daß ich nicht einmal die Hoffnung habe, jene zu finden, mit der ich solch grausamen Scherz getrieben und die nun so grausam gerächt ist.«

»Du lieber Gott, du lieber Gott!« sagte Marja Gawrilowna und ergriff seine Hand. »Sie waren das also! Und Sie erkennen mich nicht wieder?«

Burmin erblaßte – und warf sich ihr zu Füßen ...

1831

Iwan Turgenjew

Asja

1

Ich war damals fünfundzwanzig Jahre alt, begann N. N. zu erzählen. Es handelt sich also um längst vergangene Zeiten, wie Sie sehen. Ich hatte mich soeben unabhängig gemacht und war ins Ausland gefahren, nicht »um meine Bildung abzuschließen«, wie man dazumal sagte, ich wollte mich einfach in Gottes schöner Welt ein bißchen umblicken. Ich war gesund, jung, lebenslustig, an Geld fehlte es mir nicht. Sorgen plagten mich noch nicht, ich lebte in den Tag hinein, tat, wozu ich Lust hatte – kurz, ich ließ mir's wohl sein. Mir kam damals gar nicht in den Sinn, daß der Mensch keine Pflanze ist und sich's nicht lange wohl sein lassen kann. Die Jugend ißt vergoldete Pfefferkuchen und glaubt, sie seien das tägliche Brot; aber es kommt die Zeit, da man selbst um Brot vergeblich bittet. Doch darüber zu reden hat keinen Zweck.

Ich reiste ohne Ziel, ohne Plan umher, verweilte überall, wo es mir gefiel, und zog weiter, sobald ich den Wunsch verspürte, neue Gesichter zu sehen – ja, Gesichter. Mich interessierten ausschließlich die Menschen; die sehenswerten Kunstdenkmäler und die berühmten Sammlungen haßte ich. Der bloße Anblick eines Lohndieners erregte in mir Trauer und Zorn, und im Dresdner »Grünen Gewölbe« verlor ich fast den Verstand. Die Natur wirkte ungemein auf mich, aber ich liebte nicht ihre sogenannten Schönheiten, die erstaunlichen Berge, Felsen und Wasserfälle; ich mochte nicht, daß sie sich mir aufdrängte, daß sie mich störte. Lebendige menschliche Gesichter, die Reden der Leute, ihre Bewegungen, ihr Lachen – ohne das konnte ich dagegen nicht auskommen. In der Menge war mir stets besonders leicht und wohl zumute; es war mir eine Freude, dahin zu gehen, wohin die anderen gingen, zu schreien, wenn die anderen schrien, und gleichzeitig sah ich mir gern an, wie diese anderen schrien. Es machte mir Spaß, die Menschen zu beobachten. Ich beobachtete sie eigentlich gar nicht, ich betrachtete sie mit einer freudigen, unersättlichen Neugier. Doch ich schweife wieder ab.

Vor etwa zwanzig Jahren also lebte ich in der kleinen deutschen Stadt S. am linken Rheinufer. Ich suchte die Einsamkeit, denn ich war gerade von einer jungen Witwe, die ich in einem Badeort kennengelernt hatte, ins Herz getroffen worden. Sie war sehr schön und klug, hatte mit allen kokettiert – leider auch mit mir – und mich anfangs sogar ermutigt, dann aber schwer gekränkt, indem sie mich einem rotwangigen bayrischen Leutnant opferte. Die Wunde war, offen gestanden, nicht sehr tief; ich hielt es indes für meine Pflicht, mich eine Zeitlang der Trauer und der Einsamkeit hinzugeben – woran hat man in der Jugend nicht sein Vergnügen! –, und ließ mich in S. nieder.

Dieses Städtchen gefiel mir wegen seiner Lage am Fuß zweier hoher Hügel, wegen seiner verwitterten Mauern und Türme, seiner uralten Linden, der steilen Brücke über dem hellen Flüßchen, das in den Rhein mündet, hauptsächlich aber wegen seines guten Weines. Durch seine engen Gassen spazierten abends, kurz nach Sonnenuntergang (es war im Juni), reizende blonde deutsche Mädchen, und wenn sie einem Ausländer begegneten, sagten sie freundlich »*Guten Abend!*«*. Manche von ihnen gingen selbst dann nicht nach Hause, wenn der Mond hinter den spitzen Dächern der alten Häuser emporstieg und die kleinen Pflastersteine sich in seinen regungslosen Strahlen deutlich abzeichneten. Zu dieser Stunde wanderte ich

* Im Original deutsch.

gern durch die Stadt – es schien, als blicke der Mond vom klaren Himmel unverwandt auf sie hernieder und als spüre die Stadt diesen Blick und halte feinfühlig still, ganz von dem friedlichen und zugleich die Seele sanft erregenden Licht umflossen. Der Hahn auf dem hohen gotischen Kirchturm funkelte in mattem Gold, und mit dem gleichen Gold übergossen die Strahlen das schwarze Flüßchen. Dünne Kerzen (der Deutsche ist sparsam!) glommen bescheiden hinter den schmalen Fenstern unter den Schieferdächern; Weinreben streckten geheimnisvoll ihre gewundenen Ranken hinter den Gartenmauern hervor; eine Gestalt huschte im Schatten des altertümlichen Brunnens auf dem dreieckigen Marktplatz vorüber.

Plötzlich ertönte der verschlafene Hornruf des Nachtwächters, ein gutmütiger Hund knurrte halblaut, die Luft liebkoste so sanft das Gesicht, und die Linden dufteten so süß, daß die Brust sich unwillkürlich weitete und das Wort »Gretchen« sich halb als Ausruf, halb als Frage auf die Lippen drängte.

Das Städtchen S. liegt zwei Werst vom Rhein entfernt. Ich ging oft an den majestätischen Strom, saß stundenlang auf einer Steinbank unter einer mächtigen einsamen Esche und dachte, nicht ohne eine gewisse Anstrengung, an die arglistige Witwe. Eine kleine Madonnenstatue mit beinahe kindlichem Gesicht und einem von Schwertern durchbohrten roten Herzen auf der Brust blickte traurig aus den Zweigen heraus. Am gegenüberliegenden Ufer befindet sich das Städtchen L., das etwas größer ist als S., wo ich mich niedergelassen hatte. Eines Abends saß ich auf meiner Lieblingsbank und schaute bald auf den Strom, bald zum Himmel empor, bald nach den Weinbergen hinüber. Vor mir kletterten blondköpfige Buben an den Seitenwänden eines Kahnes herum, der ans Ufer gezogen und mit dem geteerten Bauch nach oben gekehrt war. Kleine Boote glitten mit schwach geblähten Segeln langsam dahin; grünliche Wellen rollten, sanft anschwellend und glucksend, vorbei. Plötzlich drang Musik an mein Ohr. Ich lauschte. In der Stadt L. wurde ein Walzer gespielt. Abgerissen dröhnte der Kontrabaß, undeutlich sang die Geige, munter pfiff die Flöte.

»Was ist das?« fragte ich einen alten Mann mit Samtweste, dunkelblauen Strümpfen und Schnallenschuhen, der auf mich zukam.

»Das«, antwortete er mir, nachdem er seine Pfeife aus dem einen Mundwinkel in den anderen geschoben hatte, »das sind Studenten aus B., die sich zum Kommers zusammengefunden haben.«

Diesen Kommers werde ich mir mal ansehen, dachte ich. Übrigens bin ich noch nie in L. gewesen.

Ich suchte einen Fährmann und setzte ans andere Ufer über.

2

Vielleicht weiß nicht jeder, was ein Kommers ist. Das ist eine besondere Art von Festgelage, zu dem die Studenten eines Landes oder einer *Landsmannschaft** zusammenkommen. Fast alle, die an dem Kommers teilnehmen, tragen die althergebrachte Tracht der deutschen Studenten: eine Pekesche, hohe Stiefel und eine kleine Mütze mit einem Rand in bestimmten Farben. Sie versammeln sich gewöhnlich zum Mittagessen unter dem Vorsitz des Seniors, das heißt des Ältesten, und zechen bis zum Morgen. Sie trinken, singen Lieder, ihre »Landeshymne« Gaudeamus, rauchen, schimpfen auf die Philister, und manchmal bestellen sie auch eine Musikkapelle.

Ein solcher Kommers wurde in L. vor dem kleinen Wirtshaus »Zur Sonne« abgehalten, in dem an der Straße gelegenen Garten. Über dem Wirtshaus und dem Garten wehten Fahnen; die Studenten saßen unter den gestutzten

* Im Original deutsch.

Linden an Tischen; eine riesige Bulldogge lag unter einem davon; etwas abseits, in einer Efeulaube, waren die Musikanten untergebracht, die eifrig spielten und sich fortwährend mit Bier stärkten. Auf der Straße, vor dem niedrigen Gartenzaun, hatten sich ziemlich viel Leute angesammelt: Die guten Bürger des Städtchens L. wollten die Gelegenheit, die hergereisten Gäste anzustaunen, nicht versäumen. Ich mischte mich unter die Zuschauermenge. Es machte mir Vergnügen, die Gesichter der Studenten zu betrachten. Ihre Umarmungen und Ausrufe, das unschuldige Kokettieren der Jugend, die feurigen Blicke, das grundlose Lachen – das schönste Lachen der Welt –, dieses frohe Überschäumen jungen, frischen Lebens, dieses Vorwärtsdrängen – wohin es auch gehen möge, nur vorwärts –, diese gutmütige Ungebundenheit, all das rührte mich und steckte mich an. Ob ich mich zu ihnen geselle? überlegte ich.

»Hast du nun genug, Asja?« fragte hinter mir plötzlich eine männliche Stimme auf russisch.

»Warten wir noch ein wenig«, antwortete eine andere, weibliche Stimme in derselben Sprache.

Ich wandte mich rasch um. Mein Blick fiel auf einen schönen jungen Mann in Schirmmütze und weiter Jacke. Er stand Arm in Arm mit einem nicht sehr großen jungen Mädchen, deren Strohhut mir die ganze obere Hälfte ihres Gesichtes verbarg.

»Sie sind Russen?« entschlüpfte es mir unwillkürlich.

Der junge Mann lächelte und sagte: »Ja, Russen.«

»Ich hätte nicht erwartet, hier in diesem abgelegenen Ort ...«, begann ich.

»Wir auch nicht«, unterbrach er mich. »Doch um so besser. Gestatten Sie, daß ich mich vorstelle: Mein Name ist Gagin, und das ist meine ...« (er stockte einen Augenblick) »meine Schwester. Darf ich Ihren Namen wissen?«

Ich nannte ihn, und wir kamen ins Gespräch. Ich erfuhr, daß Gagin, der gleich mir zum Vergnügen reiste, vor einer

Woche nach L. gekommen und hier hängengeblieben war. Offen gesagt, ich mache im Ausland nicht gern die Bekanntschaft von Russen. Ich erkenne sie schon von weitem an ihrem Gang, an dem Schnitt der Kleidung, vor allem aber an ihrem Gesichtsausdruck: Für gewöhnlich selbstgefällig und verächtlich, oft gebieterisch, wird er plötzlich vorsichtig und zaghaft. Der ganze Mensch lauscht auf einmal gespannt, das Auge schweift unruhig umher. Ach du meine Güte, habe ich etwa geflunkert, lacht man etwa über mich? scheint dieser unstete Blick zu fragen. Eine Sekunde nur – dann hat die Physiognomie ihre Würde wiedergewonnen, die bisweilen von einer dumpfen Verwunderung abgelöst wird. Ja, ich meide die Russen, doch Gagin gefiel mir sofort. Es gibt auf der Welt beneidenswerte Gesichter: Jeder schaut sie gern an, als wärme oder streichele einen ihr Blick. Ein solches Gesicht hatte Gagin – sympathisch, freundlich, mit großen sanften Augen und weichem lockigem Haar. Wenn er sprach, merkte man, auch ohne sein Gesicht zu sehen, am bloßen Klang seiner Stimme, daß er lächelte.

Das Mädchen, das er seine Schwester genannt hatte, dünkte mir im ersten Moment sehr hübsch. Es lag etwas Eigenes, Besonderes im Schnitt ihres gebräunten runden Gesichts, in der kleinen schmalen Nase, den fast noch kindlichen Wangen und den klaren schwarzen Augen. Sie war grazil, aber anscheinend noch nicht voll entwickelt. Ihrem Bruder sah sie in keiner Weise ähnlich.

»Möchten Sie mit zu uns kommen?« fragte mich Gagin. »Ich glaube, wir haben den Deutschen lange genug zugeschaut. Unsere Studenten hätten die Scheiben eingeschlagen und die Stühle zertrümmert, diese aber sind doch allzu brav. Was meinst du, Asja, wollen wir nach Hause gehen?«

Das Mädchen nickte zustimmend.

»Wir wohnen außerhalb der Stadt«, fuhr Gagin fort, »auf einem Weinberg, hoch oben, in einem einsamen

Häuschen. Wir haben es sehr nett, Sie werden sehen. Die Wirtin hat versprochen, uns saure Milch zu bereiten. Jetzt dunkelt es ja bald, und für Sie wird es schöner sein, bei Mondschein über den Rhein zu fahren.«

Wir machten uns auf den Weg. Durch ein niedriges Stadttor (eine altertümliche Mauer aus Feldsteinen zog sich rings um die Stadt; sogar einige Schießscharten waren noch vorhanden) kamen wir hinaus ins Freie, und nachdem wir etwa hundert Schritt an einer steinernen Einfriedung entlanggegangen waren, blieben wir vor einem schmalen Pförtchen stehen. Gagin schloß es auf und führte uns einen steilen Pfad bergan. Auf den abgestuften Hängen wuchsen zu beiden Seiten Weinstöcke. Die Sonne war soeben untergegangen, und ein zartes rotes Licht lag auf den grünen Reben, den hohen Stangen, dem trockenen, mit großen und kleinen platten Steinen übersäten Erdboden und auf der weißen Wand des kleinen Hauses, das mit seinen schwarzen Fachwerkbalken und seinen vier hellen Fenstern ganz oben auf dem Berg stand, den wir erstiegen.

»Das ist unsere Behausung!« rief Gagin aus, als wir uns dem Häuschen näherten. Und da bringt die Wirtin auch schon die Milch. *Guten Abend, Madame!** Wir setzen uns gleich zu Tisch, aber vorher«, fügte er hinzu, »schauen Sie sich um. Wie finden Sie die Aussicht?«

Die Aussicht war wirklich wundervoll. Der Rhein lag zwischen seinen grünen Ufern silbern vor uns, und an einer Stelle glühte er im purpurnen Gold des Sonnenuntergangs. Das ans Ufer geschmiegte Städtchen zeigte alle seine Häuser und Straßen, und weit dahinter dehnten sich Hügel und Felder. Da unten war es schön, hier oben aber noch herrlicher: Ganz besonders bezauberten mich die Reinheit und die Tiefe des Himmels, die leuchtende, durchsichtige Luft. Frisch und leicht, wogte sie sanft hin und her, als fühle auch sie sich in der Höhe freier.

* Im Original deutsch.

»Eine reizende Wohnung haben Sie sich ausgesucht«, sagte ich.

»Asja hat sie gefunden«, erwiderte Gagin. »Nun, Asja«, fuhr er fort, »walte deines Amtes. Laß alles hierherbringen. Wir werden im Freien zu Abend essen. Hier ist die Musik besser zu hören. Haben Sie bemerkt«, sprach er, zu mir gewandt, weiter, »aus der Nähe taugt mancher Walzer gar nichts – banale, grobe Töne –, von fern aber klingt er wunderbar und rührt alle romantischen Seiten in einem an.«

Asja (eigentlich hieß sie Anna, doch Gagin nannte sie Asja, und Sie gestatten mir wohl, sie ebenfalls so zu nennen), Asja ging ins Haus und kam bald darauf mit der Wirtin zurück. Sie trugen zu zweit ein großes Tablett, auf dem ein Topf Milch, Teller, Löffel, Zucker, Beeren und Brot zu sehen waren. Wir nahmen Platz und begannen zu essen. Asja hatte den Hut abgesetzt; ihr schwarzes Haar, das wie bei einem Knaben geschnitten und gekämmt war, fiel in großen Wellen über die Ohren und den Hals.

Anfangs war sie mir gegenüber befangen, aber Gagin sagte zu ihr: »Du brauchst dich nicht so einzuigeln, Asja, er beißt nicht.«

Sie lächelte, und nach einer Weile redete sie mich schon von selbst an. Nie habe ich ein beweglicheres Wesen kennengelernt. Nicht einen Augenblick saß sie still – sie stand auf, lief ins Haus und kehrte wieder zurück, sang leise vor sich hin, lachte oft und auf eine ganz sonderbare Art: Sie schien nicht über das zu lachen, was sie hörte, sondern über allerlei Gedanken, die ihr durch den Kopf gingen. Ihre großen Augen blickten offen, heiter und beherzt, doch manchmal schlossen sich ihre Lider halb, und dann wurde ihr Blick plötzlich tief und zärtlich.

Wir plauderten ein paar Stunden. Der Tag war längst erloschen, und der Abend, erst in Flammen lodernd, dann klar und glutrot, danach blaß und trüb geworden, war still verklungen und in die Nacht übergegangen, unser Gespräch aber dauerte immer noch an, friedlich und mild wie die Luft, die uns umgab. Gagin ließ eine Flasche Rheinwein bringen. Wir leerten sie, ohne uns zu beeilen. Die Musik drang nach wie vor an unser Ohr; ihre Töne erschienen süßer und sanfter. Lichter erglommen in der Stadt und auf dem Strom. Asja senkte plötzlich den Kopf, so daß ihr die Locken über die Augen fielen, verstummte und seufzte. Dann sagte sie, sie wolle schlafen, und ging ins Haus. Ich sah jedoch, wie sie, ohne eine Kerze angezündet zu haben, noch lange an dem halb offenen Fenster stand. Schließlich stieg der Mond empor und begann auf dem Rhein zu glitzern. Alles veränderte sich, alles hellte sich auf oder wurde noch dunkler; sogar der Wein in unseren geschliffenen Gläsern funkelte geheimnisvoll. Der Wind hatte sich gelegt, hatte gleichsam die Flügel gefaltet und war erstarrt; duftende nächtliche Wärme wehte von der Erde herauf.

»Es ist Zeit!« rief ich aus. »Sonst finde ich vielleicht keinen Fährmann mehr.«

»Ja, es ist Zeit«, wiederholte Gagin.

Wir gingen den Pfad hinunter. Plötzlich rollten hinter uns Steine: Asja holte uns ein.

»Schläfst du denn nicht?« fragte der Bruder, doch sie lief, ohne ihm zu antworten, an uns vorbei.

Die letzten Talglämpchen, die die Studenten im Garten des Wirtshauses angezündet hatten, erloschen allmählich und beleuchteten von unten das Laub der Bäume, was diesen ein festliches und phantastisches Aussehen verlieh. Wir fanden Asja am Ufer. Sie unterhielt sich mit dem Fährmann. Ich sprang ins Boot und verabschiedete mich von meinen neuen Freunden. Gagin versprach, mich am nächsten Tag zu besuchen. Ich drückte ihm die Hand und wollte mich dann ebenso auch von Asja verabschieden, sie aber sah mich nur an und nickte. Das Boot stieß ab und wurde von der schnellen Strömung davongetragen. Der Fährmann, ein rüstiger Greis, tauchte die Ruder mit Anstrengung in das dunkle Wasser.

»Sie sind in den Mondspiegel hineingefahren, Sie haben ihn zerbrochen!« rief mir Asja nach.

Ich senkte den Blick – rings um das Boot wiegten sich schwarze Wellen.

»Leben Sie wohl!« erscholl ihre Stimme abermals.

»Bis morgen!« rief Gagin.

Das Boot legte an. Ich stieg aus und wandte mich um. Am anderen Ufer war niemand mehr zu erblicken. Die Mondspiegelung zog sich wieder als goldene Brücke über den großen Strom. Wie zum Abschied wehten die Klänge eines alten Lannerschen Walzers zu mir herüber. Gagin hatte recht: Ich spürte, wie alle Saiten meines Herzens unter diesen einschmeichelnden Melodien erzitterten. Ich ging, langsam die würzige Luft einatmend, durch die dunklen Felder heimwärts und gelangte schließlich, von der wonnigen Pein gegenstandsloser und unbegrenzter Erwartung ganz weich gestimmt, in mein Stübchen. Ich fühlte mich glücklich. Aber was war es, das mich glücklich machte? Ich wünschte nichts, ich dachte an nichts – ich war nur glücklich.

Fast jubelnd im Überschwang angenehmer und heiterer Gefühle, schlüpfte ich ins Bett, und ich wollte schon die Augen schließen, als mir plötzlich einfiel, daß ich den ganzen Abend über nicht ein einziges Mal an meine grausame Schöne gedacht hatte. Was soll das bedeuten? fragte ich mich. Bin ich etwa nicht mehr verliebt? Doch nachdem ich mir diese Frage gestellt hatte, muß ich wohl sofort eingeschlafen sein wie ein Kind in der Wiege.

3

Am nächsten Morgen (ich war schon erwacht, aber noch nicht aufgestanden) erscholl unter meinem Fenster das Klopfen eines Spazierstocks, und eine Stimme, die ich sofort als die Gagins erkannte, sang:

»Du schläfst? Mit der Gitarre
Wecke ich dich auf ...«

Ich eilte, ihm die Tür zu öffnen.

»Guten Tag«, sagte Gagin und trat ein. »Ich störe Sie ziemlich früh in Ihrer Ruhe, doch schauen Sie, was für ein Morgen! Frische, Tau, die Lerchen singen ...«

Mit seinem lockigen, glänzenden Haar, seinem bloßen Hals und den rosigen Wangen war er selber frisch wie der Morgen.

Ich kleidete mich an. Wir gingen in den Garten hinaus, setzten uns auf eine Bank, ließen uns den Kaffee bringen und kamen ins Gespräch. Gagin teilte mir seine Zukunftspläne mit. Er besaß ein ansehnliches Vermögen, war von niemandem abhängig und wollte sich der Malerei widmen; er bedauerte nur, daß er so spät zu diesem Entschluß gekommen war und viel Zeit unnütz vergeudet hatte. Ich sprach ebenfalls von meinen Vorhaben und weihte ihn bei dieser Gelegenheit in das Geheimnis meiner unglücklichen Liebe ein. Er hörte mich mit Nachsicht an, doch soviel ich bemerken konnte, weckte ich in ihm kein starkes Mitgefühl für meine Leidenschaft. Aus Höflichkeit seufzte er ein paarmal mit mir, machte mir aber dann den Vorschlag, mit ihm zu gehen und seine Studien anzusehen. Ich willigte sogleich ein.

Asja fanden wir nicht vor. Sie hatte sich, wie uns die Wirtin sagte, zu der »Ruine« begeben – etwa zwei Werst von L. entfernt standen die Überreste einer Ritterburg. Gagin schlug all seine Mappen auf. Seine Studien enthielten viel Leben und Wahrheit, es lag etwas Freies und Weites darin, doch nicht eine von ihnen war beendet, und die Zeichnung erschien mir flüchtig und fehlerhaft. Ich sagte ihm offen meine Meinung.

»Ja, ja«, stimmte er mit einem Seufzer zu, »Sie haben recht, das ist alles sehr schlecht und unreif, aber was soll ich machen! Ich habe es nicht richtig gelernt, und das verdammte slawische Sichgehenlassen tut noch das Seine dazu. Solange man von der Arbeit träumt, schwebt man wie ein Adler dahin – es kommt einem vor, als könnte man die Welt aus den Angeln heben –, bei der Ausführung aber wird man sogleich schwach und matt.«

Ich wollte ihn aufmuntern, doch er winkte ab, raffte seine Blätter mit beiden Händen zusammen und warf sie aufs Sofa.

»Wenn ich genügend Geduld aufbringe, kann aus mir etwas werden«, murmelte er durch die Zähne, »wenn nicht, werde ich ein unfertiger Junker bleiben. Wir wollen lieber gehen und Asja suchen.«

Wir gingen.

4

Der Weg zu der Ruine wand sich am Hang eines engen Waldtales hin, auf dessen Grund ein Bach floß und rauschend über die Steine sprang, als eile er, sich mit dem großen Strom zu vereinigen, der hinter den dunklen Kämmen steil abfallender Berge still glänzte. Gagin lenkte meine Aufmerksamkeit auf einige besonders schön beleuchtete Stellen. Aus seinen Worten hörte man, wenn auch nicht den Maler, so doch wohl einen Künstler heraus. Bald zeigte sich vor uns die Ruine. Auf dem Gipfel eines kahlen Felsens ragte ein viereckiger schwarzer Turm auf, der noch dauerhaft, aber von einem Längsriß gespalten war. Bemooste Mauern schlossen sich an den Turm an. Hier und da klammerte sich Efeu fest; krumme Bäumchen hingen von den altersgrauen Schießscharten und eingestürzten Gewölben herab. Ein steiniger Pfad führte zu dem erhalten gebliebenen Tor.

Wir näherten uns ihm schon, als plötzlich eine weibliche Gestalt vor uns auftauchte, schnell über einen Trümmerhaufen lief und sich auf einem Mauervorsprung, gerade über dem Abgrund, niederließ.

»Das ist Asja!« rief Gagin aus. »Sie ist wohl wahnsinnig!«

Wir durchschritten das Tor und befanden uns nun in einem kleinen Hof, der zur Hälfte mit wilden Apfelbäumen und Brennesseln bewachsen war. Auf dem Vorsprung saß wirklich Asja. Sie wandte uns das Gesicht zu und lachte, rührte sich jedoch nicht von der Stelle. Gagin drohte ihr mit dem Finger, ich aber warf ihr laut Unvorsichtigkeit vor.

»Lassen Sie das«, flüsterte mir Gagin zu. »Reizen Sie sie nicht, Sie kennen sie nicht – sie klettert sonst am Ende noch auf den Turm. Bewundern Sie lieber die Tüchtigkeit der hiesigen Bevölkerung.«

Ich blickte mich um. In einem Winkel hockte in einer winzigen Holzbude eine alte Frau, strickte an einem Strumpf und schielte über ihre Brille zu uns herüber. Sie verkaufte an die Touristen Bier, Lebkuchen und Selterswasser. Wir setzten uns auf eine Bank und tranken aus schweren Zinnkrügen ziemlich kaltes Bier. Asja blieb unbeweglich sitzen, die Beine angezogen und um den Kopf einen Musselinschal gelegt. Ihre schlanke Gestalt zeichnete sich deutlich und schön vor dem klaren Himmel ab, doch ich betrachtete sie mit einem unfreundlichen Gefühl. Schon am Abend vorher hatte ich an ihr etwas Gezwungenes, Unnatürliches bemerkt. Sie will uns erstaunen, dachte ich. Aber wozu nur? Was ist das für eine Kinderei? Als hätte sie meine Gedanken erraten, warf sie mir plötzlich einen raschen durchdringenden Blick zu, lachte wieder und sprang mit zwei Sätzen von der Mauer hinunter; dann ging sie zu der Alten und bat sie um ein Glas Wasser.

»Du glaubst, ich will trinken?« sagte sie, zu ihrem Bruder gewandt. »Nein, hier auf den Mauern wachsen Blumen; sie müssen unbedingt begossen werden.«

Gagin antwortete ihr nicht; sie aber kletterte, das Glas in der Hand, auf den Ruinen herum, blieb zuweilen stehen, bückte sich und ließ mit komischer Ernsthaftigkeit ein paar Tropfen Wasser fallen, die im Sonnenschein hell glänzten. Ihre Bewegungen waren sehr anmutig, doch ich ärgerte mich immer noch über sie, obwohl ich mich an ihrer Leichtigkeit und Gewandtheit unwillkürlich erfreute. An einer gefährlichen Stelle schrie sie absichtlich auf und brach dann in lautes Lachen aus. Ich wurde noch ärgerlicher.

»Sie klettert wie eine Ziege«, brummte die Alte vor sich hin, für einen Moment von ihrem Strickstrumpf aufsehend.

Endlich hatte Asja ihr Glas geleert und kam, sich übermütig in den Hüften wiegend, zu uns. Ein sonderbares Lächeln spielte um ihre Brauen, Nüstern und Lippen: halb frech, halb lustig blinzelten die dunklen Augen.

Sie finden mein Betragen unschicklich, schien ihr Gesicht zu sagen. Mir ist das gleich, denn ich weiß, Sie erfreuen sich an meinem Anblick.

»Fein gemacht, Asja, sehr fein«, sagte Gagin halblaut.

Sie sah plötzlich aus, als schäme sie sich. Sie senkte ihre langen Wimpern und setzte sich bescheiden zu uns, gleichsam schuldbewußt. Zum erstenmal betrachtete ich mir ihr Gesicht nun genau. Es war das veränderlichste Gesicht, das ich je kennengelernt habe. Schon nach wenigen Augenblicken war es völlig blaß geworden und hatte einen gespannten, fast traurigen Ausdruck angenommen; ihre Züge deuchten mir größer, strenger, einfacher. Sie war jetzt ganz still. Wir gingen um die Ruine herum (Asja folgte uns) und genossen die Aussicht. Unterdessen nahte die Mittagsstunde. Als Gagin an die Alte bezahlte, verlangte er noch einen Krug Bier, drehte sich dann zu mir um und rief mit einer schelmischen Grimasse: »Auf das Wohl der Dame Ihres Herzens!«

»Hat er denn – haben Sie denn eine solche Dame?« fragte Asja plötzlich.

»Wer hat sie nicht?« erwiderte Gagin.

Asja wurde einen Augenblick nachdenklich. Ihr Gesicht wandelte sich abermals – wieder erschien darauf das herausfordernde, beinahe freche Lächeln.

Auf dem Rückweg lachte und tollte sie noch mehr. Sie brach einen langen Zweig ab, legte ihn wie ein Gewehr an die Schulter und band sich den Schal um den Kopf. Ich erinnere mich, daß uns eine große Familie blonder, steifer Engländer begegnete. Voll kalten Erstaunens starrten sie, wie auf Kommando, mit ihren glasigen Augen Asja an, sie aber begann, gleichsam ihnen zum Trotz, laut zu singen. Zu Hause angelangt, ging sie sofort auf ihr Zimmer und kam erst zum Mittagessen wieder, in ihrem besten Kleid, sorgfältig gekämmt, geschnürt und in Handschuhen. Bei Tisch verhielt sie sich sehr gesittet, fast steif, kostete kaum von dem Essen und trank Wasser aus einem Weinglas. Offenbar wollte sie mir eine neue Rolle vorspielen – die Rolle eines gesitteten, wohlerzogenen Fräuleins. Gagin hinderte sie nicht daran; man merkte, daß er gewohnt war, ihr alles durchgehen zu lassen. Er blickte nur von Zeit zu Zeit gutmütig zu mir herüber und zuckte leicht die Achseln, als wollte er sagen: Sie ist noch ein Kind, seien Sie nachsichtig. Sowie das Mittagessen beendet war, stand Asja auf, machte einen Knicks, setzte den Hut auf und fragte Gagin, ob sie Frau Luise besuchen dürfe.

»Seit wann bittest du um Erlaubnis?« antwortete er mit seinem gleichbleibenden, diesmal etwas verlegenen Lächeln. »Langweilst du dich etwa in unserer Gesellschaft?«

»Nein, aber ich habe schon gestern Frau Luise versprochen, zu ihr zu kommen; außerdem dachte ich, ihr würdet euch zu zweit wohler fühlen. Herr N.« – sie wies auf mich – »will dir gewiß noch etwas erzählen.« Sie ging.

»Frau Luise«, begann Gagin, wobei er sich bemühte, meinem Blick auszuweichen, »ist die Witwe des früheren hiesigen Bürgermeisters, eine gute, übrigens ganz unbedeutende alte Frau. Sie hat Asja in ihr Herz geschlossen. Asja freundet sich leidenschaftlich gern mit Leuten aus niederen Kreisen an, und ich habe bemerkt, daß die Ursache dafür stets der Stolz ist. Sie wird von mir regelrecht verwöhnt, wie Sie sehen«, fügte er nach kurzem Schweigen hinzu, »doch was soll ich tun? Ich verstehe nicht, zu strafen, am wenigsten sie. Ich bin verpflichtet, Nachsicht gegen sie zu üben.«

Ich schwieg.

Gagin wechselte das Thema. Je mehr ich ihn kennenlernte, desto sympathischer wurde er mir. Ich verstand ihn bald. Er war ein echt russischer Charakter, aufrichtig, ehrlich, schlicht, aber leider etwas träge, ohne Zähigkeit und inneres Feuer. Die Jugend flammte in ihm nicht so stürmisch auf, sie leuchtete mit sanftem Licht. Er war sehr liebenswert und klug, doch ich konnte mir nicht ausmalen, was er einmal als reifer Mann darstellen würde. Einen Künstler? Ohne harte, beständige Arbeit gibt es keinen Künstler. Und arbeiten, dachte ich, während ich seine weichen Gesichtszüge betrachtete und seiner bedächtigen Rede lauschte, nein, arbeiten wirst du nicht, du kannst dich nicht zusammenreißen. Aber liebgewinnen mußte man ihn: Mit dem Herzen zog es einen einfach zu ihm hin. Wohl vier Stunden verbrachten wir miteinander, bald auf dem Sofa sitzend, bald langsam vor dem Haus auf und ab wandelnd, und in diesen vier Stunden wurden wir endgültig Freunde.

Die Sonne war untergegangen, und für mich wurde es Zeit, den Heimweg anzutreten. Asja war immer noch nicht zurückgekehrt.

»Ein richtiger Wildfang ist sie!« sagte Gagin. »Ist es Ihnen recht, wenn ich Sie begleite? Wir klopfen unterwegs bei Frau Luise an; ich werde fragen, ob sie noch dort ist. Der Umweg ist nicht groß.«

Wir stiegen in die Stadt hinunter, bogen in ein enges, krummes Seitengäßchen ein und blieben vor einem Haus stehen, das nur zwei Fenster breit, aber drei Stockwerke hoch war. Das erste Stockwerk ragte zur Straße hin über das Erdgeschoß vor, das zweite und dritte wiederum über das erste. Das ganze Haus mit seinem alten Schnitzwerk, den zwei dicken Pfosten unten, dem spitzen Ziegeldach und der schnabelartig vorgestreckten Winde am Dachboden wirkte wie ein riesenhafter zusammengekrümmter Vogel.

»Asja«, rief Gagin, »bist du hier?«

Das erleuchtete Fenster im zweiten Stock öffnete sich knarrend, und wir erblickten Asjas dunkles Köpfchen. Hinter ihr guckte eine zahnlose, kurzsichtige alte Frau heraus.

»Ja, ich bin hier«, erwiderte Asja, wobei sie sich kokett mit den Ellenbogen auf das Fensterbrett stützte, »ich fühle mich hier sehr wohl. Da, nimm!« fügte sie hinzu und warf Gagin einen Geraniumstengel hinunter. »Bilde dir ein, ich wäre die Dame deines Herzens.«

Frau Luise lachte.

»N. geht nach Hause«, entgegnete Gagin, »er möchte sich von dir verabschieden.«

»Wirklich?« fragte Asja. »Dann schenke ihm meinen Stengel. Ich komme gleich heim.«

Sie schlug das Fenster zu und gab, wie es schien, Frau Luise einen Kuß. Gagin reichte mir schweigend den Stengel, und schweigend steckte ich ihn in die Tasche. Dann ging ich zur Fähre und setzte ans andere Ufer über.

Ich weiß noch, daß ich nach Hause schritt, ohne an etwas Bestimmtes zu denken, jedoch mit seltsam schwerem Herzen, als mich auf einmal ein starker, wohlbekannter, aber in Deutschland seltener Geruch überraschte. Ich blieb stehen und erblickte am Wege ein kleines Hanfbeet. Sein Steppenduft erinnerte mich jäh an die Heimat und weckte in mir eine leidenschaftliche Sehnsucht nach ihr. Ich wollte wieder russische Luft atmen, über russische Erde schreiten. »Was tue ich hier, warum treibe ich mich in einem fremden Land, unter fremden Menschen herum?« rief ich aus, und das Gefühl lebloser Schwere in meinem Herzen löste sich plötzlich in eine schmerzliche, brennende Erregung auf. Ich kam in einer ganz anderen Gemütsverfassung heim als am Abend vorher. Ich war beinahe erzürnt und konnte mich lange nicht beruhigen. Ein mir selbst unbegreiflicher Ärger hatte mich erfaßt. Schließlich setzte ich mich, dachte an meine arglistige Witwe (mit der pflichtschuldigen Erinnerung an diese Dame endete bei mir jeder Tag) und holte einen ihrer Briefe hervor. Doch ich öffnete ihn nicht einmal; meine Gedanken nahmen sofort eine andere Richtung. Ich dachte ... dachte an Asja. Mir fiel ein, daß Gagin im Laufe des Gesprächs auf gewisse Hindernisse angespielt hatte, die seiner Rückkehr nach Rußland im Wege standen. »Ob sie wirklich seine Schwester ist?« sagte ich laut.

Ich kleidete mich aus, legte mich nieder und versuchte einzuschlafen; doch eine Stunde später saß ich wieder im Bett, den Ellbogen auf das Kissen gestützt, und dachte von neuem an dieses »launenhafte Mädchen mit dem gezwungenen Lachen«.

»Sie sieht aus wie die kleine Galathea von Raffael in der Farnesina«, murmelte ich vor mich hin, »ja, und seine Schwester ist sie gewiß auch nicht.«

Der Brief der Witwe aber lag ruhig auf dem Fußboden und schimmerte weiß im Mondschein.

5

Am nächsten Morgen begab ich mich wieder nach L. Ich redete mir ein, Gagin besuchen zu wollen, insgeheim jedoch drängte es mich, zu sehen, was Asja machte; ich war gespannt, ob sie wieder solchen »Unfug« treiben werde wie tags zuvor. Ich traf beide im Wohnzimmer an, und merkwürdig! – kam es daher, daß ich in der Nacht und am Morgen viel an Rußland gedacht hatte? –, Asja erschien mir ganz wie ein russisches Mädchen, ja wie ein schlichtes junges Mädchen, beinahe wie eine Dienstmagd. Sie trug ein altes Kleid, hatte das Haar hinter die Ohren gekämmt und saß am Fenster, ohne sich zu rühren, nur mit ihrem Stickrahmen beschäftigt, still und bescheiden, als hätte sie ihr Leben lang nichts anderes getan. Sie sprach fast nichts, blickte ruhig auf ihre Arbeit, und ihre Züge hatten einen so nichtssagenden, alltäglichen Ausdruck angenommen, daß ich unwillkürlich an unsere hausbackenen Katjas und Maschas denken mußte. Um die Ähnlichkeit zu vervollständigen, fing sie auch noch halblaut an zu singen: »Mütterlein, lieb Mütterlein.« Ich betrachtete ihr gelbliches, erloschenes Gesichtchen, dachte an die Schwärmereien vom Tage zuvor und empfand ein gewisses Bedauern. Das Wetter war herrlich. Gagin teilte uns mit, er wolle heute hinausgehen und eine Naturstudie zeichnen; ich fragte ihn, ob er mir gestatte, ihn zu begleiten, oder ob ich ihn stören würde.

»Im Gegenteil«, erwiderte er, »Sie können mir gute Ratschläge geben.«

Er setzte einen runden Hut à la van Dyck auf, zog eine Hemdbluse an, nahm die Mappe unter den Arm und machte sich auf den Weg. Ich schlenderte hinterdrein. Asja blieb zu Hause. Im Fortgehen bat Gagin sie, dafür zu sorgen, daß die Suppe nicht zu wässerig gerate; Asja versprach, in der Küche nachzusehen. Gagin suchte das Tal auf, das ich bereits kannte, hockte sich auf einen Stein und begann eine alte, hohle Eiche mit weit ausladenden Ästen zu zeichnen. Ich legte mich ins Gras und holte ein Buch hervor, aber ich las keine zwei Seiten, und er verschmierte nur das Papier. Wir sprachen lange und, soweit ich es beurteilen kann, recht klug und feinsinnig darüber, wie man arbeiten solle, was man vermeiden und woran man sich halten müsse und welche Bedeutung eigentlich der Künstler in unserer Zeit habe. Schließlich erklärte Gagin, er sei »heute nicht in Stimmung«, legte sich neben mir nieder, und nun strömten unsere jugendlichen Reden frei dahin, jene leidenschaftlichen, bald nachdenklichen, bald begeisterten, doch fast immer unklaren Reden, in denen sich der russische Mensch so gern ergeht. Nachdem wir uns zur Genüge ausgeschwatzt hatten, erfüllte uns ein Gefühl der Befriedigung, als hätten wir etwas getan, etwas zustande gebracht, und wir gingen nach Hause. Ich fand Asja noch genauso wie zu der Stunde, da ich sie verlassen hatte. Sosehr ich sie auch beobachtete, ich merkte keine Spur von Koketterie, kein Anzeichen einer bewußt gespielten Rolle an ihr. Diesmal konnte ich ihr keine Unnatürlichkeit vorwerfen.

»Aha!« meinte Gagin. »Sie hat sich Reue und Buße auferlegt.«

Gegen Abend gähnte sie mehrmals ungeheuchelt und ging zeitig auf ihr Zimmer. Ich selbst verabschiedete mich bald von Gagin und überließ mich, zu Hause angelangt, keinen Träumereien mehr: Dieser Tag war unter nüchternen Empfindungen verstrichen. Ich erinnere mich indessen, daß ich, als ich mich schlafen legte, unwillkürlich sagte: »Ein wahres Chamäleon ist dieses Mädchen!« und daß ich nach einigem Überlegen hinzufügte: »Und seine Schwester ist sie nicht.«

6

Volle zwei Wochen waren vergangen. Jeden Abend hatte ich die Gagins besucht. Asja schien mir auszuweichen, erlaubte sich jedoch keine Unarten mehr, über die ich mich in den ersten Tagen unserer Bekanntschaft so gewundert hatte. Sie schien im geheimen bekümmert oder verwirrt zu sein; sie lachte auch weniger. Ich beobachtete sie aufmerksam.

Sie sprach recht gut Französisch und Deutsch, aber man merkte ihr in allem an, daß sie nicht unter Frauenhänden aufgewachsen war und eine merkwürdige, ungewöhnliche Erziehung erhalten hatte, die sich von der Erziehung Gagins sehr unterschied. Er machte, trotz seines Hutes à la van Dyck und seiner Hemdbluse, ganz den Eindruck eines weichen, verzärtelten großrussischen Adligen, sie hingegen glich nicht einem Edelfräulein. In all ihren Bewegungen lag etwas Ruheloses: Dieser Wildling war erst vor kurzem gepfropft worden, dieser Wein gärte noch. Von Natur schamhaft und scheu, ärgerte sie sich über ihre Schüchternheit und gab sich aus Ärger alle Mühe, ungezwungen und keck zu sein, was ihr nicht immer gelang. Ich fing abermals an, mit ihr von ihrem Leben in Rußland, von ihrer Vergangenheit zu sprechen, sie jedoch antwortete ungern auf meine Fragen. Ich erfuhr indessen, daß sie lange auf dem Lande gelebt hatte, bevor sie ins Ausland gereist war. Einmal traf ich sie mit einem Buch und allein an. Den Kopf in beide Hände gestützt und die Finger tief ins Haar vergraben, verschlang sie die Zeilen mit den Augen.

»Bravo!« sagte ich, zu ihr tretend. »Wie fleißig Sie sind!«

Sie hob den Kopf und sah mich ernst und streng an.

»Sie glauben, ich kann nur lachen«, entgegnete sie und wollte sich entfernen.

Ich warf einen Blick auf den Titel des Buches. Es war ein französischer Roman.

»Ihre Wahl kann ich freilich nicht loben«, bemerkte ich.

»Was soll man denn lesen?« rief sie aus und schleuderte das Buch auf den Tisch. »Dann gehe ich lieber Unsinn machen«, fügte sie hinzu und lief in den Garten.

Am Abend desselben Tages las ich Gagin »Hermann und Dorothea« vor. Asja huschte erst nur ein paarmal an uns vorbei, dann verharrte sie plötzlich, lauschte, setzte sich leise neben mich und hörte bis zum Schluß zu. Am nächsten Tag erkannte ich sie abermals nicht wieder, bis ich erriet, was ihr auf einmal in den Sinn gekommen war: Sie wollte häuslich und besonnen sein wie Dorothea. Kurz, sie blieb für mich ein rätselhaftes Wesen. Empfindsam bis zum äußersten, fesselte sie mich selbst dann, wenn ich mich über sie ärgerte. Immer mehr aber gewann ich die Überzeugung, daß sie nicht Gagins Schwester war. Er behandelte sie nicht wie ein Bruder: Er war zu zärtlich, zu nachsichtig und gleichzeitig ein wenig gezwungen.

Ein sonderbarer Zufall schien meinen Verdacht zu bestätigen.

Als ich eines Abends zu dem Weinberg kam, wo die Gagins wohnten, fand ich das Pförtchen verschlossen. Ich überlegte nicht lange, ging an der Mauer bis zu einer Einsturzstelle, die ich schon früher bemerkt hatte, und sprang darüber hinweg. Nicht weit von dieser Stelle entfernt befand sich, etwas abseits des Weges, eine kleine Akazienlaube. Ich hatte sie gerade erreicht und wollte schon vorübergehen, da vernahm ich plötzlich zu meinem Erstaunen Asjas Stimme, die leidenschaftlich und unter Tränen folgende Worte sprach:

»Nein, ich will niemanden lieben außer dir, nein, nein, nur dich will ich lieben – und für immer.«

»Schon gut, Asja, beruhige dich«, sagte Gagin, »ich glaube dir.«

Ihre Stimmen kamen aus der Laube. Ich sah sie beide durch das lockere Geflecht der Zweige. Sie hatten mich nicht bemerkt.

»Dich, nur dich«, wiederholte sie, fiel ihm um den Hals, küßte ihn unter krampfhaftem Schluchzen und schmiegte sich an seine Brust.

»Schon gut, schon gut«, sagte er abermals und strich ihr mit der Hand leicht übers Haar.

Ich blieb einige Augenblicke unbeweglich stehen. Plötzlich fuhr ich auf. Soll ich zu ihnen hingehen? Keinesfalls! schoß es mir durch den Kopf. Schnellen Schrittes kehrte ich zu der Mauer zurück, sprang hinüber auf den Weg und eilte fast im Laufschritt nach Hause. Ich lächelte, rieb mir die Hände und wunderte mich über den Zufall, der meine Vermutungen so unerwartet bestätigt hatte (ich zweifelte keinen Augenblick an ihrer Richtigkeit), gleichzeitig aber war mir sehr weh ums Herz. Die können sich aber gut verstellen! dachte ich. Doch weshalb nur? Was haben sie davon, wenn sie mich täuschen? Von ihm hätte ich das nicht erwartet. Und was für ein gefühlvolles Geständnis ist das gewesen?

7

Ich schlief schlecht und stand am nächsten Morgen zeitig auf. Dann schnallte ich mein Marschränzlein auf den Rücken, und nachdem ich meiner Wirtin gesagt hatte, sie solle zur Nacht nicht auf mich warten, wanderte ich zu Fuß in die Berge, den Fluß, an dem das Städtchen S. liegt, aufwärts. Diese Berge, Ausläufer einer Hunsrück genannten Gebirgskette, sind in geologischer Hinsicht sehr interessant; besonders bemerkenswert sind sie durch die Regelmäßigkeit und Reinheit ihrer Basaltschichten. Doch mir war nicht nach geologischen Beobachtungen zumute. Ich gab mir keine Rechenschaft darüber, was in mir vorging; nur über ein Gefühl war ich mir klar: Ich hatte keine Lust mehr, die Gagins wiederzusehen. Ich redete mir ein, die einzige Ursache meiner jähen Abneigung gegen sie sei der Ärger über ihre Hinterhältigkeit. Wer zwang sie, sich für Geschwister auszugeben? Übrigens bemühte ich mich, gar nicht an sie zu denken. Ich wanderte, ohne mich zu beeilen, über Berg und Tal, saß lange in ländlichen Wirtschaften und unterhielt mich friedlich mit Wirten und Gästen oder legte mich auf einen erwärmten platten Stein und schaute zu, wie die Wolken dahinschwebten, denn das Wetter war herrlich. So verbrachte ich drei Tage, und zwar nicht ohne Behagen, obwohl mein Herz manchmal beklommen war. Die friedvolle Natur jener Gegend paßte gut zu meiner Gemütsverfassung.

Ich gab mich ganz dem leisen Spiel des Zufalls hin, den neuen, ständig wechselnden, sich jedoch nicht überhastenden Eindrücken. Sie zogen durch meine Seele und hinterließen darin schließlich ein Gefühl, in dem alles zusammenfloß, was ich in diesen drei Tagen gesehen, empfunden, gehört hatte – alles: der feine Harzduft der Wälder, das Schreien und Klopfen der Spechte, das nie verstummende Geraune der klaren Bäche mit den bunten Forellen auf dem sandigen Grund, die nicht allzu kühnen Umrisse der Berge, die düsteren Felsen, die sauberen Dörfchen mit ihren ehrwürdigen alten Kirchen und Bäumen, die Störche auf den Wiesen, die behäbigen Mühlen mit ihren sich geschwind drehenden Rädern, die freundlichen Gesichter der Bauern, ihre blauen Wämser und grauen Strümpfe, die knarrenden, langsamen Fuhrwerke, mit fetten Pferden, manchmal auch mit Kühen bespannt, die langhaarigen jungen Wanderburschen auf den reinlichen, mit Apfel- und Birnbäumen bepflanzten Landstraßen ...

Sogar jetzt noch erinnere ich mich gern meiner damaligen Eindrücke. Ich grüße dich, du bescheidenes Fleckchen deutschen Landes, mit deiner anspruchslosen Zufriedenheit, den überall sichtbaren Spuren fleißiger Hände, geduldiger, nicht übereilter Arbeit. Ich grüße dich, Friede sei mit dir!

Gegen Ende des dritten Tages kam ich nach Hause. Ich habe vergessen zu sagen, daß ich aus Ärger über die Gagins versuchte, das Bild der hartherzigen Witwe in mir wiedererstehen zu lassen; doch meine Bemühungen waren vergeblich. Ich weiß noch, wie ich einmal, gerade als ich an sie denken wollte, ein etwa fünfjähriges Bauernmädchen mit rundem Gesichtchen und unschuldig aufgerissenen Augen vor mir erblickte. Es sah mich so kindlich-treuherzig an! Ich schämte mich vor seinem reinen Blick und wollte angesichts dieses Kindes nicht lügen. So sagte ich auf der Stelle dem einstigen Gegenstand meiner Sehnsucht endgültig und für immer Lebewohl.

Zu Hause fand ich ein Briefchen von Gagin vor. Er

wunderte sich über meinen unerwarteten Entschluß, beklagte sich, daß ich ihn nicht mitgenommen hatte, und bat mich, zu ihnen zu kommen, sobald ich zurückgekehrt sei. Ich las diesen Brief mit Mißvergnügen, begab mich aber schon am folgenden Tag nach L.

8

Gagin begrüßte mich freundschaftlich und überschüttete mich mit gutgemeinten Vorwürfen; Asja jedoch hatte mich kaum erblickt, als sie, anscheinend absichtlich, ohne jeden Anlaß laut auflachte und ihrer Gewohnheit nach sofort davonlief. Gagin wurde verlegen, brummte ihr nach, sie sei verrückt, und bat mich, sie zu entschuldigen. Offen gestanden, ich ärgerte mich sehr über Asja – mir war ohnehin nicht wohl zumute, und nun erlebte ich abermals dieses unnatürliche Lachen, dieses seltsame Gebaren. Ich tat indessen, als bemerkte ich nichts, und teilte Gagin Einzelheiten von meiner kleinen Reise mit. Er erzählte mir, was er in meiner Abwesenheit gemacht hatte. Doch unsere Unterhaltung kam nicht recht in Fluß. Asja trat ins Zimmer und lief wieder hinaus. Ich erklärte schließlich, ich hätte eine dringende Arbeit und müßte nach Hause. Gagin wollte mich erst zurückhalten, sah mich dann forschend an und erbot sich, mich zu begleiten. Im Vorraum kam plötzlich Asja auf mich zu und reichte mir die Hand. Ich drückte leicht ihre Finger und verbeugte mich knapp. Gagin und ich fuhren über den Rhein, und als wir an meiner geliebten Esche mit der Madonnenstatue vorüberwandelten, setzten wir uns auf die Bank, um die Aussicht zu genießen. Und hier entspann sich zwischen uns ein bedeutsames Gespräch.

Erst wechselten wir ein paar Worte, dann verstummten wir und blickten auf den hellen Strom.

»Sagen Sie«, begann Gagin unvermittelt, sein gewohntes Lächeln auf dem Gesicht, »welche Meinung haben Sie von Asja? Sie erscheint Ihnen etwas sonderbar, nicht wahr?«

»Ja«, antwortete ich einigermaßen verwundert. Ich hatte nicht erwartet, daß er von ihr sprechen würde.

»Man muß sie genau kennen, um über sie urteilen zu können«, sagte er. »Sie hat ein sehr gutes Herz, aber einen eigenwilligen Kopf. Es ist schwer, mit ihr auszukommen. Übrigens darf man nicht ihr die Schuld geben, und wenn Sie ihre Geschichte kennen würden ...«

»Ihre Geschichte?« unterbrach ich ihn. »Ist sie denn nicht Ihre ...«

Gagin sah mich an.

»Glauben Sie etwa, sie sei nicht meine Schwester? Doch«, fuhr er fort, ohne meine Verlegenheit zu beachten, »sie ist wirklich meine Schwester, sie ist die Tochter meines Vaters. Hören Sie mich an. Ich habe Vertrauen zu Ihnen und will Ihnen alles erzählen.

Mein Vater war ein sehr guter, kluger, gebildeter und – unglücklicher Mensch. Das Schicksal hat ihn nicht schlechter behandelt als viele andere, doch er überwand schon den ersten Schlag nicht. Er hatte früh geheiratet, aus Liebe; seine Frau, meine Mutter, starb sehr bald – ich war damals sechs Monate alt. Mein Vater nahm mich mit auf sein Landgut und kam volle zwölf Jahre nicht von dort fort. Er befaßte sich persönlich mit meiner Erziehung und hätte sich nie von mir getrennt, wenn nicht sein Bruder, mein leiblicher Onkel, zu Besuch auf das Gut gekommen wäre. Dieser Onkel wohnte ständig in Petersburg und bekleidete einen ziemlich hohen Posten. Er überredete meinen Vater, mich in seine Hand zu geben, da mein Vater durch nichts zu bewegen war, sein Gut zu verlassen. Der Onkel hielt ihm vor, daß es für einen Jungen meines Alters schädlich sei, in völliger Einsamkeit zu leben, daß ich bei einem so trübsinnigen und schweigsamen Erzieher, wie es mein Vater war, unbedingt hinter meinen Altersgenossen zurückbleiben würde und daß dadurch auch leicht mein Charakter verdorben werden könne. Der Vater widersetzte sich den Ermahnungen seines Bruders lange, gab jedoch schließlich nach. Ich weinte, als ich mich von meinem Vater verabschiedete – ich liebte ihn, obgleich ich nie ein Lächeln auf seinem Gesicht gesehen habe. Als ich aber dann in Petersburg war, vergaß ich unser düsteres und freudloses Heim sehr bald. Ich besuchte die Junkerschule und trat danach in ein Garderegiment ein. Alljährlich fuhr ich für einige Wochen auf unser Gut, und mit jedem Jahr fand ich meinen Vater mehr in sich gekehrt, trauriger, nachdenklicher und menschenscheuer. Er ging jeden Tag in die Kirche und hatte das Sprechen fast verlernt. Bei einem meiner Besuche (ich war schon über zwanzig Jahre alt) sah ich in unserem Haus zum erstenmal ein mageres schwarzäugiges Mädchen von etwa zehn Jahren – Asja. Mein Vater sagte, sie sei ein Waisenkind und von ihm in Kost genommen – gerade so drückte er sich aus. Ich schenkte ihr keine besondere Beachtung. Sie war scheu, flink und schweigsam, wie ein kleines wildes Tier, und sobald ich in das Lieblingszimmer meines Vaters kam – ein großes finsteres Zimmer, in dem meine Mutter gestorben war und wo selbst bei Tage Kerzen angezündet wurden –, versteckte sie sich sofort hinter seinem Lehnstuhl oder hinter dem Bücherschrank. Es ergab sich, daß mich in den darauffolgenden drei, vier Jahren dienstliche Verpflichtungen daran hinderten, das Gut zu besuchen. Von meinem Vater erhielt ich allmonatlich einen kurzen Brief; Asja erwähnte er selten und stets nur beiläufig. Er war schon über fünfzig Jahre alt, sah aber immer noch wie ein junger Mann aus. Stellen Sie sich nun mein Entsetzen vor: Eines Tages erhalte ich, nichts ahnend, ein Schreiben vom Gutsverwalter, in dem er mich von einer tödlichen Krankheit meines Vaters benachrichtigt und mich dringend bittet, so schnell wie möglich zu kommen, wenn ich von meinem Vater

Abschied nehmen wolle. Ich eilte Hals über Kopf hin und traf den Vater zwar noch lebend, jedoch schon in den letzten Zügen an. Er freute sich ungemein, daß ich gekommen war, schlang seine abgemagerten Arme um mich, schaute mir lange mit einem halb prüfenden, halb flehenden Blick in die Augen, und nachdem er sich mein Wort hatte geben lassen, seine letzte Bitte zu erfüllen, befahl er seinem alten Kammerdiener, Asja zu holen. Der Alte führte sie herein; sie konnte sich kaum auf den Beinen halten und zitterte am ganzen Leibe.

›Hier‹, sagte mein Vater mit Anstrengung, ›hinterlasse ich dir meine Tochter – deine Schwester. Du wirst von Jakow alles erfahren‹, fügte er, auf den Kammerdiener deutend, hinzu.

Asja schluchzte auf und warf sich mit dem Gesicht auf das Bett. Eine halbe Stunde später verschied mein Vater.

Ich erfuhr folgendes. Asja war die Tochter meines Vaters und der ehemaligen Zofe meiner Mutter, Tatjana. Lebhaft erinnere ich mich dieser Tatjana, ihrer hohen, schlanken Gestalt und ihres wohlgeformten, strengen, klugen Gesichts mit den großen dunklen Augen. Sie galt als ein stolzes und sprödes Mädchen. Soviel ich aus den ehrerbietigen Andeutungen Jakows entnehmen konnte, hatte sich mein Vater ihr etliche Jahre nach dem Tode meiner Mutter genähert. Tatjana wohnte damals nicht mehr im Herrenhaus, sondern bei ihrer verheirateten Schwester, der Kuhmagd. Mein Vater hatte eine starke Zuneigung zu ihr gefaßt und wollte sie, nachdem ich vom Gut weggegangen war, sogar heiraten, doch sie willigte nicht ein, seine Frau zu werden.

›Die verstorbene Tatjana Wassiljewna‹, so berichtete mir Jakow, während er mit auf den Rücken gelegten Händen an der Tür stand, ›war in allen Dingen sehr vernünftig und wollte Ihrem Herrn Vater keine Ungelegenheiten bereiten. „Was wäre ich Ihnen für eine Gattin? Was wäre ich schon für eine gnädige Frau?" beliebte sie zu sagen. In meiner Gegenwart sagte sie es.‹

Tatjana wollte nicht einmal in unser Haus übersiedeln und blieb bei ihrer Schwester wohnen, zusammen mit Asja. In meiner Kindheit hatte ich Tatjana nur an den Feiertagen gesehen, in der Kirche. Ein dunkles Tuch um den Kopf und einen gelben Schal um die Schultern, stand sie in der Menge, an einem Fenster – ihr strenges Profil zeichnete sich vor dem durchsichtigen Glas deutlich ab –, und betete demütig und ernst, sich nach alter Weise tief verneigend. Als mein Onkel mich abholte, war Asja erst zwei Jahre alt, und mit neun Jahren verlor sie ihre Mutter.

Nach dem Tode Tatjanas nahm mein Vater Asja sofort zu sich ins Haus. Er hatte schon früher den Wunsch geäußert, sie bei sich zu haben, doch Tatjana hatte ihm auch das verweigert. Stellen Sie sich nun vor, was in Asja vorgehen mußte, als sie zum gnädigen Herrn kam. Sie hat bis heute den Tag nicht vergessen, da man ihr zum erstenmal ein seidenes Kleid anzog und die Hand küßte. Die Mutter hatte sie zeit ihres Lebens sehr streng gehalten; beim Vater genoß sie völlige Freiheit. Er war ihr Lehrer; außer ihm sah sie niemanden. Er verwöhnte sie nicht, das heißt, er verhätschelte sie nicht, aber er liebte sie leidenschaftlich und verbot ihr nie etwas, denn im Innersten glaubte er sich schuldig vor ihr. Asja hatte bald begriffen, daß sie die Hauptperson im Hause war, sie wußte, daß der gnädige Herr ihr Vater war; doch ebensobald begriff sie, in was für einer schiefen Lage sie sich befand. Stolz und Empfindsamkeit entwickelten sich stark in ihr, aber auch das Mißtrauen. Schlechte Gewohnheiten faßten Wurzel, die Schlichtheit verschwand. Sie wollte (sie hat es mir einmal selbst gestanden) die ganze Welt zwingen, ihre Herkunft zu vergessen. Sie schämte sich ihrer Mutter und schämte sich ihrer Scham, denn sie war gleichzeitig auch stolz auf sie. Sie haben gemerkt, daß sie vieles wußte und weiß, was sie in ihrem Alter nicht wissen sollte. Aber ist sie denn schuld daran? Die jungen Kräfte regten sich in ihr, ihr Blut wallte, doch es war niemand da, der sie geleitet hätte. Völlige Unabhängigkeit in allem – ist das etwa leicht zu ertragen? Sie wünschte, nicht schlechter als andere junge Damen zu sein – sie stürzte sich auf Bücher. Was konnte dabei Gescheites herauskommen? Das falsch begonnene Leben gestaltete sich auch weiterhin falsch, aber ihr Herz blieb unverdorben, ihr Geist gesund.

Und nun stand ich zwanzigjähriger Bursche plötzlich mit dem dreizehnjährigen Mädchen da! In den ersten Tagen nach dem Tode des Vaters wurde sie beim bloßen Klang meiner Stimme wie vom Fieber geschüttelt, meine Liebkosungen machten sie schwermütig, und nur ganz allmählich, nach und nach, gewöhnte sie sich an mich. Später freilich, als sie sich davon überzeugt hatte, daß ich sie wirklich als meine Schwester anerkannte und wie eine Schwester liebte, schloß sie sich mir leidenschaftlich an – sie kennt keine halben Gefühle.

Ich nahm sie mit nach Petersburg. So schwer es mir auch fiel, mich von ihr zu trennen, mit ihr zusammen wohnen konnte ich auf keinen Fall. Ich brachte sie in einem der besten Pensionate unter. Asja sah die Notwendigkeit unserer Trennung ein, erkrankte aber bald danach und wäre beinahe gestorben. Später lebte sie sich ein und hielt es in dem Pensionat vier Jahre aus, blieb jedoch, entgegen meinen Erwartungen, fast genauso, wie sie vorher gewesen war. Die Vorsteherin des Pensionats beklagte sich mir gegenüber oft über sie. ›Man kann weder mit Strafen noch im Guten etwas bei ihr erreichen‹, pflegte sie zu sagen. Asja war außerordentlich aufgeweckt, lernte vorzüglich, besser als alle anderen, aber sie wollte sich durchaus nicht einordnen und fügen, war eigensinnig und verschlossen. Ich konnte ihr das nicht allzusehr übelnehmen: In ihrer Lage mußte sie sich entweder einzuschmeicheln suchen oder absondern. Nur mit einer einzigen ihrer Kameradinnen freundete sie sich an, einem unschönen, verschüchterten, armen Mädchen. Die übrigen jungen Damen, mit denen sie erzogen wurde und die größtenteils aus guten Familien stammten, liebten sie nicht, spöttelten über sie und stichelten, soviel sie konnten. Asja ließ sich nicht unterkriegen. Einmal in der Religionsstunde sprach der Lehrer über die Untugenden. ›Schmeichelei und Feigheit sind die schlimmsten Untugenden‹, äußerte Asja laut. Kurz, sie ging weiter ihren eigenen Weg – nur ihre Manieren waren besser geworden, obgleich sie auch in dieser Beziehung anscheinend keine großen Fortschritte machte.

Schließlich war sie siebzehn Jahre alt geworden. In dem Pensionat konnte sie nicht länger bleiben. Ich befand mich in einer ziemlich schwierigen Lage. Da kam mir ein guter Gedanke: Ich wollte den Dienst aufgeben, für ein oder zwei Jahre ins Ausland reisen und Asja mitnehmen. Gedacht, getan; und so bin ich nun mit ihr am Rhein, wo ich mich bemühe, malen zu lernen, und sie sich so mutwillig und wunderlich aufführt wie früher. Ich hoffe nun, daß Sie nicht allzu streng über sie urteilen, denn wenn sie auch so tut, als machte sie sich nichts aus allem, sie gibt viel auf die Meinung anderer, ganz besonders auf die Ihrige.«

Gagin lächelte wieder in seiner stillen Art. Ich drückte ihm kräftig die Hand.

»So ist es«, begann Gagin wieder, »aber ich habe meine liebe Not mit ihr. Ein richtiger Tollkopf ist sie. Bis jetzt hat ihr noch niemand gefallen, doch wehe, wenn sie einmal jemanden liebt! Ich weiß manchmal nicht, wie ich mich ihr gegenüber verhalten soll. Dieser Tage verfiel sie plötzlich darauf, mir einreden zu wollen, ich sei gegen sie kälter als früher; sie beteuerte, daß sie nur mich liebe und immer nur mich lieben werde. Und dabei weinte sie so heftig …«

»Also das war es«, fing ich an, verstummte aber rechtzeitig.

»Sagen Sie mir«, fragte ich Gagin, da es zwischen uns nun einmal zu solcher Offenheit gekommen war, »hat ihr bisher wirklich noch niemand gefallen? In Petersburg hat sie doch sicherlich junge Leute gesehen?«

»Gerade die gefielen ihr ganz und gar nicht. Nein, Asja braucht einen Helden, einen ungewöhnlichen Menschen, oder einen malerischen Hirten in einer Gebirgsschlucht. Übrigens, ich bin ins Schwatzen geraten und halte Sie auf«, fügte er hinzu und erhob sich.

»Hören Sie«, sagte ich, »gehen wir zu Ihnen, ich möchte noch nicht nach Hause.«

»Und Ihre Arbeit?«

Ich antwortete nicht. Gagin lächelte gutmütig, und wir kehrten nach L. zurück. Als ich den wohlbekannten Weinberg und das weiße Häuschen auf der Anhöhe wiedersah, verspürte ich eine süße, ja, eine süße Freude im Herzen – als hätte man mir heimlich Honig eingeträufelt. Nachdem sich Gagin ausgesprochen hatte, fühlte ich mich erleichtert.

9

Asja empfing uns auf der Schwelle des Hauses. Ich war wieder auf ihr Lachen gefaßt, aber sie kam uns ganz bleich und stumm und mit niedergeschlagenen Augen entgegen.

»Da ist er wieder«, sagte Gagin, »und denk dir nur, er wollte selbst zurückkommen.«

Asja blickte mich fragend an. Ich reichte ihr die Hand und drückte diesmal fest ihre kalten Finger. Sie tat mir sehr leid; ich verstand jetzt vieles, was mich vorher an ihr befremdet hatte. Ihre innere Unruhe, ihr unpassendes Benehmen, ihr Wunsch aufzufallen – alles war mir klargeworden. Ich hatte einen Blick in diese Seele getan: Ständig lastete ein geheimer Druck auf ihr, rastlos verwirrte und quälte sich ihr unerfahrenes Selbstgefühl, aber ihr ganzes Wesen strebte nach Wahrheit. Ich begriff, warum dieses seltsame Mädchen mich so fesselte. Nicht nur der halbwilde Liebreiz ihres zarten Körpers zog mich an – alles an ihr gefiel mir.

Gagin begann in seinen Zeichnungen zu kramen. Ich schlug Asja vor, mit mir einen Spaziergang durch den Weinberg zu machen. Sie stimmte sofort zu, mit freudiger, fast demütiger Bereitwilligkeit. Wir stiegen bis zur Hälfte des Berges hinab und setzten uns auf eine breite Steinplatte.

»Und haben Sie sich ohne uns nicht gelangweilt?« fing Asja an.

»War es denn Ihnen ohne mich langweilig?« fragte ich.

Asja sah mich von der Seite an.

»Ja«, antwortete sie. »Ist es schön in den Bergen?« fuhr sie sogleich fort. »Sind sie hoch? Höher als die Wolken? Erzählen Sie mir, was Sie erlebt haben. Sie haben es schon meinem Bruder erzählt, doch ich habe nichts gehört.«

»Es hat Sie doch niemand fortgehen heißen«, bemerkte ich.

»Ich ging, weil ... Jetzt gehe ich nicht mehr fort«, fügte sie in zutraulichem, freundlichem Ton hinzu. »Sie waren heute böse.«

»Ich?«

»Ja, Sie.«

»Wieso denn, ich bitte Sie ...«

»Ich weiß nicht, aber Sie waren böse, auch als Sie fortgingen. Es war mir sehr unangenehm, daß Sie so fortgingen, und ich bin froh, daß Sie wiedergekommen sind.«

»Auch ich bin froh, daß ich wieder hier bin«, sagte ich.

Asja zog die Schultern hoch, wie es oft Kinder tun, wenn sie sich wohl fühlen.

»Oh, ich verstehe mich darauf, etwas zu erraten!« fuhr sie fort. »Ich erkannte manchmal nur an Papas Husten im Nebenzimmer, ob er mit mir zufrieden war oder nicht.«

Bis zu diesem Tag hatte Asja mir nie von ihrem Vater gesprochen. Ihre Worte überraschten mich.

»Sie hatten Ihren Vater sehr lieb?« fragte ich und spürte plötzlich zu meinem großen Ärger, daß ich rot wurde.

Sie antwortete nicht und errötete ebenfalls. Wir schwiegen beide. Fern auf dem Rhein zog ein Dampfer qualmend seine Bahn. Wir sahen zu ihm hin.

»Warum erzählen Sie denn nicht?« flüsterte Asja.

»Weshalb haben Sie heute gelacht, als Sie mich erblickten?«

»Ich weiß selbst nicht. Manchmal möchte ich weinen, aber statt dessen lache ich. Sie dürfen mich nicht nach ... nach dem beurteilen, was ich tue. Ach, übrigens, was ist das für ein Märchen, das von der Lorelei? Es ist doch ihr Felsen, den man dort sieht? Es heißt, sie habe erst alle Männer ertrinken lassen und sich dann, als sie einen liebgewann, selbst ins Wasser gestürzt. Mir gefällt dieses Märchen. Frau Luise erzählt mir alle möglichen Märchen. Sie hat einen schwarzen Kater mit gelben Augen ...«

Asja hob den Kopf und schüttelte ihre Locken.

»Ach, mir ist so wohl«, sagte sie.

In diesem Augenblick drangen abgerissene, eintönige Laute zu uns herauf. Hunderte von Stimmen wiederholten gleichzeitig und mit regelmäßigen Pausen die Melodie eines Bittgesangs: Eine Schar Wallfahrer schritt mit Kreuzen und Kirchenfahnen unten die Straße entlang.

»Ich möchte gleich mit ihnen mitgehen«, meinte Asja, den langsam schwächer werdenden Tönen lauschend.

»Sind Sie so fromm?«

»Weit fortgehen, irgendwohin, um zu beten, eine Heldentat zu vollbringen«, fuhr sie fort. »Aber die Tage verrinnen, das Leben verrinnt, und was haben wir geleistet?«

»Sie sind ehrgeizig«, bemerkte ich. »Sie wollen nicht umsonst gelebt haben, wollen eine Spur hinterlassen ...«

»Ist das vielleicht unmöglich?«

Unmöglich, hätte ich beinahe wiederholt. Doch ich blickte in ihre klaren Augen und entgegnete nur: »Versuchen Sie es.«

»Sagen Sie«, begann Asja nach einer kurzen Pause wieder, in der ein Schatten über ihr mit einemmal blaß gewordenes Gesicht glitt, »gefiel Ihnen jene Dame sehr? Sie entsinnen sich doch, mein Bruder trank in der Ruine auf ihr Wohl, am zweiten Tag unserer Bekanntschaft.«

»Ihr Bruder scherzte. Mir hat noch keine Dame gefallen – wenigstens jetzt gefällt mir keine.«

»Was gefällt Ihnen denn an den Frauen?« fragte Asja, warf den Kopf zurück und sah mich mit unschuldiger Neugier an.

»Was für eine seltsame Frage!« rief ich aus.

Asja wurde ein wenig verlegen.

»Ich dürfte Ihnen eine solche Frage nicht stellen, nicht wahr? Entschuldigen Sie, ich bin gewohnt, alles herauszuplappern, was mir gerade in den Sinn kommt. Deswegen habe ich auch Angst, überhaupt etwas zu sagen.«

»Reden Sie um Gottes willen, haben Sie keine Angst«, fiel ich ein. »Ich bin so froh, daß Sie endlich nicht mehr befangen sind.«

Asja schlug die Augen nieder und lachte leise und unbeschwert. Dieses Lachen kannte ich an ihr noch nicht.

»Nun, erzählen Sie doch«, bat sie wieder, während sie ihr Kleid glattstrich und über ihren Knien zurechtzog, als gedächte sie noch lange hier sitzen zu bleiben, »erzählen Sie oder tragen Sie etwas vor, so wie Sie uns neulich aus ›Onegin‹ vorgetragen haben, Sie erinnern sich gewiß?«

Sie wurde plötzlich nachdenklich.

»Der Zweige Schatten und das Kreuz
Auf meiner armen Mutter Grab!«

sprach sie halblaut.

»Bei Puschkin heißt es anders«, bemerkte ich.

»Ich möchte Tatjana sein«, fuhr sie noch ebenso nachdenklich fort. »Doch erzählen Sie«, unterbrach sie sich lebhaft.

Aber ich war nicht zum Erzählen aufgelegt. Ich betrachtete sie, wie sie so dasaß, ganz vom hellen Sonnenschein umflossen, ganz beruhigt und sanft. Alles um uns herum strahlte – über uns der Himmel, unten die Erde und die Gewässer; ja selbst die Luft schien von diesen Strahlen erfüllt.

»Schauen Sie, wie schön es ist!« sagte ich leise.

»Ja, schön ist es«, antwortete sie ebenso leise, ohne mich anzusehen. »Wenn wir beide Vögel wären, wie würden wir uns emporschwingen und davonfliegen, in diesem Blau ganz versinken ... Aber wir sind keine Vögel.«

»Und doch können uns Flügel wachsen«, erwiderte ich.

»Wieso?«

»Sie werden es erleben. Es gibt Gefühle, die uns über die Erde erheben. Seien Sie unbesorgt, Sie werden noch Flügel bekommen.«

»Sie hatten wohl schon welche?«

»Wie soll ich es Ihnen sagen! Ich glaube, bis jetzt konnte ich noch nicht fliegen.«

Asja wurde wieder nachdenklich. Ich beugte mich ein wenig zu ihr.

»Können Sie Walzer tanzen?« fragte sie plötzlich.

»Gewiß«, antwortete ich etwas verblüfft.

»So kommen Sie, kommen Sie! Ich werde meinen Bruder bitten, uns einen Walzer zu spielen. Wir wollen uns einbilden, daß wir fliegen, daß uns Flügel gewachsen sind.«

Sie lief nach Hause. Ich eilte ihr nach, und eine Weile später drehten wir uns in dem engen Zimmer schon zu den süßen Klängen Lanners. Asja tanzte vortrefflich und mit Hingabe. Ein weicher, fraulicher Ausdruck erschien plötzlich auf ihrem mädchenhaften strengen Antlitz. Noch lange danach spürte meine Hand die Berührung ihres zarten Leibes, lange noch hörte ich ihren beschleunigten, nahen Atem, lange noch schwebten mir die dunklen, unbeweglichen, halb geschlossenen Augen in dem blassen, aber von innerem Leben erfüllten Gesicht vor, um das mutwillig die Locken wehten.

10

Dieser Tag verlief in schönster Weise. Wir belustigten uns wie Kinder. Asja war sehr lieb und schlicht. Gagin freute sich über sie. Ich ging spät fort. Als ich mitten auf dem Rhein war, bat ich den Fährmann, das Boot stromabwärts treiben zu lassen. Der Alte hob die Ruder, und der majestätische Strom trug uns davon. Während ich rundum blickte, lauschte und Erinnerungen nachhing, fühlte ich auf einmal eine geheime Unruhe im Herzen. Ich schaute zum Himmel empor, aber auch dort oben war keine Ruhe: Der mit Sternen übersäte Himmel bewegte sich, flimmerte, bebte. Ich beugte mich über den Fluß, doch auch in seiner dunklen, kalten Tiefe schwankten und zitterten Sterne. Alles um mich herum schien mir belebt und erregt, und meine eigene Erregung wuchs. Ich stützte den Ellbogen auf den Rand des Bootes. Das Flüstern des Windes in meinen Ohren, das leise Murmeln des Wassers hinter dem Heck reizten mich auf, und auch der frische Hauch der Wellen kühlte mich nicht. Am Ufer sang eine Nachtigall, und das süße Gift ihrer Töne drang mir ins Blut. Tränen schossen mir in die Augen, aber es waren nicht Tränen eines gegenstandslosen Entzückens. Was ich empfand, war nicht jenes unbestimmte allumfassende Sehnen, das ich erst vor kurzem erlebt hatte, dieses Sehnen, das die Seele weitet und beschwingt, so daß sie alles zu begreifen und alles zu lieben glaubt. Nein, in mir war das Verlangen nach Glück entbrannt. Ich wagte noch nicht, es beim Namen zu nennen, doch Glück, Glück bis zur Übersättigung – das wollte ich, danach sehnte ich mich. Das Boot aber glitt weiter, und der alte Fährmann saß über die Ruder gebeugt und schien zu schlafen.

11

Als ich am nächsten Tag zu den Gagins ging, fragte ich mich nicht, ob ich in Asja verliebt sei, doch ich dachte viel über sie nach. Ihr Schicksal beschäftigte mich, ich freute mich, daß wir einander so unerwartet nähergekommen waren. Ich fühlte, daß ich sie erst seit dem letzten Tag wirklich kannte; bis dahin hatte sie sich von mir abgewandt. Und nun, da sie sich mir endlich erschlossen hatte – in welch bezauberndem Licht erstrahlte auf einmal ihr Bild, wie neu war es mir, welch geheimnisvollen Liebreiz enthüllte es schamhaft!

Munter schritt ich auf dem bekannten Weg dahin und schaute unaufhörlich nach dem schon von weitem sichtbaren weißen Häuschen. Ich dachte nicht an die Zukunft, nicht einmal an den nächsten Tag – mir war einfach wohl ums Herz.

Asja errötete, als ich ins Zimmer trat. Ich bemerkte, daß sie sich wieder nett angezogen hatte, aber ihr Gesichtsausdruck paßte nicht zu dem schönen Kleid – er war traurig. Und ich war so heiter gewesen! Es kam mir sogar vor, als wollte sie wieder, ihrer Gewohnheit nach, davonlaufen, doch sie nahm sich zusammen und blieb. Gagin befand sich in jenem eigentümlichen Zustand künstlerischer Glut und Wut, der Dilettanten unversehens wie ein Anfall überkommt, wenn sie sich einbilden, es sei ihnen gelungen, »die Natur am Schwanz zu packen«, wie sie sich ausdrücken.

Er stand, ganz zerzaust und mit Farbe beschmiert, vor einer aufgespannten Leinwand, nickte mir, während er mit dem Pinsel schwungvoll darüberfuhr, fast grimmig zu, trat zurück, kniff die Augen zusammen und stürzte sich von neuem auf seine Malerei. Ich wollte ihn nicht stören und setzte mich zu Asja. Langsam wandten sich ihre dunklen Augen mir zu.

»Sie sind heute nicht so wie gestern«, sagte ich, nachdem ich mich mehrmals vergeblich bemüht hatte, ein Lächeln auf ihren Lippen hervorzurufen.

»Ja, ich bin anders«, erwiderte sie langsam und mit dumpfer Stimme. »Aber das hat nichts zu bedeuten. Ich habe schlecht geschlafen und die ganze Nacht nachgedacht.«

»Worüber?«

»Ach, ich habe an vieles gedacht. Das ist eine Gewohnheit, die ich schon von klein auf habe, noch aus der Zeit, da ich mit meiner Mutter zusammen lebte ...«

Sie sprach das Wort Mutter mit einer gewissen Überwindung aus und fuhr dann fort:

»Als ich noch mit meiner Mutter zusammen lebte, dachte ich darüber nach, warum niemand wissen kann, was einmal mit ihm geschehen wird, warum man manchmal das Unheil kommen sieht und sich doch nicht zu retten vermag und warum man nie die volle Wahrheit sagen darf. Dann dachte ich daran, daß ich nichts weiß, daß ich lernen muß. Ich müßte erzogen werden, ich bin sehr schlecht erzogen. Ich kann nicht Klavier spielen, nicht zeichnen, ich nähe sogar schlecht. Ich habe keinerlei Fähigkeiten, mit mir muß es sehr langweilig sein.«

»Sie sind ungerecht gegen sich selbst«, entgegnete ich. »Sie haben viel gelesen, sind gebildet, und mit Ihrer Klugheit ...«

»Bin ich klug?« fragte sie mit so naiver Wißbegierde, daß ich lachen mußte; doch sie lächelte nicht einmal. »Bruder, bin ich klug?« fragte sie Gagin.

Er antwortete ihr nicht, sondern arbeitete weiter, immerfort den Pinsel wechselnd und den Arm hochhebend.

»Ich weiß manchmal selbst nicht, was in meinem Kopf vorgeht«, fuhr Asja mit derselben nachdenklichen Miene fort. »Manchmal fürchte ich mich vor mir selbst, wahrhaftig. Ach, ich möchte ... Ist es wahr, daß Frauen nicht viel lesen sollten?«

»Nicht viel, aber ...«

»Sagen Sie mir, was soll ich lesen? Sagen Sie, was soll ich tun? Ich werde alles tun, was Sie mir sagen«, fügte sie hinzu, sich mit unschuldigem Vertrauen zu mir wendend.

Ich fand nicht sogleich eine Antwort auf ihre Fragen.

»Wird es Ihnen auch nicht langweilig mit mir?«

»Ich bitte Sie!« fing ich an.

»Haben Sie Dank!« erwiderte Asja. »Ich dachte schon, Sie würden sich langweilen.«

Und ihre kleine heiße Hand drückte kräftig die meine.

»N.!« schrie in diesem Augenblick Gagin. »Ist dieser Hintergrund nicht zu dunkel?«

Ich trat zu ihm. Asja stand auf und entfernte sich.

12

Nach einer Stunde kam sie wieder, blieb an der Tür stehen und winkte mich herbei.

»Hören Sie«, sagte sie, »täte es Ihnen leid, wenn ich stürbe?«

»Was haben Sie heute für Gedanken!« rief ich aus.

»Ich bilde mir ein, daß ich bald sterben werde. Manchmal deucht es mir, als nähme alles um mich herum Abschied von mir. Sterben ist besser als so weiterleben ... Ach, schauen Sie mich nicht so an, ich verstelle mich wirklich nicht. Sonst fürchte ich mich wieder vor Ihnen.«

»Haben Sie sich denn vor mir gefürchtet?«

»Wenn ich so seltsam bin, ist das wahrhaftig nicht meine Schuld«, entgegnete sie. »Sehen Sie, ich kann schon nicht mehr lachen.«

Sie blieb traurig und bekümmert bis zum Abend. In ihr ging etwas vor, das ich nicht verstand. Ihr Blick ruhte oft auf mir, und mein Herz zog sich unter diesem rätselhaften Blick leicht zusammen. Sie schien ruhig, aber ich hätte ihr, wenn ich sie ansah, gern gesagt, sie solle sich nicht aufregen. Ich erfreute mich an ihrem Anblick, ich entdeckte einen rührenden Liebreiz in ihren blassen Zügen, in ihren unentschlossenen, rührenden Bewegungen – sie jedoch bildete sich aus irgendeinem Grunde ein, ich sei schlecht gelaunt.

»Hören Sie«, sagte sie zu mir, kurz bevor ich mich verabschiedete, »mich quält der Gedanke, Sie könnten mich für leichtsinnig halten. Glauben Sie künftig stets, was ich Ihnen sage, nur seien auch Sie offen zu mir. Ich werde Ihnen immer die Wahrheit sagen, ich gebe Ihnen mein Ehrenwort.«

Dieses »Ehrenwort« brachte mich wieder zum Lachen.

»Ach, lachen Sie nicht«, wandte sie lebhaft ein, »sonst sage ich Ihnen heute, was Sie gestern mir sagten: Warum lachen Sie?« Und nach kurzem Schweigen fügte sie hinzu: »Sie sprachen gestern von Flügeln, erinnern Sie sich? Mir sind Flügel gewachsen, doch wohin ich fliegen soll, das weiß ich nicht.«

»Aber erlauben Sie«, erwiderte ich, »alle Wege stehen Ihnen doch offen.«

Asja sah mir gerade und eindringlich in die Augen.

»Sie haben heute eine schlechte Meinung von mir«, meinte sie stirnrunzelnd.

»Ich? Eine schlechte Meinung? Von Ihnen?«

»Was steht ihr denn da wie begossene Pudel?« unterbrach mich Gagin. »Wenn ihr wollt, spiele ich euch wieder einen Walzer wie gestern.«

»Nein, nein«, widersprach Asja und preßte die Hände zusammen, »heute nicht, auf keinen Fall!«

»Ich zwinge dich ja nicht, beruhige dich.«

»Auf keinen Fall«, wiederholte sie erbleichend.

Liebt sie mich etwa? dachte ich, als ich mich den schnell dahinfließenden dunklen Fluten des Rheins näherte.

13

Liebt sie mich etwa? fragte ich mich am nächsten Tag, kaum daß ich erwacht war. In mich selbst wollte ich nicht blicken. Ich fühlte, daß mir ihr Bild, das Bild des »Mädchens mit dem gezwungenen Lachen«, tief ins Herz gedrungen war und daß ich mich nicht so bald davon würde frei machen können. Ich ging nach L. und blieb den ganzen Tag dort, sah Asja aber nur flüchtig. Ihr war nicht gut, sie hatte Kopfschmerzen. Sie kam für kurze Zeit herunter, mit verbundener Stirn, blaß, mager, die Augen fast geschlossen. Matt lächelnd, sagte sie: »Das vergeht schon, es ist nichts weiter. Alles vergeht, nicht wahr?« Dann entfernte sie sich wieder. Ich spürte auf einmal eine merkwürdige Leere und Traurigkeit in mir – dennoch konnte ich mich lange nicht entschließen aufzubrechen und kehrte erst spät heim, ohne sie noch einmal gesehen zu haben.

Den folgenden Morgen verbrachte ich in einer Art halbwachem Dämmerzustand. Ich wollte mich an eine Arbeit machen und konnte es nicht; ich wollte nichts tun und an nichts denken – auch das mißlang. Ich streifte durch die Stadt, kam nach Hause, ging abermals hinaus.

»Sind Sie Herr N.?« erscholl plötzlich eine Kinderstimme hinter mir. Ich blickte mich um. Vor mir stand ein kleiner Junge. »Das ist für Sie von Fräulein Annette«, setzte er hinzu und reichte mir ein Briefchen. Ich entfaltete es und erkannte Asjas unregelmäßige und rasche Handschrift.

»Ich muß Sie unbedingt sehen«, schrieb sie mir, »kommen Sie heute um vier Uhr zu der steinernen Kapelle am Weg, der zu der Ruine führt. Ich habe heute eine große Unvorsichtigkeit begangen. Kommen Sie um Gottes willen, Sie werden alles erfahren. Sagen Sie dem Boten: ja.«

»Ist etwas auszurichten?« fragte mich der Junge.

»Sag dem Fräulein: ja«, antwortete ich.

Der Junge lief fort.

14

Ich ging auf mein Zimmer, setzte mich und überlegte. Mein Herz klopfte heftig. Mehrere Male las ich Asjas Briefchen durch. Ich sah auf die Uhr: Es war noch nicht einmal zwölf.

Die Tür öffnete sich – Gagin trat ein.

Sein Gesicht war düster. Er ergriff meine Hand und drückte sie fest. Er schien sehr erregt.

»Was ist mit Ihnen?« fragte ich.

Gagin nahm einen Stuhl und setzte sich mir gegenüber.

»Vor drei Tagen«, begann er mit gezwungenem Lächeln und stockend, »habe ich Sie durch meine Erzählung in Verwunderung versetzt; heute werde ich Sie noch mehr überraschen. Mit einem anderen würde ich wahrscheinlich nicht so offen ... Aber Sie sind ein edeldenkender Mensch, Sie sind mein Freund, ist es nicht so? Hören Sie denn: Meine Schwester Asja ist in Sie verliebt.«

Ich zuckte zusammen und richtete mich auf.

»Ihre Schwester, sagen Sie ...«

»Ja, ja«, unterbrach mich Gagin. »Ich sage Ihnen, sie ist wahnsinnig und bringt auch mich noch um den Verstand. Doch zum Glück ist sie nicht fähig zu lügen und vertraut mir. Ach, was für eine Seele dieses Mädchen hat! Aber sie richtet sich zugrunde, unbedingt.«

»Sie täuschen sich«, begann ich.

»Nein, ich täusche mich nicht. Gestern, wissen Sie, hat sie fast den ganzen Tag gelegen, nichts gegessen, sich jedoch nicht beklagt. Sie beklagt sich nie. Ich machte mir keine Sorgen, obwohl sich gegen Abend ein leichtes Fieber einstellte. Heute um zwei Uhr nachts weckte mich unsere Wirtin. ›Gehen Sie zu Ihrer Schwester‹, sagte sie, ›ihr ist nicht gut.‹ Ich lief zu Asja und fand sie noch angekleidet, fiebernd und in Tränen aufgelöst. Ihr Kopf glühte, die Zähne schlugen aufeinander. ›Was ist mit dir?‹ fragte ich. ›Bist du krank?‹ Sie fiel mir um den Hals und flehte mich an, sie so bald wie möglich fortzubringen, wenn ich sie am Leben erhalten wolle. Ich begriff nichts, bemühte mich, sie zu beruhigen. Sie schluchzte nur noch heftiger, und plötzlich vernahm ich durch dieses Schluchzen hindurch … Nun, mit einem Wort, ich vernahm, daß sie Sie liebt. Ich versichere Ihnen, wir beide, Sie und ich, können uns als vernünftige Menschen gar nicht vorstellen, wie tief ihre Gefühle sind und mit welch unwahrscheinlicher Kraft sie sich in ihr auswirken; es bricht so unerwartet und unwiderstehlich über sie herein wie ein Gewitter. Sie sind ein sehr netter Mensch«, fuhr Gagin fort, »aber warum Asja Sie so liebt, das begreife ich, offen gestanden, nicht. Sie sagt, sie habe auf den ersten Blick eine Zuneigung zu Ihnen gefaßt. Deswegen weinte sie auch neulich, als sie mir beteuerte, sie wolle außer mir niemanden lieben. Sie bildet sich ein, Sie verachten sie und wüßten wahrscheinlich, wer sie ist. Sie fragte mich, ob ich Ihnen ihre Geschichte erzählt habe. Ich verneinte selbstverständlich, aber ihre Feinfühligkeit ist einfach erschrekkend. Sie will nur eines: abreisen, sofort abreisen. Ich saß bis zum Morgen bei ihr, und sie nahm mir das Versprechen ab, daß wir morgen schon nicht mehr hier sein würden. Erst danach schlief sie ein. Ich überlegte hin und her und entschloß mich endlich, mit Ihnen zu sprechen. Meiner Ansicht nach hat Asja recht: Das beste ist, wir reisen beide ab. Und ich hätte sie schon heute weggebracht, wenn mir nicht ein Gedanke gekommen wäre, der mich zurückhielt. Vielleicht – wie kann ich es wissen? – gefällt Ihnen meine Schwester? Wenn es so wäre, weshalb sollte ich sie dann wegbringen? Und so habe ich mich denn entschlossen, alle Scham beiseite zu lassen – außerdem habe ich auch selbst dieses und jenes bemerkt –, habe ich mich denn entschlossen, von Ihnen zu erfahren …« Der arme Gagin war ganz verlegen geworden. »Entschuldigen Sie, bitte«, fügte er hinzu, »ich bin so heikle Gespräche nicht gewohnt.«

Ich nahm seine Hand.

»Sie wollen wissen, ob mir Ihre Schwester gefällt?« sagte ich mit fester Stimme. »Ja, sie gefällt mir.«

Gagin sah mich an.

»Aber«, fragte er stockend, »heiraten werden Sie sie nicht?«

»Wie können Sie erwarten, daß ich auf diese Frage antworte? Urteilen Sie selbst, kann ich jetzt schon ...«

»Ich weiß, ich weiß«, unterbrach mich Gagin, »ich habe kein Recht, von Ihnen eine Antwort zu verlangen. Meine Frage war höchst unschicklich. Doch was soll ich tun? Mit dem Feuer darf man nicht spielen. Sie kennen ja Asja nicht; sie kann todkrank werden, sie ist imstande, davonzulaufen, ein Stelldichein mit Ihnen zu bestimmen ... Eine andere würde alles geheimhalten und abwarten – aber sie kann das nicht. Sie erlebt es zum erstenmal, das ist das Schlimme! Wenn Sie gesehen hätten, wie sie heute zu meinen Füßen schluchzte, würden Sie meine Befürchtungen begreifen.«

Ich überlegte. Gagins Worte »ein Stelldichein mit Ihnen zu bestimmen« hatten mich ins Herz getroffen. Es erschien mir unehrenhaft, seine Offenheit nicht mit der gleichen Offenheit zu erwidern.

»Ja, Sie haben recht«, sagte ich endlich. »Vor einer Stunde erhielt ich von Ihrer Schwester einen Brief. Hier ist er.«

Gagin nahm den Brief, überflog ihn und ließ die Hände auf die Knie sinken. Der Ausdruck der Bestürzung auf seinem Gesicht war geradezu komisch, aber mir war nicht zum Lachen zumute.

»Ich wiederhole, Sie sind ein edeldenkender Mensch«, sagte er, »doch was soll denn nun geschehen? Sie will selbst abreisen und schreibt Ihnen und wirft sich eine Unvorsichtigkeit vor ... Wann hat sie das überhaupt schreiben können? Was will sie denn eigentlich von Ihnen?«

Ich beruhigte ihn, und wir besprachen so kaltblütig wie möglich, was nun zu unternehmen sei.

Wir kamen endlich zu folgendem Ergebnis: Um Schlimmeres zu verhüten, sollte ich zur Kapelle gehen und mich mit Asja offen aussprechen. Gagin verpflichtete sich, zu Hause zu bleiben und sich so zu verhalten, als wüßte er nichts von ihrem Brief. Am Abend wollten wir wieder zusammentreffen.

»Ich verlasse mich fest auf Sie«, sagte Gagin und preßte meine Hand. »Schonen Sie meine Schwester und mich. Trotzdem reisen wir morgen ab«, fügte er hinzu und stand auf, »denn Sie heiraten Asja ja doch nicht.«

»Geben Sie mir Zeit bis zum Abend«, erwiderte ich.

»Meinetwegen, aber Sie heiraten sie nicht.«

Er ging, ich indessen warf mich aufs Sofa und schloß die Augen. In meinem Kopf drehte sich alles – zu vieles war plötzlich auf mich eingestürzt. Ich ärgerte mich über Gagins Offenheit, ärgerte mich über Asja, und ihre Liebe zu mir freute und verwirrte mich zugleich. Ich konnte nicht begreifen, was sie veranlaßt hatte, ihrem Bruder alles zu gestehen. Die Unvermeidbarkeit einer baldigen, fast augenblicklichen Entscheidung quälte mich …

»Ein siebzehnjähriges Mädchen mit solch einem Charakter heiraten – wie kann man das!« sagte ich und stand auf.

15

Zur vereinbarten Stunde fuhr ich über den Rhein, und die erste Person, die mir auf dem gegenüberliegenden Ufer begegnete, war derselbe Junge, der am Morgen zu mir gekommen war. Er wartete offenbar auf mich.

»Von Fräulein Annette«, flüsterte er und übergab mir einen neuen Brief.

Asja teilte mir mit, daß wir uns an einem anderen Ort treffen müßten. Ich sollte mich in anderthalb Stunden nicht an der Kapelle, sondern am Haus von Frau Luise einfinden, unten klopfen und ins zweite Stockwerk steigen.

»Soll ich wieder ›ja‹ sagen?« fragte mich der Junge.

»Ja«, wiederholte ich und ging am Rheinufer entlang. Ich hatte nicht die Zeit, noch einmal nach Hause zurückzukehren, und keine Lust, durch die Straßen zu wandern. Außerhalb der Stadtmauer befand sich ein kleiner Garten mit einer Kegelbahn und Tischen für Bierliebhaber. Dorthin ging ich. Ein paar schon ältere Deutsche kegelten; mit Gepolter rollten die hölzernen Kugeln dahin, bisweilen erschollen Beifallsrufe. Eine hübsche Kellnerin mit verweinten Augen brachte mir einen Krug Bier; ich sah ihr ins Gesicht. Sie wandte sich schnell ab und ging fort.

»Ja, ja«, meinte ein dicker, rotbäckiger Bürger, der in meiner Nähe saß, »unser Hannchen ist heute sehr betrübt; ihr Bräutigam ist Soldat geworden.«

Ich blickte zu ihr hin. Sie hatte sich in einen Winkel geflüchtet und stützte die Wange in die Hand. Die Tränen rannen, eine nach der andern, über ihre Finger. Jemand verlangte Bier. Sie brachte ihm einen Krug und kehrte wieder an ihren Platz zurück. Ihr Kummer steckte mich an. Ich dachte an das Wiedersehen, das mir bevorstand, und meine Gedanken waren sorgenvoll und unfroh. Schweren Herzens ging ich zu dieser Zusammenkunft, denn ich durfte mich nicht den Freuden gegenseitiger Liebe hingeben – ich mußte mein Versprechen halten, eine schwere Verpflichtung erfüllen. »Mit ihr darf man nicht spielen« – diese Worte Gagins waren mir wie Pfeile ins Herz gedrungen. Hatte ich mich nicht vor drei Tagen in diesem Boot, das von den Wellen fortgetragen wurde, nach Glück gesehnt? Jetzt war das Glück greifbar geworden, doch ich schwankte, ich stieß es von mir, mußte es von mir stoßen ... Daß es so plötzlich vor mir stand, verwirrte mich. Asja selbst, mit ihrem Feuerkopf, ihrer Vergangenheit, ihrer Erziehung, dieses anziehende, aber seltsame Wesen – ich gestehe es, sie erschreckte mich. Lange kämpften meine Gefühle. Die festgesetzte Zeit rückte heran. Ich kann sie nicht heiraten, entschied ich endlich, sie soll nicht erfahren, daß auch ich sie liebe.

Ich erhob mich, drückte dem armen Hannchen einen Taler in die Hand (sie dankte mir nicht einmal) und begab mich zu dem Haus von Frau Luise. Schon breiteten sich die Abendschatten aus, und der schmale Himmelsstreifen über der dunklen Straße glühte im Schein der Abendsonne. Ich klopfte an die Tür; sie öffnete sich sofort. Als ich die Schwelle überschritten hatte, umgab mich völlige Dunkelheit.

»Hierher!« ließ sich die Stimme einer alten Frau vernehmen. »Sie werden erwartet.«

Ich tastete mich ein paar Schritte vorwärts. Knochige Finger ergriffen meine Hand.

»Sind Sie es, Frau Luise?« fragte ich.

»Ja«, antwortete mir dieselbe Stimme. »Ich bin es, mein schöner junger Mann.«

Die Alte führte mich eine steile Treppe hinauf und blieb auf dem Absatz des zweiten Stockwerks stehen. In dem schwachen Lichtschein, der durch das winzige Fenster fiel, erkannte ich das runzelige Gesicht der Bürgermeisterswitwe. Ein süßlich-verschlagenes Lächeln dehnte ihren eingefallenen Mund und verengte die trüben Augen. Sie wies auf eine kleine Tür. Mit einer krampfhaften Bewegung öffnete ich sie und zog sie hinter mir zu.

16

In dem kleinen Zimmer, in das ich eintrat, war es ziemlich dunkel, und ich erblickte Asja nicht sogleich. In einen langen Schal gehüllt, saß sie auf einem Stuhl am Fenster, den Kopf abgewandt und fast hinter der Schulter versteckt, wie es erschrockene Vögelchen tun. Sie atmete rasch und zitterte. Sie tat mir unsagbar leid. Ich trat zu ihr. Sie wandte den Kopf noch mehr ab.

»Anna Nikolajewna«, sagte ich.

Sie richtete sich plötzlich gerade auf, wollte mich ansehen – und konnte es nicht. Ich ergriff ihre Hand. Sie war kalt und lag wie tot in der meinen.

»Ich wollte«, begann Asja und bemühte sich zu lächeln, doch ihre bleichen Lippen gehorchten ihr nicht, »ich wollte ... Nein, ich kann nicht«, sagte sie und verstummte. Ihre Stimme stockte wirklich nach jedem Wort.

Ich setzte mich neben sie.

»Anna Nikolajewna«, wiederholte ich und vermochte ebenfalls nichts hinzuzufügen.

Es trat Schweigen ein. Ich hielt immer noch ihre Hand und sah sie an. Sie saß wieder wie vorher zusammengekrümmt da, atmete mühsam und biß sich verstohlen auf die Unterlippe, um nicht zu weinen, um die aufsteigenden Tränen zurückzuhalten. Ich sah sie an: Etwas rührend Hilfloses lag in ihrer scheuen Regungslosigkeit. Es schien, als habe sie vor Müdigkeit kaum den Stuhl zu erreichen vermocht und sei dann auf ihn niedergesunken. Das Herz wurde mir weich.

»Asja«, sagte ich leise.

Langsam hob sie die Augen zu mir auf. Oh, der Blick einer liebenden Frau – wer kann ihn beschreiben! Sie flehten, diese Augen, sie vertrauten, fragten, gaben sich hin. Ich konnte ihrem Zauber nicht widerstehen. Es überlief mich heiß – wie lauter glühende Nadeln. Ich beugte mich nieder und drückte meine Lippen auf ihre Hand.

Ich vernahm einen bebenden Laut, der einem tiefen Seufzer glich, und spürte auf meinem Haar eine schwache, wie ein Espenblatt zitternde Hand. Ich hob den Kopf und erblickte ihr Gesicht. Wie hatte es sich jäh verwandelt! Der Ausdruck der Angst war verschwunden, der Blick entschwebte in die Ferne und zog mich mit, der Mund war leicht geöffnet, die Stirn blaß wie Marmor, und die Locken waren nach hinten gestrichen, als hätte der Wind sie zurückgeworfen. Ich vergaß alles. Ich zog sie an mich. Willig fügte sich ihre Hand, ihr ganzer Körper; der Schal glitt von ihren Schultern, und ihr Kopf legte sich still an meine Brust, lag unter meinen brennenden Lippen ...

»Die Ihre«, flüsterte sie kaum hörbar.

Schon glitten meine Hände um ihren Leib. Da durchzuckte mich plötzlich wie ein Blitz der Gedanke an Gagin.

»Was tun wir da!« rief ich aus und bog mich krampfhaft zurück. »Ihr Bruder ... Er weiß alles! Er weiß, daß wir uns treffen.«

Asja sank auf den Stuhl.

»Ja«, fuhr ich fort, während ich aufstand und durchs Zimmer ging. »Ihr Bruder weiß alles. Ich mußte ihm alles sagen.«

»Sie mußten?« fragte sie undeutlich. Sie hatte sich anscheinend noch nicht wieder gefaßt und verstand mich nicht ganz.

»Ja, ja«, bestätigte ich mit einer gewissen Erbitterung, »und daran sind allein Sie schuld, Sie allein. Warum haben Sie Ihr Geheimnis verraten? Wer hat Sie gezwungen, Ihrem Bruder alles zu offenbaren? Er war heute bei mir und gab mir das Gespräch wieder, das Sie mit ihm geführt haben.« Ich bemühte mich, Asja nicht anzusehen, und ging mit großen Schritten im Zimmer auf und ab. »Jetzt ist alles verloren, alles, alles.«

Asja wollte sich erheben.

»Bleiben Sie«, rief ich, »bleiben Sie, ich bitte Sie darum. Sie haben es mit einem Mann von Ehre zu tun – ja, mit einem Mann von Ehre. Aber, um Gottes willen, was hat Sie so erregt? Haben Sie irgendeine Veränderung an mir bemerkt? Ich konnte mich vor Ihrem Bruder nicht verstellen, als er heute zu mir kam.«

Was rede ich da? dachte ich bei mir, und der Gedanke,

daß ich ein gewissenloser Betrüger sei, daß Gagin von unserer Zusammenkunft wußte, daß alles entstellt und bloßgelegt war, dröhnte mir geradezu im Kopf.

»Ich habe meinen Bruder nicht gerufen«, hörte ich Asja erschrocken flüstern, »er kam von selbst.«

»Sehen Sie nun, was Sie angerichtet haben«, fuhr ich fort. »Jetzt wollen Sie abreisen …«

»Ja, ich muß abreisen«, sagte sie noch ebenso leise, »ich habe Sie nur hierhergebeten, um mich von Ihnen zu verabschieden.«

»Und Sie glauben, mir fällt es leicht, mich von Ihnen zu trennen?« erwiderte ich.

»Aber warum haben Sie es denn meinem Bruder gesagt?« wiederholte Asja verständnislos.

»Ich sage Ihnen doch – ich konnte nicht anders handeln. Hätten Sie sich nicht selbst verraten …«

»Ich hatte mich in meinem Zimmer eingeschlossen«, entgegnete sie treuherzig. »Ich wußte nicht, daß unsere Wirtin einen zweiten Schlüssel hat.«

Diese arglose Entschuldigung, aus ihrem Mund, in diesem Augenblick, versetzte mich damals fast in Zorn. Jetzt aber kann ich nicht ohne Rührung daran denken. Armes, ehrliches, aufrichtiges Kind!

»Und nun ist alles zu Ende!« begann ich von neuem. »Alles. Nun müssen wir uns trennen.« Ich blickte verstohlen zu Asja hin. Ihr Gesicht rötete sich rasch. Ich spürte, sie schämte sich und bekam Angst. Ich selbst ging auf und ab und sprach wie im Fieber. »Sie haben das Gefühl, das zu reifen begann, nicht zur Entfaltung kommen lassen. Sie selbst haben das Band zwischen uns zerrissen, Sie hatten kein Vertrauen zu mir, Sie zweifelten an mir …«

Während ich sprach, beugte sich Asja immer weiter vor, und plötzlich fiel sie auf die Knie, ließ den Kopf in die Hände sinken und brach in Schluchzen aus. Ich lief zu ihr hin und versuchte sie aufzuheben, aber sie fügte sich mir nicht. Ich kann Frauentränen nicht ertragen – bei ihrem Anblick verliere ich sofort die Fassung.

»Anna Nikolajewna, Asja«, redete ich auf sie ein, »bitte, ich flehe Sie an, um Gottes willen hören Sie auf.« Ich nahm wieder ihre Hand.

Doch zu meinem größten Erstaunen sprang sie jäh auf, stürzte blitzschnell zur Tür und verschwand.

Als einige Minuten später Frau Luise hereinkam, stand ich immer noch, wie vom Donner gerührt, mitten im Zimmer. Ich begriff nicht, wie diese Zusammenkunft so schnell und so dumm enden konnte – wie sie enden konnte, ehe ich auch nur den hundertsten Teil von dem gesagt hatte, was ich sagen wollte, sagen mußte, und ehe ich mir darüber klargeworden war, zu welcher Entscheidung sie führen würde.

»Ist das Fräulein gegangen?« fragte mich Frau Luise und zog die gelben Brauen bis an ihre Halbperücke hoch.

Ich sah sie an wie ein Narr und verließ das Zimmer.

17

Ich eilte aus der Stadt hinaus ins Freie. Ärger, wütender Ärger nagte an mir. Ich überhäufte mich selbst mit Vorwürfen. Wie hatte ich nicht begreifen können, aus welchem Grund Asja den Ort unserer Zusammenkunft hatte ändern müssen, warum hatte ich nicht zu würdigen vermocht, was es sie gekostet hatte, zu dieser Alten zu gehen, warum hatte ich sie nicht zurückgehalten! Allein mit ihr in jenem dumpfen, schlecht beleuchteten Zimmer, hatte ich die Kraft, den traurigen Mut aufgebracht, sie von mir zu stoßen, ihr sogar Vorhaltungen zu machen. Jetzt verfolgte mich ihr Bild. Ich bat sie um Verzeihung. Die Erinnerung an dieses bleiche Gesicht, an diese feuchten und bangen Augen, an das lockere Haar über dem gebeugten Hals, die leichte Berührung ihres Kopfes an meiner Brust – diese Erinnerung brannte in mir wie Feuer.

»Die Ihre«, hörte ich sie flüstern. Ich habe nach meinem Gewissen gehandelt, versuchte ich mir einzureden. Lüge! Hatte ich diesen Ausgang wirklich gewollt? War ich denn imstande, mich von ihr zu trennen? Konnte ich mich damit abfinden, sie zu verlieren? Wahnsinniger! Wahnsinniger! wiederholte ich voll Erbitterung.

Inzwischen brach die Nacht herein. Mit großen Schritten strebte ich dem Hause zu, in dem Asja wohnte.

18

Gagin kam mir aus dem Haus entgegen.

»Haben Sie meine Schwester gesehen?« rief er mir schon von weitem zu.

»Ist sie denn nicht zu Hause?« fragte ich.

»Nein.«

»Sie ist noch nicht zurückgekehrt?«

»Nein. Verzeihen Sie mir«, fuhr Gagin fort, »ich konnte es nicht aushalten, und ich bin gegen unsere Abmachung zu der Kapelle gegangen. Dort war sie nicht – sie ist also nicht gekommen?«

»An der Kapelle war sie nicht.«

»Und Sie haben sie nicht gesehen?«

Ich mußte gestehen, daß ich sie gesehen hatte.

»Wo?«

»Bei Frau Luise. Wir haben uns vor einer Stunde getrennt«, fügte ich hinzu, »ich nahm an, sie sei nach Hause gegangen.«

»Warten wir«, sagte Gagin.

Wir traten ins Haus und setzten uns nebeneinander. Wir schwiegen. Es war für uns beide sehr peinlich. Fortwährend sahen wir uns um, blickten zur Tür, horchten. Endlich stand Gagin auf.

»Das ist unerhört!« rief er aus. »Ich bin vor Unruhe ganz außer mir. Sie bringt mich um, bei Gott! Kommen Sie, wir wollen sie suchen.«

Wir gingen hinaus. Draußen war es bereits völlig dunkel.

»Worüber haben Sie denn mit ihr gesprochen?« fragte mich Gagin und schob sich den Hut tief in die Stirn.

»Ich habe sie nur fünf Minuten gesehen«, antwortete ich. »Ich habe mit ihr gesprochen, wie es verabredet war.«

»Wissen Sie was?« erwiderte er. »Es ist besser, wir gehen jeder für sich; so werden wir eher auf sie stoßen. Kommen Sie aber auf jeden Fall in einer Stunde wieder hierher.«

19

Ich stieg eilig den Weinberg hinunter und rannte in die Stadt. Rasch schritt ich alle Straßen ab, guckte überall hinein, sogar in die Fenster von Frau Luises Haus, kehrte dann zum Rhein zurück und lief am Ufer entlang. Hin und wieder tauchten weibliche Gestalten auf, doch Asja war nirgends zu sehen. Jetzt nagte nicht mehr Ärger an mir – eine geheime Angst quälte mich. Und nicht allein Angst fühlte ich, nein, Reue, heißes Bedauern und Liebe – ja, die zärtlichste Liebe! Ich rang die Hände, ich rief Asjas Namen in die nächtliche Finsternis hinaus, erst mit halber Stimme, dann immer lauter und lauter; ich wiederholte hundertmal, daß ich sie liebe, ich schwor, mich nie wieder von ihr zu trennen ... Alles in der Welt hätte ich dafür gegeben, wieder ihre kalte Hand zu halten, ihre leise Stimme zu hören, sie wieder vor mir zu sehen. Sie war mir so nah gewesen, war mit voller Entschlossenheit, mit der ganzen Unschuld ihres Herzens und ihrer Gefühle zu mir gekommen und hatte mir ihre unberührte Jugend dargebracht. Und ich hatte sie nicht an meine Brust gedrückt, ich hatte mich selbst der Wonne beraubt, ihr liebes

Gesicht vor Freude und stiller Glückseligkeit aufleuchten zu sehen! Dieser Gedanke brachte mich fast um den Verstand.

»Wohin kann sie gegangen sein, was mag sie sich angetan haben?« rief ich in ohnmächtiger Verzweiflung aus. Plötzlich schimmerte dicht am Ufer des Stromes etwas Weißes auf. Ich kannte diese Stelle. Dort stand auf dem Grab eines Mannes, der vor siebzig Jahren hier ertrunken war, ein halb in die Erde gesunkenes Steinkreuz mit einer alten Inschrift. Das Herz erstarrte mir. Ich lief zu dem Kreuz – die weiße Gestalt war verschwunden. »Asja!« schrie ich. Meine wilde Stimme erschreckte mich selbst – doch niemand antwortete.

Ich beschloß, zu Gagin zu gehen, um zu erfahren, ob er sie gefunden hatte.

20

Als ich hastig den Pfad hinaufstieg, der durch den Weinberg führte, sah ich Licht in Asjas Zimmer. Das beruhigte mich etwas.

Ich näherte mich dem Haus. Die Tür war verschlossen. Ich klopfte. Ein unbeleuchtetes Fenster im Erdgeschoß wurde vorsichtig geöffnet, und Gagins Kopf zeigte sich.

»Haben Sie sie gefunden?« fragte ich.

»Sie ist zurückgekommen«, antwortete er flüsternd. »Sie ist in ihrem Zimmer und kleidet sich aus. Alles ist in Ordnung.«

»Gott sei Dank!« rief ich in einer unbeschreiblichen Aufwallung von Freude aus. »Gott sei Dank! Jetzt ist alles gut. Doch Sie wissen, wir müssen noch vieles besprechen.«

»Ein andermal«, erwiderte er, den Fensterflügel sacht zu sich heranziehend, »ein andermal, für heute aber leben Sie wohl.«

»Bis morgen«, sagte ich, »morgen wird sich alles entscheiden.«

»Leben Sie wohl«, wiederholte Gagin.

Das Fenster schloß sich. Ich hätte beinahe daran geklopft. Ich wollte Gagin auf der Stelle um die Hand seiner Schwester bitten. Doch ein solcher Antrag zu solcher Stunde ... Bis morgen, dachte ich, morgen werde ich glücklich sein.

Morgen werde ich glücklich sein! Das Glück kennt kein Morgen, es kennt auch kein Gestern; es erinnert sich nicht der Vergangenheit und denkt nicht an die Zukunft; es kennt nur die Gegenwart – und nicht einmal den Tag, nur den Augenblick.

Ich weiß nicht mehr, wie ich nach S. gelangte. Nicht meine Füße trugen mich, nicht das Boot brachte mich hinüber – große starke Flügel hoben mich empor. Ich kam an einem Gebüsch vorüber, in dem eine Nachtigall sang. Ich blieb stehen und hörte lange zu. Mir war, als sänge sie von meiner Liebe und meinem Glück.

21

Als ich mich am nächsten Morgen dem bekannten Häuschen näherte, sah ich mit Bestürzung, daß alle Fenster und auch die Haustür weit geöffnet waren. Vor der Schwelle lagen Papierfetzen herum. Im Türrahmen erschien das Dienstmädchen mit einem Besen. Ich ging auf sie zu.

»Sie sind abgereist!« platzte sie heraus, noch ehe ich sie gefragt hatte, ob Gagin zu Hause sei.

»Abgereist?« wiederholte ich. »Wieso abgereist? Wohin?«

»Heute früh um sechs sind sie abgereist; wohin, haben sie nicht gesagt. Warten Sie mal, Sie sind doch, glaube ich, Herr N.?«

»Ja, ich bin Herr N.«

»Die Wirtin hat einen Brief für Sie.« Das Mädchen ging

hinauf und kam mit dem Brief zurück. »Hier, bitte schön.«

»Das kann doch nicht sein! Wieso denn das?« stieß ich hervor.

Das Mädchen sah mich stumpfsinnig an und begann zu fegen.

Ich entfaltete den Brief. Gagin hatte ihn geschrieben; von Asja enthielt er nicht eine Zeile. Gagin fing mit der Bitte an, ihm wegen der plötzlichen Abreise nicht zu zürnen; er sei überzeugt, daß ich nach reiflicher Überlegung seinen Entschluß billigen würde. Er habe keinen anderen Ausweg aus dieser Lage gefunden, die schwierig und gefährlich werden könne. »Gestern abend«, schrieb er, »während wir beide schweigend auf Asja warteten, kam ich endgültig zu der Überzeugung, daß wir uns trennen müssen. Es gibt Vorurteile, die ich achte. Ich verstehe, daß Sie Asja nicht heiraten können. Sie hat mir alles gesagt. Um ihrer Ruhe willen mußte ich ihren wiederholten, dringenden Bitten nachgeben.« Am Schluß des Briefes sprach er sein Bedauern aus, daß unsere Bekanntschaft nur so kurz währte; er wünsche mir Glück, drücke mir freundschaftlich die Hand und bitte mich inständig, nicht nach ihnen zu forschen.

»Was denn für Vorurteile?« rief ich aus, als könnte er mich hören. »Welch ein Unsinn! Wer gab ihm das Recht, sie mir zu entführen?« Ich faßte mir an den Kopf.

Das Dienstmädchen rief laut nach der Wirtin. Ihr Erschrecken brachte mich zur Besinnung. Ein Gedanke nur beherrschte mich: sie wiederzufinden, sie um jeden Preis wiederzufinden. Diesen Schlag hinnehmen, mich mit dieser Lösung abfinden, das war unmöglich. Von der Wirtin erfuhr ich, daß sie um sechs Uhr morgens einen Dampfer bestiegen hatten und rheinabwärts gefahren waren. Ich begab mich in das Kontor. Dort sagte man mir, sie hätten Karten nach Köln gelöst. Ich ging nach Hause, um meine Sachen zu packen und ihnen nachzureisen. Mein Weg führte mich an dem Haus von Frau Luise vorbei. Plötzlich hörte ich, wie jemand meinen Namen rief. Ich hob den Kopf und erblickte im Fenster desselben Zimmers, in dem ich mich am Abend vorher mit Asja getroffen hatte, die Bürgermeisterswitwe. Sie lächelte in ihrer widerwärtigen Art und winkte mich heran. Ich wandte mich ab und wollte weitergehen, aber sie rief mir nach, sie habe etwas für mich. Diese Worte hielten mich zurück, und ich trat in ihr Haus. Wie soll ich die Gefühle wiedergeben, die mich bewegten, als ich dieses Zimmer wiedersah!

»Eigentlich sollte ich Ihnen das nur geben, wenn Sie mich von selber aufsuchten«, begann die Alte und zeigte mir einen kleinen Zettel, »doch Sie sind ein so netter junger Mann. Nehmen Sie.«

Auf einem winzigen Stück Papier standen folgende, eilig mit Bleistift hingekritzelten Worte: »Leben Sie wohl, wir werden uns nie mehr sehen. Nicht aus Stolz reise ich ab – nein, ich kann nicht anders. Hätten Sie mir ein Wort, nur ein einziges Wort gesagt, als ich gestern vor Ihnen weinte – ich wäre geblieben. Sie sagten es nicht. Vielleicht ist es besser so. Leben Sie wohl, für immer!«

Nur ein Wort! Oh, ich Wahnsinniger! Dieses Wort ... Unter Tränen hatte ich es am Abend vorher immer wieder ausgesprochen, hatte es an den Wind verschwendet, in die einsamen Felder hinausgeschrien. Aber ihr hatte ich es nicht gesagt, daß ich sie liebe. Und ich konnte dieses Wort damals auch gar nicht aussprechen. Als ich mich in jenem verhängnisvollen Zimmer mit ihr traf, war ich mir meiner Liebe noch nicht bewußt geworden, und selbst als ich in sinnlosem und bedrückendem Schweigen neben ihrem Bruder saß, war dieses Bewußtsein noch nicht erwacht – es flammte mit unwiderstehlicher Kraft erst kurz danach auf, als ich, von der Möglichkeit eines Unglücks erschreckt, sie zu suchen und zu rufen begann. Doch da war es schon zu spät. Das ist doch unmöglich! wird man mir sagen. Ich weiß nicht, ob es möglich ist, ich weiß nur, daß es wirklich so war. Hätte Asja auch nur eine Spur von Koketterie besessen und sich nicht in einer so schiefen Lage befunden, sie wäre nicht abgereist. Was jede andere geduldig hingenommen hätte, konnte sie nicht ertragen – das hatte ich nicht begriffen. Ein böser Dämon hielt das Geständnis auf meinen Lippen zurück, als ich Gagin in dem dunklen Fenster zum letzten Mal sah, und der letzte Faden, an den ich mich noch hätte klammern können, entglitt meinen Händen.

Am selben Tage kehrte ich mit gepacktem Koffer nach L. zurück und fuhr mit dem Schiff nach Köln. Ich erinnere mich, der Dampfer legte bereits ab, und ich nahm in Gedanken Abschied von diesen Straßen, von all den Stätten, die ich nie vergessen sollte, da erblickte ich Hannchen. Sie saß am Ufer auf einer Bank. Ihr Gesicht war bleich, aber nicht betrübt. Ein junger, hübscher Bursche stand neben ihr und erzählte ihr lachend etwas. Am anderen Rheinufer jedoch schaute meine kleine Madonna noch ebenso traurig aus dem dunklen Grün der alten Esche heraus.

22

In Köln stieß ich auf die Spur der Gagins. Ich erfuhr, daß sie nach London gefahren waren, und reiste ihnen nach – in London indessen blieben alle meine Nachforschungen erfolglos. Ich wollte mich lange nicht zufriedengeben und suchte hartnäckig weiter, mußte aber schließlich die Hoffnung, sie zu finden, aufgeben.

Ich habe sie nicht mehr gesehen, habe Asja nie wiedergesehen. Wohl drangen noch dunkle Gerüchte über ihn zu mir, sie aber war für mich auf immer verschwunden. Ich weiß nicht einmal, ob sie noch lebt. Etliche Jahre später erblickte ich eines Tages im Ausland, in einem Eisenbahnwagen, flüchtig eine Frau, deren Gesicht mich lebhaft an die unvergeßlichen Züge erinnerte. Doch wahrscheinlich hat mich eine zufällige Ähnlichkeit getäuscht. In meiner Erinnerung ist Asja das junge Mädchen geblieben, als das ich sie in der besten Zeit meines Lebens kannte, so wie sie war, als ich sie zum letztenmal sah, über die Lehne des niedrigen Holzstuhls gebeugt.

Ich muß jedoch bekennen, daß ich ihr nicht allzulange nachtrauerte. Ich fand sogar, das Schicksal habe es gut mit mir gemeint, als es mich nicht mit Asja vereinte. Ich tröstete mich mit dem Gedanken, daß ich mit einer solchen Frau wahrscheinlich nicht glücklich geworden wäre. Damals war ich jung, und die Zukunft, diese kurze, schnell dahinschwindende Zukunft, erschien mir unendlich. Kann sich denn das, was gewesen ist, nicht wiederholen, dachte ich, vielleicht gar noch besser, noch schöner? Ich habe andere Frauen gekannt, aber das Gefühl, das Asja in mir erweckte, jenes brennende, zärtliche, tiefe Gefühl, ist nie mehr wiedergekehrt. Nein, kein Augenpaar vermochte mir jenes zu ersetzen, das einstmals voller Liebe auf mich gerichtet war, keinem anderen Herzen, das sich an meine Brust schmiegte, antwortete das meine je mit so freudigem und süßem Erschauern! Zur Einsamkeit eines alten Junggesellen verurteilt, verbringe ich den faden Rest meiner Tage, doch wie ein Heiligtum bewahre ich Asjas Briefchen und die vertrocknete Geraniumblüte, jene Blüte, die sie mir einst aus dem Fenster zuwarf. Immer noch haucht sie einen schwachen Duft aus, die Hand aber, die mir diese Blüte brach und die an meine Lippen zu drücken mir nur ein einziges Mal beschieden war, sie modert vielleicht schon längst im Grabe … Und ich selbst – was ist aus mir geworden? Was ist von mir geblieben, von jenen glückseligen bewegten Tagen, jenem beschwingten Hoffen und Streben? So überlebt der leise Duft eines unbedeutenden Blümchens alle Freuden und allen Kummer eines Menschen, überlebt den Menschen selbst.

1858

Nikolai Leskow

Die Lady Macbeth aus dem Landkreis Mzensk

Beim ersten Schritt
Klopft's Herz noch mit.
Sprichwort

1

Bisweilen kann man hierzulande Charaktere antreffen, deren man sich, mögen seit der Begegnung mit ihnen auch noch so viele Jahre vergangen sein, nur mit größter Erschütterung erinnert. Zu diesen Charakteren gehört auch die Kaufmannsfrau Katerina Lwowna Ismailowa, die Heldin eines schrecklichen Dramas, das ihr bei unserem Adel den recht treffenden Namen Lady Macbeth aus dem Landkreis Mzensk eingebracht hat.

Katerina Lwowna war keine außergewöhnliche Schönheit, aber doch eine Frau von sehr angenehmem Äußeren. Sie ging ins vierundzwanzigste Jahr. Ihre mittelgroße Gestalt war von schönem Ebenmaß; der Hals schien aus Marmor gemeißelt, die Schultern waren wohlgerundet, die Brüste kräftig, sie hatte ein gerades, feingebildetes Näschen, schwarze, lebhafte Augen, eine weiße, hohe Stirn und schwarze, ja geradezu blauschwarze Haare. Man hatte sie dem Kaufmann Ismailow aus Tuskar im Kursker Gouvernement zur Frau gegeben, nicht etwa, weil sie ihn geliebt oder sich sonst irgendwie zu ihm hingezogen gefühlt hätte, sondern einfach, weil Ismailow um sie gefreit hatte und sie ein armes Mädchen gewesen war, das es sich nicht leisten konnte, ihre Freier zu wählen. Das Haus der Ismailows gehörte in unserer Stadt keineswegs zu den geringsten: Sie handelten mit Weizenmehl, hatten eine große Mühle im Kreis gepachtet, besaßen einen einträglichen Obstgarten am Stadtrand und in der Stadt selbst ein schönes Haus. Es waren wohlhabende Kaufleute. Ihre Familie war zudem denkbar klein: der Schwiegervater Boris Timofejewitsch Ismailow, der schon in die Achtzig ging und seit langem verwitwet war; sein Sohn Sinowi Borissytsch, Katerina Lwownas Mann, auch schon über fünfzig, und schließlich Katerina Lwowna selbst – das war die ganze Familie. Kinder hatte Katerina Lwowna nicht, obwohl sie nun schon fünf Jahre Sinowi Borissytschs Frau war. Sinowi Borissytsch hatte auch keine Kinder von der ersten Frau, mit der er zwanzig Jahre gelebt hatte, ehe er Witwer wurde und Katerina Lwowna heiratete. Er hatte geglaubt und gehofft, Gott werde ihm wenigstens in der zweiten Ehe einen Sohn schenken, der seinen Namen, die Firma und das Kapital erben könnte; aber auch mit Katerina Lwowna hatte er hierin kein Glück gehabt.

Diese Kinderlosigkeit bekümmerte Sinowi Borissytsch sehr, und nicht nur Sinowi Borissytsch allein, sondern auch den alten Boris Timofejewitsch; ja selbst Katerina Lwowna war hierüber sehr betrübt. Einmal war es in dem nach außen streng abgeschlossenen Kaufmannshaus mit seinem hohen Zaun und den von der Kette gelassenen Hunden so unerträglich öde, daß die junge Kaufmannsfrau schon mehrfach von einer ans Krankhafte grenzenden Schwermut befallen worden war und froh gewesen wäre – Gott allein weiß, wie froh –, hätte sie für ein Kindchen sorgen müssen; zum anderen aber war sie auch der ständigen Vorwürfe überdrüssig: »Weswegen hast du denn geheiratet; warum hast du einen Menschen an dich gebunden, du Unfruchtbare«, als hätte sie an ihrem Mann, am Schwiegervater und an deren ganzer ehrbarer Kaufmannssippe ein schweres Verbrechen begangen.

Bei allem Überfluß und Wohlstand führte Katerina Lwowna im Hause des Schwiegervaters ein überaus langweiliges Leben. Besuche machte sie selten, und wenn sie wirklich einmal mit ihrem Mann zu Bekannten aus der

Kaufmannschaft fuhr, dann war dies auch kein Vergnügen. Alle waren sehr strenge Menschen: Sie paßten auf, wie sie sich setzte, wie sie ging, wie sie aufstand; Katerina Lwowna aber hatte einen impulsiven, leicht entflammbaren Charakter, und da sie ihre Mädchenjahre in Armut verbracht hatte, war sie an Einfachheit und Freiheit gewöhnt. Wie gern war sie mit den Eimern zum Fluß gelaufen und hatte im Hemd an der Anlegestelle gebadet, wie gern einen am Zaun vorübergehenden jungen Burschen mit Schalen von Sonnenblumenkernen beworfen; hier dagegen war alles so ganz anders. Schwiegervater und Gatte standen in aller Herrgottsfrühe auf, tranken um sechs Uhr morgens ihren Tee und gingen dann ihren Geschäften nach; sie aber verbrachte ihre Zeit damit, untätig aus einem Zimmer ins andere zu gehen.

Überall war es sauber, überall still und leer, die Lampen brannten vor den Heiligenbildern, und nirgends im Haus war ein lebendiger Laut oder eine menschliche Stimme zu hören.

So ging nun Katerina Lwowna unaufhörlich durch die leeren Zimmer, begann vor Langerweile zu gähnen und stieg das Treppchen in ihr eheliches Schlafgemach hinauf, das in dem kleinen, aber hohen Dachgeschoß eingerichtet war. Hier saß sie wieder eine Weile, sah zu, wie vor den Lagerschuppen Hanf gewogen oder das Weizenmehl in Säcke geschaufelt wurde, und wieder kam sie das Gähnen an, und sie war sogar froh darüber: Nun konnte sie sich ein Stündchen oder auch zwei langstrecken, dann würde sie aufwachen, und wieder würde diese russische Öde um sie sein, die Öde eines Kaufmannshauses, die einen Menschen, wie es heißt, so weit bringen kann, daß es ihm Vergnügen macht, sich aufzuhängen. Für Bücher hatte Katerina Lwowna wenig übrig, und außer einer Kiewer Sammlung von Heiligenlegenden gab es im Haus auch gar keine.

Langweilig war das Leben, das Katerina Lwowna im reichen Haus des Schwiegervaters all die fünf Jahre ihrer Ehe mit einem wenig zärtlichen Mann geführt hatte; aber wie es nun eben zu sein pflegt, keiner hatte sich über diese ihre Langeweile auch nur die geringsten Gedanken gemacht.

2

Im sechsten Frühjahr von Katerina Lwownas Ehe brach an der Ismailowschen Mühle das Wehr. Wie zum Trotz war gerade in dieser Zeit viel Arbeit zur Mühle gebracht worden, die Bruchstelle aber war sehr groß: Das Wasser sank bis unter den Spiegel des Mühlteichs, und man konnte so ohne weiteres keins stauen. Sinowi Borissytsch trieb aus dem ganzen Kreis Leute zusammen und blieb selbst Tag und Nacht an der Mühle; alle Stadtgeschäfte mußte der Alte selber erledigen, während Katerina Lwowna tagelang mutterseelenallein zu Hause saß. Anfangs war es ihr ohne den Gatten noch langweiliger, dann aber schien es ihr so sogar besser zu sein: Allein fühlte sie sich freier. Sie war ihm ja nie besonders zugetan gewesen, und ohne ihn gab es im Haus wenigstens einen weniger, der sie kommandierte.

Einmal saß Katerina Lwowna im Dachgeschoß am Fenster, gähnte und gähnte, dachte an nichts Bestimmtes, bis sie sich schließlich selber schämte, so in einem fort zu gähnen. Draußen war herrliches Wetter; es war warm, sonnig und heiter, und durch den grünen Holzzaun des Gartens konnte sie sehen, wie auf den Bäumen Vögel von Ast zu Ast flatterten.

Was gähne ich hier herum? dachte Katerina Lwowna. Da will ich mich lieber ein wenig auf dem Hof umsehen oder in den Garten gehen.

Katerina Lwowna warf sich eine alte pelzgefütterte Tuchjacke über und ging hinaus.

Draußen schien die Sonne, es wehte ein frisches Lüftchen, und auf der Rampe an den Schuppen erklang fröhliches Lachen.

»Warum seid ihr so lustig?« fragte Katerina Lwowna die Angestellten des Schwiegervaters.

»Wir haben hier ein lebendiges Schwein gewogen, Mütterchen Katerina Lwowna«, antwortete ihr ein alter Gehilfe.

»Was für ein Schwein?«

»Hier, die Sau Axinja, die einen Sohn Wassili zur Welt gebracht und uns nicht zur Taufe geladen hat«, berichtete keck und lustig ein junger Bursche mit verwegenem, schönem Gesicht, das von pechschwarzen Locken und einem kaum sprossenden Bart umrahmt war.

Aus einer Mehltonne, die am Waagebalken hing, schaute in diesem Augenblick das dicke rote Gesicht der Köchin Axinja heraus.

»Ihr Satane, ihr vollgefressenen Teufel«, schimpfte die Köchin, bemüht, den eisernen Waagebalken zu erwischen und aus der heftig schaukelnden Tonne herauszuklettern.

»Acht Pud wiegt sie vor dem Mittagessen, hat sie aber erst einmal einen Korb Heu gefressen, dann reichen die Gewichte nicht«, erläuterte wieder der hübsche Bursche, stülpte die Tonne um und ließ die Köchin auf einen zusammengefalteten Sack fallen, der in der Ecke lag.

Die Köchin schimpfte im Spaß und brachte ihre Kleidung in Ordnung.

»Nun, und wieviel werde ich wiegen?« scherzte Katerina Lwowna, ergriff den Strick und stellte sich aufs Brett.

»Drei Pud sieben Pfund«, antwortete wieder der hübsche Bursche Sergej, nachdem er die Gewichte auf die Waage geworfen hatte. »Donnerwetter!«

»Warum bist du so erstaunt?«

»Weil Ihr drei Pud wiegt, Katerina Lwowna. Ich meine, müßte man Euch den ganzen Tag auf Händen tragen – selbst dann würde man nicht müde, sondern das nur als ein Vergnügen empfinden.«

»Wieso, bin ich etwa kein Mensch? Du würdest schon müde werden«, antwortete leicht errötend Katerina

Lwowna, die solche Reden nicht mehr gewohnt war und plötzlich den Wunsch verspürte, sich einmal nach Herzenslust auszuschwatzen und zu scherzen.

»Nie, bei Gott! Bis ins glückliche Arabien würde ich Euch tragen«, antwortete ihr Sergej auf diese Bemerkung.

»Du irrst dich, Bursche«, sagte ein Bauer, der bis dahin geschaufelt hatte. »Was macht in uns das Gewicht aus? Etwa unser Körper? Unser Körper, mein Lieber, bedeutet auf der Waage gar nichts; unsere Kraft ist es, die wiegt – nicht der Körper!«

»Ja, als Mädchen war ich schrecklich stark«, sagte Katerina Lwowna, die sich wieder nicht zurückhalten konnte. »Nicht einmal jeder Mann hat mich besiegt.«

»Na, dann gestattet, daß ich Euer Händchen nehme, wenn das stimmt«, bat der hübsche Bursche.

Katerina Lwowna wurde verlegen, hielt aber ihre Hand hin.

»Au, laß den Ring los, du tust mir weh!« schrie Katerina Lwowna auf, als Sergej ihre Hand in der seinen preßte, und stieß ihn mit ihrer freien Hand gegen die Brust.

Der Bursche ließ die Hand der Herrin los und flog von ihrem Stoß zwei Schritt zur Seite.

»Ei, ei, wer hätte das von einer Frau gedacht«, verwunderte sich der Bauer.

»Nein, gestattet, daß ich Euch so fasse, an den Ellenbogen«, ließ sich Sergej vernehmen und schüttelte die Locken aus der Stirn.

»Nun gut, faß zu«, antwortete, lustig geworden, Katerina Lwowna und hob ihre Ellenbogen in die Höhe.

Sergej umfaßte die junge Herrin und preßte ihre feste Brust gegen sein rotes Hemd. Katerina Lwowna wollte gerade die Schultern bewegen, da hob Sergej sie leicht in die Höhe, hielt sie eine Weile in seinen Armen, preßte sie an sich und setzte sie dann behutsam auf einen umgestürzten Meßkübel.

Katerina Lwowna war nicht einmal dazu gekommen, von ihrer gerühmten Kraft Gebrauch zu machen. Über und über rot, zog sie, noch immer auf dem Meßkübel sitzend, die von der Schulter geglittene Jacke zurecht und ging dann leise aus dem Schuppen, während Sergej betont verwegen hustete und schrie: »Nun mal los, ihr jämmerlichen Tröpfe! Schaufelt, haltet keine Maulaffen feil und streicht mir die Haufen nicht vom Meßkübel herunter: Was übers Gewicht ist, gehört uns.« So, als interessiere ihn das, was gerade geschehen war, nicht im geringsten.

»Ein schlimmer Schürzenjäger ist dieser verfluchte Serjoschka!« erklärte die Köchin Axinja und trottete hinter Katerina Lwowna her. »Mit allem hat ihn die Natur begünstigt: mit seinem Wuchs, seinem Gesicht und seiner Schönheit. Welche Frau du auch nimmst, er kriegt jede herum, der Halunke; kriegt sie herum und verführt sie zur Sünde. Ein ganz treuloser Kerl ist er, treulos und nochmals treulos!«

»Und wie steht es mit dir, Axinja …«, sagte die junge Frau, während sie vor ihr herging, »ist dein Junge am Leben geblieben?«

»Am Leben geblieben, Mütterchen, am Leben geblieben – warum denn nicht! Dort, wo sie nicht gebraucht werden, bleiben sie doch immer am Leben.«

»Und von wem hast du's?«

»Herrje! Aufgelesen hab ich's – man lebt doch unter Menschen –, aufgelesen.«

»Ist er schon lange bei uns, dieser Bursche?«

»Wer? Der Sergej?«

»Ja.«

»Vielleicht einen Monat. Vorher hat er bei den Koptschonows gearbeitet, dort hat ihn der Herr fortgejagt.« Axinja senkte ihre Stimme und fügte hinzu: »Es wird erzählt, er habe mit der Herrin eine Liebschaft gehabt … Er ist ja auch ein toller Draufgänger, der dreimal vermaledeite Kerl!«

3

Warme, milchigweiße Dämmerung hing über der Stadt. Sinowi Borissytsch war von den Arbeiten am Wehr noch nicht zurück. Der Schwiegervater Boris Timofejitsch war auch nicht zu Hause; er war zu einem alten Freund zum Namenstag gefahren und hatte sogar hinterlassen, man solle auch mit dem Abendessen nicht auf ihn warten. Katerina Lwowna hatte aus Langerweile zeitig zu Abend gegessen, im Obergeschoß das Fenster geöffnet und lehnte nun, Sonnenblumenkerne kauend, am Fensterrahmen. Die Leute in der Küche hatten schon zu Abend gegessen und waren zur Nachtruhe gegangen: manche in die Scheunen, manche zu den Schuppen, manche wiederum auf die hohen, duftenden Heuhaufen. Als letzter kam Sergej aus der Küche. Er ging über den Hof, ließ die Hunde von der Kette, pfiff ein wenig, und als er an Katerina Lwownas Fenster vorüberging, blickte er sie an und verneigte sich tief.

»Guten Abend«, grüßte Katerina Lwowna leise von ihrem Fenster herab, und danach herrschte auf dem Hof ein Schweigen wie in der Wüste.

»Herrin!« ließ sich zwei Minuten später jemand an Katerina Lwownas verschlossener Tür vernehmen.

»Wer ist da?« fragte Katerina Lwowna erschrocken.

»Ihr braucht nicht zu erschrecken – ich bin es, Sergej«, antwortete der Gehilfe.

»Was willst du, Sergej?«

»Ich habe ein Anliegen an Euch, Katerina Lwowna; ich möchte Euch um eine Kleinigkeit bitten. Gestattet, daß ich auf eine Minute hereinkomme.«

Katerina drehte den Schlüssel herum und ließ Sergej ein.

»Was willst du?« fragte sie und ging zum Fenster.

»Ich bin zu Euch gekommen, Katerina Lwowna, um zu fragen, ob Ihr vielleicht irgendein Buch für mich habt. Die Langeweile ist gar zu groß.«

»Ich habe keine Bücher, Sergej; ich lese nicht«, antwortete Katerina Lwowna.

»Mir ist so langweilig!« klagte Sergej.

»Du hast gerade Grund dazu!«

»Ich bitte Euch, wie soll ich mich nicht langweilen! Ich bin jung, und wir leben hier wie in einem Kloster; vor sich sieht man nur, daß man vielleicht bis an sein Grab in solcher Einsamkeit verkommen muß. Manchmal bin ich geradezu verzweifelt.«

»Warum heiratest du denn nicht?«

»Das ist leicht gesagt, Herrin, heiraten! Wen soll ich hier heiraten? Ich bin ein unbedeutender Mensch; die Tochter eines reichen Herrn nimmt mich nicht, und infolge der Armut herrscht bei uns, das werdet Ihr selber wissen, Katerina Lwowna, ein großer Mangel an Bildung. Können jene etwa die Liebe so begreifen, wie es sich gehört? Seht doch selbst, was sie und auch was die Reichen darunter verstehen. Ihr zum Beispiel, das kann man sagen, wärt für jeden anderen Menschen, der etwas empfindet, ein wahrer Trost, aber Ihr werdet bei denen hier wie ein Kanarienvogel im Käfig gehalten.«

»Ja, ich habe Langeweile«, entfuhr es Katerina Lwowna.

»Wie solltet Ihr auch keine Langeweile haben, Herrin, bei so einem Leben! Und selbst wenn Ihr einen Liebhaber hättet, so wie's die anderen machen, Ihr könntet Euch mit ihm ja nicht einmal treffen.«

»Was redest du da für einen Unsinn. Wenn ich zum Beispiel ein Kindchen hätte, dann würde ich wohl froher werden.«

»Aber gestattet mir die Bemerkung, Herrin, auch ein Kind kommt doch von irgend etwas und nicht so ohne weiteres. Wenn jemand wie unsereiner so viele Jahre bei Herren gedient und gesehen hat, was für ein Leben die Frauen der Kaufleute führen, glaubt Ihr denn, daß wir nichts begreifen? Im Lied heißt es: ›Ohne den Liebsten mein befällt mich Trauer und Pein‹, und diese Pein, das möchte ich mir erlauben zu bemerken, Katerina Lwowna, tut meinem Herzen so weh, daß ich es am liebsten auf der Stelle mit einem scharfen Messer aus meiner Brust herausschneiden und Euch zu Füßen werfen möchte. Leichter, hundertmal leichter wäre mir dann zumute.«

Sergejs Stimme begann zu zittern.

»Was erzählst du mir von deinem Herzen? Das will ich nicht hören. Geh jetzt …«

»Nein, erlaubt, Herrin«, stieß Sergej, am ganzen Körper bebend, hervor und machte einen Schritt auf Katerina Lwowna zu. »Ich weiß, ich sehe und fühle sogar sehr gut und begreife, daß auch Ihr es nicht leichter auf der Welt habt als ich; nur jetzt«, keuchte er, »jetzt, in dieser Minute, liegt alles in Eurer Hand und in Eurer Macht.«

»Was redest du da? Weswegen bist du zu mir gekommen? Ich stürze mich aus dem Fenster«, sagte Katerina Lwowna, die von einer unbeschreiblichen Furcht gepackt wurde, und griff nach dem Fensterbrett.

»Du mein einziges Leben! Wozu willst du dich hinabstürzen?« flüsterte Sergej dreist, riß die junge Frau vom Fenster weg und umarmte sie fest.

»Oh! Oh! Laß los«, stöhnte Katerina Lwowna leise, unter Sergejs heißen Küssen nachgebend, und preßte sich wider Willen selbst gegen seine kräftige Gestalt.

Sergej nahm die Herrin wie ein Kind auf seine Arme und trug sie in die dunkle Ecke.

Im Zimmer herrschte jetzt eine Stille, die nur vom gleichmäßigen Ticken der über Katerina Lwownas Bett hängenden Taschenuhr ihres Mannes unterbrochen wurde; aber das störte keinen.

»Geh jetzt«, sagte Katerina Lwowna eine halbe Stunde später, ohne Sergej anzusehen, und ordnete vor einem kleinen Spiegel ihre zerzausten Haare.

»Warum sollte ich jetzt von dir weggehen?« antwortete Sergej mit glücklicher Stimme.

»Der Schwiegervater sperrt die Türen zu.«

»Ach, Liebste, Liebste! Was müssen das für Menschen sein, die du bisher kennengelernt hast, wenn sie den Weg zu einer Frau nur durch die Tür fanden? Ob ich zu dir will oder von dir gehe – für mich gibt es überall Türen«, antwortete der Bursche und wies auf die Pfosten, die die Galerie trugen.

4

Sinowi Borissytsch blieb noch eine Woche außer Haus, und diese ganze Woche über hatte seine Frau Nacht für Nacht bis zum Morgengrauen ihre Lust mit Sergej.

Viel Branntwein aus seines Vaters Keller wurde in diesen Nächten in Sinowi Borissytschs Schlafzimmer getrunken, viele Süßigkeiten wurden gegessen, viele Küsse auf der Herrin süße Lippen gedrückt, und immer und immer wieder wurde auf dem weichen Kopfkissen mit schwarzen Locken gespielt. Jedoch nicht immer ist der Weg glatt und eben, es gibt auch Hindernisse.

Boris Timofejitsch fand keinen Schlaf. Der alte Mann irrte in seinem bunten Kattunhemd durch das stille Haus, trat an das eine Fenster, trat an das andere Fenster, da sah er mit einemmal, wie an dem Pfosten unter der Schwiegertochter Fenster leise, ganz leise Sergejs rotes Hemd herabglitt. Das ist ja das Allerneueste! Boris Timofejitsch sprang heraus und packte den Burschen an den Beinen. Der wollte schon ausholen, um den Herrn mit aller Wucht aufs Ohr zu schlagen, hielt aber inne, weil er sich überlegte, daß es Lärm geben würde.

»Nun erzähl mal«, sagte Boris Timofejitsch, »wo du gewesen bist, du Dieb?«

»Wo ich gewesen bin, dort bin ich schon nicht mehr, Boris Timofejitsch«, antwortete Sergej.

»Bist du die Nacht bei der Schwiegertochter gewesen?«

»Das wiederum weiß ich, Herr, wo ich die Nacht gewesen bin; jetzt aber, Boris Timofejitsch, hör gut zu, was ich dir sage: Was gewesen ist, Väterchen, das kannst du nicht ungeschehen machen; nun bring wenigstens keine Schande über dein Kaufmannshaus. Sag, was du jetzt von mir willst. Welche Genugtuung wünschst du?«

»Ich möchte dir Satansbrut fünfhundert Peitschenhiebe aufbrennen«, antwortete Boris Timofejitsch.

»Ich hab's begangen – du kannst's verlangen.« Der Bursche war einverstanden. »Sag, wohin ich dir folgen soll, und dann mach dir den Spaß und trink mein Blut.«

Boris Timofejitsch führte Sergej in den steinernen Lagerschuppen und peitschte ihn mit der Nagaika, bis er selbst nicht mehr konnte. Sergej gab keinen Laut von sich, zerfetzte dafür aber seinen halben Hemdsärmel mit den Zähnen.

Boris Timofejitsch ließ Sergej in dem Schuppen zurück, bis der blutig geschlagene Rücken wieder heil sein würde; er stellte ihm einen Tonkrug mit Wasser hin, sperrte die Tür mit einem großen Schloß zu und schickte nach seinem Sohn.

Aber hundert Werst auf Landwegen in Rußland sind auch heute noch nicht so schnell durchfahren, und Katerina Lwowna konnte ohne Sergej nicht eine einzige Stunde mehr leben. Auf einmal war ihre Natur erwacht, und sie wurde so entschlossen, daß man sie nicht mehr zurückhalten konnte. Sie brachte heraus, wo Sergej war, sprach mit ihm durch die eiserne Tür und stürzte davon, die Schlüssel zu suchen. »Vater, laß Sergej frei«, bat sie den Schwiegervater.

Der Alte wurde vor Wut ganz grün. Eine solche Frechheit hatte er von der Sünderin, die bisher immer eine fügsame Schwiegertochter gewesen war, nicht für möglich gehalten.

»Was redest du da, du …« begann er Katerina Lwowna zu beschimpfen.

»Laß ihn frei«, sagte sie, »ich bürge dir bei meinem

Gewissen dafür, daß zwischen uns noch nichts Schlimmes vorgefallen ist.«

»Schlimmes ist also noch nichts vorgefallen!« Er knirschte mit den Zähnen. »Und was habt ihr die Nächte zusammen getrieben? Vielleicht die Kopfkissen deines Mannes aufgeschüttelt?«

Sie aber ließ nicht nach und wiederholte immer wieder: »Laß ihn frei, laß ihn frei.«

»Wenn das so ist«, sagte Boris Timofejitsch, »dann will ich dir was sagen: Wenn dein Mann kommt, werden wir dich ehrbare Ehefrau mit eigenen Händen im Pferdestall auspeitschen, ihn aber, diesen Halunken, schicke ich gleich morgen ins Gefängnis.«

So hatte Boris Timofejitsch es beschlossen; nur sollte aus diesem Beschluß nichts werden.

5

Boris Timofejitsch aß zur Nacht Pilze und Grützsuppe; danach bekam er Sodbrennen; mit einemmal fühlte er einen Krampf in der Herzgrube und mußte sich fürchterlich erbrechen; gegen Morgen starb er, und zwar genauso, wie in seinem Lagerschuppen die Ratten starben, denen Katerina Lwowna eigenhändig mit einem ihr anvertrauten, gefährlichen weißen Pulver eine besondere Speise bereitete.

Katerina Lwowna ließ ihren Sergej aus dem Schuppen mit den steinernen Wänden heraus und legte ihn ohne jede Scham vor den Leuten auf das Bett ihres Mannes, wo er sich von des Schwiegervaters Schlägen erholen sollte; Schwiegervater Boris Timofejitsch aber wurde, ohne daß irgend jemand Verdacht schöpfte, nach christlichem Brauch begraben. Merkwürdigerweise war niemandem etwas aufgefallen: Boris Timofejitsch war gestorben, nachdem er Pilze gegessen hatte, wie so viele sterben, die

Pilze gegessen haben. Man beerdigte Boris Timofejitsch in aller Eile und wartete nicht einmal die Rückkehr des Sohnes ab, weil es zu jener Zeit schon sehr warm war und der Bote Sinowi Borissytsch an der Mühle nicht angetroffen hatte. Dem war gerade ein billiger Wald, noch weitere hundert Werst entfernt, unter die Finger gekommen, er war hingefahren, sich ihn anzusehen, und hatte niemandem ordentlich erklärt, wohin er führe.

Nachdem Katerina Lwowna mit dieser Sache so gut fertig geworden war, gab es für sie kein Halten mehr. Hatte sie schon vorher nicht zu den Schüchternen gehört, so konnte jetzt keiner auch nur ahnen, was sie im Schilde führte; sie ging stolz erhobenen Hauptes einher, schaltete und waltete im Haus nach eigenem Ermessen und ließ Sergej überhaupt nicht mehr von sich. Man wollte sich hierüber auf dem Hof schon verwundern, aber Katerina Lwowna verstand es, mit freigebiger Hand einen jeden zu gewinnen, und alles Wundern hörte mit einem Male auf. »Die Herrin hat etwas mit Sergej«, bemerkte man, das war alles. »Es ist ja ihre Sache, und sie ist's, die sich verantworten muß.«

Inzwischen wurde Sergej wieder gesund, war wieder der alte verwegene Bursche und wich, gleich einem Jagdfalken, Katerina Lwowna nicht von der Seite. Von neuem gaben sie sich ihrer heißen Liebe hin. Die Zeit aber lief nicht allein für sie weiter: Nach langer Trennung eilte auch der betrogene Gatte Sinowi Borissytsch nach Hause.

6

Am Nachmittag war es draußen glühend heiß, und die Fliegen wurden unerträglich lästig. Katerina Lwowna hatte das Schlafzimmerfenster mit den Läden verschlossen, hatte von innen noch ein Wolltuch davorgehängt und sich mit Sergej auf das hohe Kaufmannsbett gelegt, um zu ruhen. Katerina Lwowna schlief und schlief doch wieder nicht, dabei war ihr brennend heiß, das Gesicht war schweißbedeckt, und ihr Atem ging glühend und schwer. Sie spürte, daß es Zeit für sie war, munter zu werden, Zeit, in den Garten zu gehen und Tee zu trinken, aber sie konnte einfach nicht aufstehen. Schließlich kam die Köchin und klopfte an die Tür. »Der Samowar unter dem Apfelbaum geht gleich aus.« Katerina Lwowna wälzte sich mit Mühe auf die Seite und streichelte den Kater. Der aber preßte sich zwischen sie und Sergej, es war ein prächtiger, grauer, großer und übermäßig dicker Kater mit einem Bart wie bei einem Gutsvogt. Katerina Lwowna wühlte in seinem weichen Fell, und er drängte sich mit dem Kopf an sie heran, stieß mit seiner stumpfen Schnauze gegen ihre kräftige Brust und schnurrte dabei leise, als wollte er ihr von seiner Liebe erzählen. Woher ist nur dieser Kater gekommen? dachte Katerina Lwowna. Ich habe Sahne aufs Fensterbrett gestellt. Ganz bestimmt wird der freche Kerl sie mir ausschlecken. Hinaus mit ihm, beschloß sie und wollte den Kater packen und hinauswerfen; der aber entschwand unter ihren Fingern wie ein Nebel. Woher mag nur dieser Kater zu uns gekommen sein? überlegte Katerina Lwowna in ihrem Alptraum. Nie haben wir einen Kater im Schlafzimmer gehabt, und jetzt hat sich so ein Kerl hier eingeschlichen! Sie wollte den Kater wieder packen, und wieder war er verschwunden. Mein Gott, was ist das nur? Ist das überhaupt ein Kater? Plötzliche Verwirrung befiel sie und vertrieb Traum und Schlaf mit einem Schlage. Katerina Lwowna blickte sich im Zimmer um: Von einem Kater keine Spur, nur der schöne Sergej lag da und preßte mit seiner mächtigen Hand ihre Brust an sein glühendes Gesicht.

Katerina Lwowna stand auf, setzte sich aufs Bett, bedeckte Sergej mit Küssen und liebkoste ihn, dann richtete sie das zerdrückte Federbett und ging in den Garten, um Tee zu trinken; die Sonne war schon untergegangen, und ein wundervoller, zauberhafter Abend senkte sich über das blühende Land.

»Ich habe verschlafen«, sagte Katerina Lwowna zu Axinja und ließ sich unter einem blühenden Apfelbaum auf einem Teppich nieder, um Tee zu trinken.

»Was mag das wohl bedeuten, Axinjuschka?« fragte sie die Köchin und rieb mit einer Serviette die Untertasse blank.

»Was denn, Mütterchen?«

»Irgendein Kater hat sich an mich herangedrängt, nicht etwa im Traum, sondern als ich völlig wach war.«

»Was redest du da?«

»Wirklich, ein Kater.«

Katerina Lwowna erzählte, wie sich der Kater an sie gedrängt hatte.

»Und warum mußtest du ihn denn streicheln?«

»Was für eine Frage! Ich weiß nicht, warum ich ihn gestreichelt habe.«

»Wirklich merkwürdig!« rief die Köchin aus.

»Ich kann mich selbst nicht genug darüber wundern.«

»Das heißt ganz bestimmt, daß sich jemand an dich heranmacht, oder sonst irgend etwas in dieser Art.«

»Aber was denn nun wirklich?«

»Was nun wirklich – das kann dir niemand erklären, meine Liebe, aber irgend so etwas wird es sein.«

»Einen Mond habe ich im Traum gesehen, und dann diesen Kater«, fuhr Katerina Lwowna fort.

»Mond bedeutet ein Kind.«

Katerina Lwowna errötete.

»Soll ich vielleicht Sergej zu dir schicken?« fragte Axinja, die sich gern als Vertraute ihrer Herrin gesehen hätte.

»Warum eigentlich nicht«, antwortete Katerina Lwowna, »du hast recht, geh und schicke ihn her. Ich will hier Tee mit ihm trinken.«

»Freilich, freilich, ich sage ja, er soll kommen«, entschied Axinja und watschelte zur Gartenpforte.

Katerina Lwowna erzählte auch Sergej von dem Kater.

»Das ist weiter nichts als ein Traum«, antwortete Sergej.

»Warum aber habe ich diesen Traum früher nie gehabt, Serjosha?«

»Es gibt noch mehr, was wir früher nicht gehabt haben! Früher habe ich nur mit den Augen auf dich geblickt und mich vor Sehnsucht verzehrt, heute aber besitze ich deinen ganzen weißen Leib.«

Sergej umarmte Katerina Lwowna, wirbelte sie durch die Luft und warf sie im Scherz auf den weichen Teppich.

»Ach, ganz schwindlig ist mir geworden«, sagte Katerina Lwowna. »Serjosha! Komm hierher; setz dich neben mich«, forderte sie ihn auf und rekelte wohlig ihre üppigen Glieder.

Sergej bückte sich, trat unter den niedrigen, mit weißen Blüten übersäten Apfelbaum und setzte sich Katerina Lwowna zu Füßen auf den Teppich.

»Du hast dich verzehrt nach mir?«

»Und wie.«

»Wie hast du dich verzehrt? Erzähl mir davon.«

»Wie soll man davon denn erzählen? Kann man vielleicht erklären, wie man sich verzehrt? Sehnsucht hab ich gehabt.«

»Warum habe ich aber nicht gefühlt, Serjosha, daß du vor Sehnsucht nach mir vergehst? Es heißt doch, man fühle das.«

Sergej schwieg.

»Und warum hast du gesungen, wenn du Sehnsucht nach mir gehabt hast? Ich habe sehr wohl gehört, wie du auf der Rampe gesungen hast«, fragte Katerina Lwowna weiter und schmiegte sich zärtlich an ihn.

»Was ist schon dabei, daß ich gesungen habe? Die Mücke hier singt ihr ganzes Leben lang, und auch nicht aus Freude«, antwortete Sergej mürrisch.

Es trat eine Pause ein. Katerina Lwowna fühlte sich

durch diese Geständnisse Sergejs auf dem Gipfel der Glückseligkeit.

Sie wollte gern reden, Sergej aber runzelte finster die Brauen und schwieg.

»Sieh doch, Serjosha, was für ein Paradies ringsum!« rief Katerina Lwowna aus und blickte durch den dicken Vorhang aus blühenden Apfelzweigen auf den reinen, tiefblauen Himmel, an dem ein klarer Vollmond stand.

Das Mondlicht drang durch Blätter und Blüten des Apfelbaums und tanzte in wundersam geformten Lichtflecken auf Gesicht und Gestalt der am Boden liegenden Katerina Lwowna; die Luft war still; nur ein leichter, warmer Wind wiegte sacht die schlaftrunkenen Blätter und verbreitete den zarten Duft blühender Gräser und Bäume. Die Luft war erfüllt von betäubenden Düften, die zu süßem Nichtstun verlockten und dunkle Wünsche weckten.

Da Katerina Lwowna keine Antwort erhielt, schwieg sie und blickte unverwandt durch die blaßroten Apfelblüten auf den Himmel. Sergej schwieg auch; nur war es nicht der Himmel, der ihn beschäftigte. Mit beiden Händen seine Knie umfassend, blickte er unverwandt auf seine Stiefel.

Welch goldene Nacht! Stille und Licht, würzige Düfte und eine wohltuende, lebenspendende Wärme. Fern, jenseits der Schlucht, hinter dem Garten, stimmte jemand ein volltönendes Lied an; am Zaun, im dichten Blattwerk des Faulbaums, schlug laut die Nachtigall; in einem Käfig an hoher Stange begann eine verschlafene Wachtel sich zu regen, und das wohlgenährte Pferd seufzte sehnsüchtig hinter der Wand seines Stalles, während hinter dem Gartenzaun die Weide entlang eine lustige Hundemeute lautlos dahinjagte und im schwarzen Schatten der halbverfallenen alten Salzspeicher verschwand.

Katerina Lwowna stützte sich auf ihren Ellenbogen und blickte auf das hohe Gras des Gartens; das Gras spielte mit dem Licht des Mondes, das sich an Blüten und

Blättern der Bäume brach. Ganz in Gold getaucht hatten es die bizarren Flecken des Mondlichts, die auf ihm tanzten und zitterten wie lebendige, glühende Schmetterlinge, oder als sei das ganze Gras unter den Bäumen in einem Netz aus Mondeslicht gefangen und schaukle hin und her.

»Ach, Serjosha, wie wundervoll!« rief Katerina Lwowna aus und blickte sich um.

Sergej ließ gleichgültig seine Augen umherschweifen.

»Warum bist du so ernst, Serjosha? Oder ist dir meine Liebe auch schon über?«

»Red keinen Unsinn!« antwortete Sergej, beugte sich über Katerina Lwowna und küßte sie flüchtig.

»Treuloser du, Serjosha!« Katerina Lwowna war eifersüchtig. »Kein Verlaß ist auf dich.«

»Ich denke nicht einmal daran, diese Worte anzunehmen«, antwortete Sergej gelassen.

»Warum küßt du mich dann so?«

Sergej verstummte völlig.

»Es ist doch nur bei Eheleuten üblich«, fuhr Katerina Lwowna fort und spielte mit Sergejs Locken, »daß sie einander den Staub von den Lippen lecken. Du sollst mich so küssen, daß dieser Apfelbaum hier über uns seine jungen Blüten auf die Erde schüttet. So, und so«, flüsterte Katerina Lwowna, umschlang ihren Geliebten und küßte ihn mit leidenschaftlicher Hingabe.

»Sag mal, Serjosha«, begann Katerina Lwowna nach einer Weile, »wie kommt es, daß alle wie aus einem Munde von dir sagen, du seist nicht treu?«

»Wer läßt es sich einfallen, mich schlechtzumachen?«

»Die Leute reden eben so.«

»Kann sein, daß ich mal untreu war, wenn die Weiber keinen Pfifferling wert waren.«

»Warum hast du dich denn mit solchen eingelassen? Wenn eine nichts wert ist, soll man sie auch nicht lieben.«

»Kluge Reden! Als ob es dabei bloß nach der Vernunft

ginge. Nur Verführung ist da im Spiel. Du schlägst mit einer so ganz einfach, ohne irgendwelche Absichten, einmal über die Stränge, und schon hängt sie dir am Hals. Das ist die ganze Liebe!«

»Hör mich an, Serjosha! Wie die anderen gewesen sind, weiß ich nicht, und ich will es auch nicht wissen, aber zu unserer Liebe jetzt hast du mich verführt, und du weißt selbst, wenn ich auch aus eigenem Antrieb darauf eingegangen bin, so ist doch genausoviel Arglist von deiner Seite im Spiel gewesen, und wenn du nun, Serjosha, mir einmal untreu werden solltest, an meiner Stelle eine andere, ganz gleich, was für eine, nimmst, dann kannst du sicher sein, mein Allerbester, und nichts für ungut, daß ich mich lebend nicht von dir trenne.«

Sergej fuhr auf.

»Aber Katerina Lwowna! Du mein Leben!« sagte er. »Sieh doch selbst, wie es mit uns steht. Du hast ganz richtig bemerkt, daß ich heute nachdenklich bin, aber darüber hast du nicht nachgedacht, daß es ja gar nicht anders sein kann. Vielleicht ist das Herz in meiner Brust schon in seinem eigenen Blut ertrunken!«

»So rede doch, Serjosha, rede von deinem Kummer.«

»Was gibt es da zu reden! Nun, fangen wir mal an: Zunächst wird jetzt mit Gottes Hilfe dein Mann kommen, dann, Sergej Filipytsch, mach dich davon, verfüg dich auf den Hinterhof zu den Musikanten und sieh von der Scheune aus zu, wie in Katerina Lwownas Schlafzimmer die Kerze brennt, wie sie das Daunenbett aufschüttelt und sich mit dem ihr ehelich angetrauten Sinowi Borissytsch zur Nachtruhe begibt.«

»Dazu wird es nicht kommen!« rief Katerina Lwowna fröhlich aus und fuhr mit der Hand durch die Luft.

»Wieso nicht? Ich meine vielmehr, etwas anderes kann es für Euch gar nicht geben. Und ich, Katerina Lwowna, habe auch ein Herz und spüre Qualen.«

»Hör schon endlich auf damit.«

Katerina Lwowna war dieser Ausbruch von Sergejs Eifersucht sehr angenehm, und lachend küßte sie ihn aufs neue ab.

»Und zum wiederholten Male«, fuhr Sergej fort, indem er seinen Kopf behutsam aus den bis zu den Schultern nackten Armen Katerina Lwownas befreite, »zum wiederholten Male muß ich auch das sagen, daß mein niedriger Stand mich ebenfalls zwingt, nicht nur einmal und nicht nur zehnmal hin und her zu überlegen. Wäre ich, möchte ich sagen, Euch gleichgestellt, wäre ich ein Herr oder ein Kaufmann, würde ich mich freilich von Euch, Katerina Lwowna, in meinem Leben nicht trennen. Nun überlegt aber doch einmal selbst, was bin ich im Vergleich zu Euch? Schon jetzt sehe ich, wie man Euch an den weißen Händchen fassen und ins Schlafzimmer führen wird, und all das muß ich ertragen und werde vielleicht dadurch vor mir selbst für mein ganzes Leben zu einem verächtlichen Menschen. Katerina Lwowna! Ich bin doch nicht wie alle übrigen, denen alles gleich ist, wenn sie nur ihr Vergnügen mit einer Frau haben. Ich spüre, was die Liebe ist und wie sie gleich einer schwarzen Schlange mein Herz aussaugt ...«

»Warum sprichst du immer von solchen Sachen?« unterbrach ihn Katerina Lwowna.

Sergej begann ihr leid zu tun.

»Katerina Lwowna! Wie sollte ich davon nicht reden? Wie sollte ich das? Wo man ihm doch vielleicht schon alles erzählt und geschrieben hat, wo doch vielleicht nicht erst irgendwann in weiter Ferne, sondern schon am morgigen Tag von Sergej hier auf diesem Hof nichts mehr zu sehen und nichts mehr zu hören sein wird?«

»Nein, nein, Serjosha, daran darfst du nicht einmal denken! Nie werde ich ohne dich bleiben«, beruhigte ihn Katerina Lwowna unter ständigen Liebkosungen. »Wenn es schon einmal soweit kommen sollte ... dann kann nur einer am Leben bleiben – er oder ich, du aber wirst bei mir sein.«

»Das kann niemals der Fall sein, Katerina Lwowna«, antwortete Sergej und schüttelte betrübt und niedergeschlagen den Kopf. »Ich habe am ganzen Leben keine Freude mehr wegen dieser Liebe. Ich hätte eine lieben sollen, die nicht mehr ist als ich, dann wäre ich zufrieden gewesen. Können wir denn etwa immer in Liebe zusammenbleiben? Und ist es für Euch vielleicht eine Ehre, eine Geliebte zu sein? Ich möchte vor der heiligen ewigen Kirche Euer Gemahl sein: Dann könnte ich, wenn ich mich vor Euch auch immer als der Geringere fühlen würde, trotzdem zumindest in der Öffentlichkeit allen zeigen, wie sehr ich wegen meiner Ehrerbietung die Achtung meiner Frau verdiene ...«

Katerina Lwowna war wie berauscht von diesen Worten Sergejs, von dieser seiner Eifersucht und seinem Wunsch, sie zu heiraten – einem Wunsch, der einer Frau immer angenehm ist, mag ihre Verbindung mit einem Mann vor der Hochzeit auch erst ganz kurze Zeit währen. Katerina Lwowna war jetzt bereit, für Sergej durch Feuer und Wasser zu gehen, sich für ihn ins Gefängnis werfen und ans Kreuz schlagen zu lassen. Er hatte sie derartig verliebt gemacht, daß sie ihm grenzenlos ergeben war. Sie war wie von Sinnen über ihr Glück; ihr Blut kochte, und sie mochte nichts weiter hören. Schnell preßte sie die Hand auf Sergejs Lippen, drückte seinen Kopf an ihre Brust und sagte:

»Nun, ich weiß schon, wie ich dich zum Kaufmann machen und mit dir so leben werde, wie sich's gehört. Bereite du mir nur nicht unnütz Kummer, solange es noch nicht soweit ist.«

Und wieder küßten sie sich und tauschten Zärtlichkeiten aus.

Der alte Lagergehilfe, der in der Scheune schlief, hörte durch seinen festen Schlaf in der nächtlichen Stille bald Flüstern und leises Lachen, als ob mutwillige Kinder ratschlagten, wie sie sich über das kranke Alter lustig machen können; bald wieder klingendes und fröhliches Lachen, als ob die Nixen im See jemanden neckten. Das war Katerina Lwowna, die, im Mondlicht badend und sich auf dem weichen Teppich wälzend, mit dem jungen Gehilfen ihres Mannes herumtollte und spielte. Immer mehr junge weiße Blüten fielen von dem buschigen Apfelbaum, bis schließlich die letzten herabgefallen waren. Unterdes verging die kurze Sommernacht, der Mond versteckte sich hinter dem steilen Dach der hohen Schuppen und blickte schräg und immer trüber auf die Erde herab; vom Küchendach erklang ein durchdringendes Katzenduett; dann war ein Klatschen zu hören, ein wütendes Fauchen, und gleich darauf kollerten zwei oder drei Kater, die den Halt verloren hatten, mit Gepolter an den Brettern herab, die neben dem Dach gestapelt waren.

»Gehen wir schlafen«, sagte Katerina Lwowna, erhob sich langsam und wie zerschlagen vom Teppich und ging so, wie sie gelegen hatte, in bloßem Hemd und Unterröcken, über den stillen, grabesstillen Kaufmannshof, während Sergej ihr den Teppich und das Hauskleid nachtrug, das sie bei dem ausgelassenen Treiben abgeworfen hatte.

7

Kaum hatte Katerina Lwowna die Kerze ausgelöscht und sich völlig entkleidet auf das weiße Federbett gelegt, da umfing sie auch schon der Schlaf. Nachdem sie sich satt gespielt und ausgetollt hatte, schlief sie so fest, daß auch ihre Beine und ihre Arme schliefen; aber wieder war ihr im Schlaf, als hörte sie, wie die Türe aufging und der Kater vom Nachmittag auf ihr Bett plumpste.

Was ist das nur für eine Strafe mit diesem Kater? überlegte die müde Katerina Lwowna. Die Tür habe ich doch absichtlich eigenhändig zugesperrt, das Fenster ist geschlossen, und dennoch ist er wieder hier. Ich werde ihn gleich hinauswerfen! Katerina Lwowna wollte aufstehen, aber die müden Arme und Beine versagten ihr den Dienst; der Kater indes spazierte auf ihr herum und schrie seltsam, als spräche er wie ein Mensch. Katerina Lwowna lief es kalt den Rücken hinunter.

Nein, dachte sie, da bleibt mir nichts anderes übrig, als gleich morgen Weihwasser für das Bett zu holen, denn das ist mir doch ein gar zu seltsamer Kater, der sich hier eingefunden hat.

Und der Kater miaute ihr ins Ohr, stieß sie mit der Schnauze an und sagte: »Ich bin doch kein Kater! Woher denn! Du überlegst sehr vernünftig, Katerina Lwowna, ich bin kein Kater, sondern der ehrbare Kaufmann Boris Timofejitsch. Es steht nur deswegen jetzt so schlimm um mich, weil mir im Leib alle Därme von einem Leckerbissen meiner Schwiegertochter zerplatzt sind. Deswegen«, miaute er, »bin ich jetzt ganz zusammengeschrumpft und erscheine denen als Kater, die kaum ahnen, was ich in Wirklichkeit bin. Nun, und wie geht es denn dir jetzt, Katerina Lwowna? Wie hältst du dein heiliges Eheversprechen? Ich bin eben deswegen vom Friedhof hergekommen, um nachzusehen, wie du mit Sergej Filipytsch das Bett deines Mannes wärmst. Miau, miau, ich kann nämlich nichts sehen. Du brauchst keine Angst vor mir zu haben: Mir sind ja von deinem Leckerbissen die Augen herausgefallen. Sieh mir mal in die Augen, meine Beste, keine Angst!«

Katerina Lwowna öffnete die Augen und schrie laut auf. Zwischen ihr und Sergej lag wieder der Kater, der Kopf dieses Katers aber war der von Boris Timofejitsch, in seiner ganzen Größe, wie ihn der Verstorbene gehabt hatte, und statt der Augen drehten sich zwei feurige Kreise in verschiedener Richtung!

Sergej wurde munter, beruhigte Katerina Lwowna und schlief wieder ein; ihr aber war der Schlaf vergangen – und das zur rechten Zeit.

Sie lag mit geöffneten Augen und hörte plötzlich, wie jemand über das Tor in den Hof kletterte. Schon wollten die Hunde auf ihn losstürzen, aber sie beruhigten sich wieder, ließen sich wohl gar streicheln. Eine weitere Minute verging, unten klapperte der Eisenriegel, und die Tür ging auf. Entweder träume ich das alles, oder mein Sinowi Borissytsch ist zurückgekommen, denn die Tür ist mit seinem zweiten Schlüssel aufgeschlossen worden, dachte Katerina Lwowna und stieß Sergej an.

»Horch mal, Serjosha«, sagte sie, stützte sich auf ihren Ellenbogen und lauschte angespannt.

Tatsächlich näherte sich jemand der verschlossenen Schlafzimmertür – er kam die Treppe herauf und setzte behutsam einen Fuß vor den andern.

Katerina Lwowna sprang im bloßen Hemd flink aus dem Bett und öffnete das Fenster. Sergej war im gleichen Augenblick barfuß auf die Galerie gesprungen und hatte mit den Beinen den Pfosten umklammert, an dem er sich schon mehrfach aus dem Schlafzimmer seiner Herrin hinabgelassen hatte.

»Nein, bleib, bleib! Leg dich hin, bleib in der Nähe«, flüsterte Katerina Lwowna und warf ihm seine Schuhe und seine Kleider durchs Fenster, selbst aber schlüpfte sie wieder unter die Decke und wartete.

Sergej gehorchte Katerina Lwowna: Er ließ sich nicht am Pfosten nach unten gleiten, sondern blieb auf der Galerie und kauerte sich unter einen Dachvorsprung.

Unterdessen hörte Katerina Lwowna, wie ihr Mann an die Tür trat und mit verhaltenem Atem lauschte. Sie konnte sogar hören, wie sein eifersüchtiges Herz schneller schlug, empfand jedoch nicht Mitleid, sondern allein schlimmen Hohn.

Such nur den gestrigen Tag, dachte sie höhnisch lächelnd bei sich und atmete dabei wie ein unschuldiges neugeborenes Kind.

Das dauerte etwa zehn Minuten; schließlich wurde es

Sinowi Borissytsch über, hinter der Tür zu stehen und zu lauschen, wie seine Frau schlief. Er klopfte.

»Wer da?« fragte nicht gleich und mit scheinbar schläfriger Stimme Katerina Lwowna.

»Ich bin's«, ließ sich Sinowi Borissytsch vernehmen.

»Bist du's, Sinowi Borissytsch?«

»Ja, ich! Als ob du das nicht hörtest!«

Katerina Lwowna sprang im bloßen Hemd, so wie sie gelegen hatte, auf, ließ ihren Mann herein und schlüpfte wieder ins warme Bett.

»Vor Morgen wird es jetzt so kalt«, sagte sie und hüllte sich in die Decke.

Sinowi Borissytsch blickte sich beim Eintreten um, sprach vor dem Heiligenbild sein Gebet, zündete die Kerze an und schaute sich noch einmal um.

»Wie geht's?« fragte er seine Frau.

»Nicht besonders«, antwortete Katerina Lwowna, richtete sich auf und warf einen leichten Morgenrock über. »Soll ich den Samowar aufsetzen?« fragte sie.

»Laß nur, ruf Axinja, das kann sie machen«, antwortete Sinowi Borissytsch.

Katerina Lwowna fuhr mit bloßen Füßen in ihre Schuhe und lief hinaus. Etwa eine halbe Stunde lang ließ sie sich nicht sehen. In dieser Zeit machte sie selbst Feuer unter dem Samowar und huschte leise zu Sergej auf die Galerie hinaus.

»Bleib hier«, flüsterte sie.

»Wie lange soll ich denn hier sitzen bleiben?« fragte, ebenfalls flüsternd, Sergej.

»Ach, bist du schwer von Begriff! Bleib, bis ich es dir sage.«

Und Katerina Lwowna schob ihn wieder an seinen alten Platz zurück. Sergej aber konnte draußen alles hören, was im Schlafzimmer vor sich ging. Wieder hörte er, wie die Tür schlug und Katerina Lwowna zu ihrem Mann ins Zimmer trat. Alles war Wort für Wort zu hören.

»Was hast du dort solange getrieben?« fragte Sinowi Borissytsch seine Frau.

»Den Samowar aufgesetzt«, antwortete sie ruhig.

Es trat eine Pause ein. Sergej konnte hören, wie Sinowi Borissytsch seinen Rock an den Haken hängte. Jetzt wusch er sich, prustete und spritzte nach allen Seiten; nun verlangte er ein Handtuch, und wieder begann das Gespräch.

»Wie ist das nur gekommen, daß ihr den Vater begraben mußtet?« erkundigte sich Sinowi Borissytsch.

»Eben so«, antwortete sie, »er ist gestorben, da haben wir ihn begraben.«

»Das ist doch eine merkwürdige Geschichte!«

»Weiß der Himmel«, antwortete Katerina Lwowna und klapperte mit den Tassen.

Sinowi Borissytsch ging, in schwere Gedanken vertieft, im Zimmer auf und ab.

»Nun, und wie habt Ihr hier Eure Zeit verbracht?« fragte Sinowi Borissytsch wieder seine Frau.

»Unsere Freuden sind ja wohl jedem bekannt: Auf Bälle fahren wir nicht und ins Theater genausowenig.«

»Und auch über Euren Mann scheint Ihr nicht allzu große Freude zu empfinden«, begann Sinowi Borissytsch von neuem und blickte sie von der Seite an.

»Wir sind ja schließlich nicht mehr die Jüngsten, daß wir jedesmal, wenn Ihr wieder nach Hause kommt, den Verstand verlieren müßten. Und worüber soll ich mich schon freuen? Ich mühe mich ab und laufe umher, um Euch zu bedienen.«

Katerina Lwowna lief erneut hinaus, den Samowar zu holen, huschte dabei wieder auf einen Sprung zu Sergej, zupfte ihn und sagte: »Jetzt kommt's drauf an, Serjosha!«

Sergej wußte nicht recht, was das alles sollte, aber er hielt sich bereit.

Als Katerina Lwowna zurückkam, kniete Sinowi Borissytsch auf dem Bett und war dabei, seine silberne Uhr mit dem Glasperlenkettchen an der Wand über dem Kopfende aufzuhängen.

»Katerina Lwowna, warum habt Ihr eigentlich, obwohl Ihr allein wart, das Bett für zwei gerichtet?« fragte er plötzlich irgendwie seltsam seine Frau.

»Hab immer auf Euch gewartet«, antwortete Katerina Lwowna und blickte ihn ruhig an.

»Ergebensten Dank ... Und wie ist dieser Gegenstand hier auf Euer Bett geraten?«

Sinowi Borissytsch nahm Sergejs schmalen Wollgürtel vom Bettlaken und hielt ihn am einen Ende seiner Frau vor die Augen. Katerina Lwowna überlegte nicht einen Augenblick.

»Den hab ich im Garten gefunden«, sagte sie, »und mir damit den Rock hochgebunden.«

»Soso«, stieß Sinowi Borissytsch mit besonderer Betonung hervor, »auch wir haben von Euren Röcken einiges gehört.«

»Was denn?«

»Nun, allerhand von Euren schönen Geschichten.«

»Es gibt bei mir keinerlei Geschichten.«

»Nun, das werden wir sehen, das werden wir alles sehen«, antwortete Sinowi Borissytsch und schob seiner Frau die leer getrunkene Tasse zu.

Katerina Lwowna schwieg.

»Alle diese Geschichten von Euch, Katerina Lwowna, werden wir ans Tageslicht ziehen«, sagte Sinowi Borissytsch nach längerer Pause und runzelte die Brauen.

»Eure Katerina Lwowna ist nicht die Ängstlichste. Sie hat nicht allzuviel Angst davor«, antwortete sie.

»Waaas?« rief Sinowi Borissytsch mit erhobener Stimme.

»Zu spät – schon vorbei«, antwortete seine Frau.

»Sieh dich vor! Du bist mir gar zu gesprächig geworden!«

»Und weswegen sollte ich nicht gesprächig sein?« entgegnete Katerina Lwowna.

»Du hättest lieber besser auf dich aufpassen sollen.«

»Ich habe gar keinen Grund, auf mich aufzupassen. Wer weiß, welches Klatschmaul Euch die Ohren voll gelogen hat, und ich muß nun alle möglichen Beschimpfungen hinnehmen! Das ist ja das Allerneueste!«

»Es waren keine Klatschmäuler! Aber ich weiß genau Bescheid über Eure Liebschaften.«

»Über welche Liebschaften?« schrie in ungeheuchelter Empörung Katerina Lwowna.

»Ich weiß schon Bescheid.«

»Dann nur heraus damit: Erklärt Euch deutlicher!«

Sinowi Borissytsch schwieg und schob seiner Frau wieder die leere Tasse zu.

»Da sieht man's ja, gar nichts steckt dahinter«, ließ sich voll Verachtung Katerina Lwowna vernehmen und warf ihrem Mann herausfordernd den Teelöffel auf die Untertasse. »So sagt doch, von wem hat man Euch etwas hinterbracht? Wer soll an Eurer Stelle mein Liebhaber sein?«

»Das erfahrt Ihr schon noch, nur nicht so eilig.«

»Hat man Euch vielleicht etwas über Sergej vorgelogen?«

»Das werden wir schon noch erfahren, das werden wir schon noch erfahren, Katerina Lwowna. Meine Macht über Euch hat mir noch niemand genommen und kann mir auch niemand nehmen. Ihr werdet noch selbst zu reden anfangen ...«

»Oh! Ich halte das nicht länger aus«, rief Katerina Lwowna zähneknirschend, und bleich wie ein Leichentuch lief sie unerwartet zur Tür hinaus.

»Hier ist er«, sagte sie einige Sekunden später und zog Sergej am Ärmel ins Zimmer. »Nun fragt uns beide nur aus. Vielleicht bekommst du mehr zu hören, als dir lieb ist?«

Sinowi Borissytsch war fassungslos. Bald blickte er auf den im Türrahmen stehenden Sergej, bald auf seine Frau, die ruhig, mit verschränkten Armen auf dem Bettrand saß, und konnte nicht begreifen, was hier vorging.

»Was tust du da, Schlange?« stieß er mühsam hervor, ohne sich von seinem Sessel zu erheben.

»So frag doch nach dem, was du so gut weißt«, antwortete dreist Katerina Lwowna. »Du wolltest mich mit Schlägen einschüchtern«, fuhr sie fort und machte mit den Augen ein vielsagendes Zeichen, »das wird nie geschehen; was ich aber vielleicht noch vor diesen deinen Drohungen mit dir tun wollte, das wird geschehen.«

»Was soll das heißen? Hinaus!« schrie Sinowi Borissytsch Sergej an.

»Aber natürlich!« äffte Katerina Lwowna ihn nach.

Sie verschloß rasch die Tür, steckte den Schlüssel in ihre Tasche und machte es sich in ihrem offenen Morgenrock wieder auf dem Bett bequem.

»Nun komm doch her, mein liebster Serjosha, komm, mein Herz«, lockte sie den Gehilfen zu sich.

Sergej schüttelte seine Locken und setzte sich kühn neben die Herrin.

»Himmel und Herrgott! Was soll das heißen? Was tut ihr da, ihr Heidenvolk?« schrie, rot vor Zorn, Sinowi Borissytsch und erhob sich von seinem Sessel.

»Was das heißen soll? Gefällt dir's vielleicht nicht? Sieh doch her, sieh nur her, mein lichter Falke, wie schön das ist!«

Katerina Lwowna lachte und gab Sergej in Gegenwart ihres Mannes einen leidenschaftlichen Kuß.

Im selben Augenblick brannte auf ihrer Backe ein fürchterlicher Schlag, und Sinowi Borissytsch stürzte zum offenen Fenster.

8

»So ist das also! ... Nun, teurer Freund, herzlichen Dank. Darauf habe ich nur gewartet!« schrie Katerina Lwowna. »Jetzt ist alles klar ... Nun soll es nach meinem Willen geschehen und nicht nach deinem ...«

Mit einer einzigen Bewegung stieß sie Sergej von sich, stürzte auf ihren Mann zu, und ehe Sinowi Borissytsch noch das Fenster erreicht hatte, packte sie ihn von hinten mit ihren schmalen Fingern an der Kehle und warf ihn wie eine feuchte Garbe Hanf zu Boden.

Er fiel polternd auf den Rücken, und sein Hinterkopf schlug mit voller Wucht auf. Sinowi Borissytsch raste. Eine so schnelle Lösung hätte er nie für möglich gehalten. Der erste gewaltsame Angriff seiner Frau hatte ihm gezeigt, daß sie zu allem entschlossen war, um sich von ihm zu befreien, und daß ihm im Augenblick höchste Gefahr drohte. All das hatte Sinowi Borissytsch im Augenblick seines Sturzes erwogen und hatte nicht einmal aufgeschrien, da er wußte, daß seine Stimme niemandes Ohr erreichen und die Sache nur noch beschleunigen würde. Schweigend blickte er um sich und ließ seine Augen mit einem Ausdruck von Wut, Vorwurf und Leiden auf seiner Frau ruhen, deren schmale Finger seine Kehle fest umschlossen hielten.

Sinowi Borissytsch verteidigte sich nicht; seine Arme lagen, die Fäuste geballt, weit ausgestreckt und zuckten krampfhaft. Der eine Arm war völlig frei, den anderen drückte Katerina Lwowna mit ihrem Knie gegen den Boden.

»Halte ihn«, flüsterte sie Sergej kaltblütig zu, während sie selbst ihren Mann ansah.

Sergej setzte sich auf seinen Herrn, preßte dessen Arme mit den Knien zu Boden und wollte unter Katerina Lwownas Händen seine Kehle packen, doch plötzlich schrie er wie von Sinnen auf. Beim Anblick des Schänders seiner Ehre hatte Sinowi Borissytsch, von blutiger Rachgier gepackt, seine letzten Kräfte zusammengerafft, mit einem fürchterlichen Ruck seine zu Boden gedrückten Arme unter Sergejs Knien hervorgerissen, sich in Sergejs schwarze Locken verkrallt und seine Zähne wie ein Tier in dessen Kehle gegraben. Das aber dauerte nicht lange:

Schon im nächsten Augenblick stöhnte Sinowi Borissytsch schwer auf, und sein Kopf fiel wieder zu Boden.

Bleich und fast ohne zu atmen, stand Katerina Lwowna über den Gatten und den Liebhaber gebeugt; mit ihrer rechten Hand hatte sie einen schweren Metalleuchter am oberen Ende gepackt, dessen wuchtiger Fuß nach unten wies. Über Schläfe und Wange Sinowi Borissytschs rann ein dünner Streifen rotes Blut.

»Den Popen«, stöhnte Sinowi Borissytsch dumpf und drehte voller Abscheu seinen Kopf so weit wie möglich von dem auf ihm sitzenden Sergej weg. »Beichten«, stieß er noch weniger verständlich hervor, zitterte und blickte aus den Augenwinkeln auf das warme Blut, das in seinem Haar gerann.

»Du wirst gewiß auch ohne das auskommen«, flüsterte Katerina Lwowna.

»Nun reicht's«, sagte sie zu Sergej, »drück ihm ordentlich die Gurgel zu.«

Sinowi Borissytsch ächzte.

Katerina Lwowna bückte sich, drückte mit ihren eigenen Händen Sergejs Hände zusammen, die um den Hals ihres Mannes lagen, und preßte ihr Ohr gegen seine Brust. Nach fünf Minuten völligen Schweigens erhob sie sich und sagte: »Es reicht, er hat genug.«

Sergej erhob sich gleichfalls und atmete hörbar auf. Sinowi Borissytsch lag mit zerquetschter Kehle und zerschmetterter Schläfe tot auf dem Fußboden. Links unter seinem Kopf war ein kleiner Blutfleck zu sehen. Im übrigen aber floß kein Blut mehr, weil sich die Wunde mit einem Gemisch aus Haaren und geronnenem Blut bedeckt hatte.

Sergej trug Sinowi Borissytsch in den Keller, der sich in demselben steinernen Lagerschuppen befand, in den Boris Timofejitsch ihn, Sergej, noch vor gar nicht so langer Zeit eingesperrt hatte, und kehrte dann nach oben zurück. Katerina Lwowna hatte unterdessen die Ärmel ihres

Morgenrocks aufgekrempelt, ihren Rock hoch aufgeschürzt und mit Bastwisch und Seife sorgfältig den Blutfleck weggewaschen, den Sinowi Borissytsch auf dem Fußboden seines Schlafzimmers hinterlassen hatte. Das Wasser in dem Samowar, aus dem Sinowi Borissytsch seine Kaufmannsseele mit vergiftetem Tee hatte aufwärmen wollen, war noch nicht erkaltet, da war der Fleck schon spurlos verschwunden.

Katerina Lwowna nahm die kupferne Waschschüssel und den seifigen Bastwisch.

»Leuchte mal«, sagte sie zu Sergej und ging zur Tür. »Tiefer mußt du leuchten, tiefer«, sagte sie, aufmerksam jedes Dielenbrett untersuchend, über das Sergej den Ermordeten bis zum Keller hatte schleppen müssen.

Nur an zwei Stellen fanden sich auf dem gestrichenen Fußboden zwei winzige kirschrote Flecken. Katerina Lwowna rieb mit dem Bastwisch, und sie verschwanden.

»Das hast du davon, schleich nicht wie ein Dieb zu deiner Frau und lauere ihr auf«, stieß Katerina Lwowna durch die Zähne hervor, richtete sich auf und blickte nach dem Lagerschuppen.

»Feierabend jetzt«, sagte Sergej und erzitterte vor dem Klang seiner eigenen Stimme.

Als sie ins Schlafzimmer zurückkehrten, leuchtete im Osten ein dünner Streifen Morgenrot auf und blickte, das leichte Blütenkleid des Apfelbaums vergoldend, durch die grünen Stäbe des Gartenzauns in Katerina Lwownas Zimmer.

Aus der Scheune trottete, den Halbpelz über die Schultern geworfen, sich bekreuzigend und gähnend, der alte Lagerarbeiter über den Hof nach der Küche.

Katerina Lwowna zog vorsichtig die an einer Schnur laufenden Fensterläden beiseite und musterte Sergej so aufmerksam, als wollte sie einen Blick in seine Seele tun.

»Jetzt bist du ein Kaufmann«, sagte sie und legte ihm ihre weißen Hände auf die Schultern.

Sergej gab hierauf keine Antwort.

Seine Lippen zitterten, und das Fieber schüttelte ihn. An Katerina Lwowna waren nur die Lippen kalt.

Zwei Tage später zeigten sich an Sergejs Händen große Schwielen von Brechstange und Spaten; dafür war Sinowi Borissytsch in seinem Keller so gut untergebracht, daß ihn ohne Hilfe seiner Witwe oder ihres Liebhabers bis zum Jüngsten Tag niemand je auffinden würde.

9

Sergej hatte den Hals mit einem knallroten Tuch umwickelt und klagte über Halsschmerzen. Inzwischen aber, noch ehe die Male, die Sinowi Borissytschs Zähne an Sergejs Hals hinterlassen hatten, verheilt waren, wurde Katerina Lwownas Mann vermißt.

Meist war es Sergej selbst, der das Gespräch auf ihn brachte. Wenn er sich abends mit den jungen Burschen auf die Bank am Gartentor setzte, begann er: »Es ist doch gar zu seltsam, Burschen, daß unser Herr immer noch nicht zurück ist.«

Die Burschen wunderten sich gleichfalls.

Da traf von der Mühle die Nachricht ein, der Herr habe Pferde gemietet und sich schon vor langer Zeit auf den Heimweg gemacht.

Der Kutscher, der ihn gefahren hatte, erzählte, Sinowi Borissytsch sei verstimmt gewesen und habe ihn auf recht merkwürdige Weise entlassen: Etwa drei Werst vor der Stadt sei er beim Kloster vom Wagen gestiegen, habe seine Tasche genommen und sei zu Fuß weitergegangen. Als dieser Bericht bekannt wurde, wunderten sich alle nur noch mehr.

Sinowi Borissytsch war verschwunden, das stand fest.

Nun setzten Nachforschungen ein, aber man konnte nichts feststellen: Der Kaufmann blieb vom Erdboden verschwunden. Aus der Aussage des verhafteten Kutschers erfuhr man nur, daß er am Fluß unterhalb des Klosters vom Wagen gestiegen und zu Fuß weitergegangen sei. Die Angelegenheit blieb ungeklärt, Katerina Lwowna aber, nunmehr im Witwenstand, verbrachte inzwischen ihre Tage in Freiheit mit Sergej. Gerüchte tauchten auf, denen zufolge Sinowi Borissytsch einmal hier, dann wieder einmal dort gesehen worden sei, allein Sinowi Borissytsch kam nicht zurück, und niemand wußte besser als Katerina Lwowna, daß er auch gar nicht zurückkommen konnte.

So verging ein Monat, darauf ein zweiter und ein dritter, und Katerina Lwowna fühlte sich schwanger.

»Der ganze Besitz wird uns gehören, liebster Serjosha – ich trage einen Erben«, sagte sie zu Sergej und erhob bei der Duma Beschwerde, die Dinge lägen so und so, sie fühle, daß sie schwanger sei, die Geschäfte aber ruhten, man solle ihr über alles das Verfügungsrecht geben.

Ein Geschäft darf ja schließlich nicht zugrunde gehen. Katerina Lwowna war die rechtmäßige Frau ihres Gatten, Schulden hatte man nicht festgestellt, also mußte man ihr wohl das Verfügungsrecht geben. Und man tat es auch.

Katerina Lwowna lebte zufrieden, führte das Regiment, und Sergej wurde auf ihren Wunsch schon Sergej Filipytsch genannt; da aber brach, ehe man sich's versah, ein neues Unglück herein. Aus Liwny wurde dem Stadtoberhaupt geschrieben, Boris Timofejitsch habe nicht nur mit eigenem Kapital Handel getrieben; er habe vor allem das Geld seines minderjährigen Neffen Fjodor Sacharow Ljamin ins Geschäft gesteckt; diese Angelegenheit müsse geklärt werden und Katerina Lwowna dürfe nicht allein alles in die Hände bekommen. Als die Nachricht eintraf, sprach der Bürgermeister darüber mit Katerina Lwowna, und eine Woche später, hast du nicht gesehen, kam aus Liwny eine ältere Frau mit einem kleinen Jungen angefahren.

»Ich bin die Base des verstorbenen Boris Timofejitsch«, sagte sie, »und das ist mein Neffe Fjodor Ljamin.«

Katerina Lwowna nahm sie auf. Sergej, der diese Ankunft und den Empfang, den Katerina Lwowna den Ankömmlingen bereitete, vom Hof aus beobachtet hatte, wurde bleich wie ein Leichentuch.

»Was ist dir?« fragte ihn Katerina Lwowna, die seine Leichenblässe bemerkt hatte, als er hinter den Ankömmlingen eintrat, sie musterte und im Vorraum stehenblieb.

»Nichts weiter«, antwortete Sergej und ging aus dem Vorraum in die Diele. »Ich überlege nur, was für ein merkwürdiger Ort dieses Liwny ist«, fuhr er mit einem Seufzer fort, während er die Dielentür hinter sich schloß.

»Und was machen wir nun?« fragte Sergej Filipytsch, als er in der Nacht mit Katerina Lwowna beim Samowar saß. »Unser ganzer Plan ist futsch, Katerina Lwowna.«

»Wieso futsch, Serjosha?«

»Weil jetzt alles geteilt wird. Was hat es denn für einen Sinn, mit leerem Beutel zu wirtschaften?«

»Ja, glaubst du denn, Serjosha, daß es für dich nicht reicht?«

»Es geht ja gar nicht um mich, ich zweifle nur daran, daß wir auf diese Weise glücklich werden.«

»Wieso? Warum sollten wir nicht glücklich werden, Serjosha?«

»Weil ich Euch, Katerina Lwowna, aus Liebe zu Euch gern als eine richtige Dame sehen möchte und nicht so, wie Ihr früher gelebt habt«, antwortete Sergej Filipytsch. »Jetzt aber sieht es ganz im Gegenteil danach aus, als müßten wir bei Verringerung des Kapitals sogar noch weit tiefer als früher sinken.«

»Aber Serjosha, brauch ich das denn?«

»Es mag schon stimmen, Katerina Lwowna, daß Ihr daran ganz und gar nicht interessiert seid, aber mir, der ich Euch verehre, und auch gegenüber den Leuten, die so gemein und neidisch sind – mir würde das schrecklich weh tun. Ihr mögt darüber natürlich denken, wie Ihr wollt, ich aber denke mir in meinem Sinn, daß ich unter diesen Umständen niemals glücklich werden kann.«

Und in dieser Weise sang Sergej Katerina Lwowna immer das gleiche Lied: Durch diesen Fedja Ljamin werde er zum unglücklichsten Menschen, sei er der Möglichkeit beraubt, sie, Katerina Lwowna, vor der gesamten Kaufmannschaft zu erhöhen und auszuzeichnen. Sergej stellte das jedesmal so hin, als würde Katerina Lwowna, wäre nur dieser Fedja nicht, noch vor Ablauf des neunten Monats nach Verschwinden ihres Mannes das Kind zur Welt bringen und in den Besitz des gesamten Kapitals gelangen. Dann aber wäre ihr gemeinsames Glück grenzenlos.

10

Auf einmal sprach Sergej überhaupt nicht mehr von dem Erben. Kaum aber waren diese Reden in seinem Mund verstummt, da setzte sich der Name Fedja Ljamin in Katerina Lwownas Kopf und Herz fest. Sie wurde nachdenklich und sogar unfreundlich gegen Sergej. Ob sie schlief, in Wirtschaftsangelegenheiten außer Haus ging oder betete, immer ging ihr das eine im Kopf herum: Wie ist das nur möglich? Soll ich tatsächlich durch ihn das Kapital verlieren? Wieviel habe ich erlitten, wieviel Sünde auf meine Seele geladen, und er kommt so ohne weiteres her und nimmt es mir weg. Wenn es wenigstens noch ein Mann wäre, aber ein Kind, ein Knabe …

Es kam die Zeit der Morgenfröste. Über Sinowi Borissytsch trafen natürlich keinerlei Gerüchte mehr ein. Katerina Lwowna wurde füllig und war immer in Gedanken; in der Stadt gab es ihretwegen viel Gerede, und man versuchte herauszubekommen, wie es nur möglich sei, daß die junge Ismailowa, die nie ein Kind gehabt hatte und immer blasser und welker geworden war, nun plötzlich vorn anschwoll. Der Knabe und Miterbe Fedja Ljamin aber spazierte in seinem kleinen Pelz aus Eichhörnchenfellen über den Hof und zerschlug das Eis in den Wagenspuren.

»Fjodor Ignatjitsch! Was fällt dir ein, bist doch ein Kaufmannssohn!« schalt ihn bisweilen die Köchin Axinja, wenn sie über den Hof rannte. »Schickt es sich denn für einen Kaufmannssohn, in den Pfützen herumzustochern?«

Der Miterbe aber, für Katerina Lwowna und ihren Geliebten ein solches Ärgernis, tollte wie ein argloses Böckchen umher und schlief noch argloser in seinem Bettchen, das dem Bett der Großtante gegenüber stand, ohne auch nur im geringsten zu ahnen, daß er jemandem im Weg war und dessen Glück minderte.

Schließlich holte sich Fedja die Windpocken, und als sich noch eine Erkältung hinzugesellte, mußte sich der Knabe legen. Anfangs behandelte man ihn mit Kräutern und Gräsern, dann aber wurde nach dem Arzt geschickt.

Von nun an war der Arzt ein häufiger Gast und verschrieb Arzneien, die man dem Knaben stündlich eingab; bald tat es die Großtante selbst, bald bat sie Katerina Lwowna darum.

»Sei so gut«, sagte sie, »Katerinuschka, du bist selbst guter Hoffnung und erwartest Gottes Gericht, drum sei so gut.«

Katerina Lwowna tat der alten Frau den Gefallen. Ob diese zur Abendmesse ging, ein Gebet für den »auf dem Krankenbette liegenden Knaben Feodor« zu sprechen, oder ob sie zur Frühmesse ging, eine Hostie für ihn zu holen, Katerina Lwowna saß bei dem Kranken, gab ihm zu trinken und ließ ihn auch zur rechten Zeit seine Arznei einnehmen.

So war die alte Frau am Tage vor Mariä Opfer zur Vesper und zur Abendmesse gegangen und hatte Katerina gebeten, nach dem kleinen Fedja zu sehen. Der Knabe war zu dieser Zeit schon auf dem Weg der Besserung.

Katerina Lwowna trat zu Fedja ins Zimmer, der in seinem kleinen Eichhörnchenpelz aufrecht im Bett saß und in den Heiligenlegenden las.

»Was liest du da, Fedja?« fragte Katerina Lwowna und setzte sich in einen Sessel.

»Vom Leben der Heiligen, Tantchen.«

»Liest es sich schön?«

»Sehr schön, Tantchen.«

Katerina Lwowna stützte ihr Kinn in die Hand und blickte auf den leise die Lippen bewegenden Fedja. Plötzlich, als hätten sich Dämonen von der Kette gerissen, befielen sie die alten Gedanken, wieviel Böses ihr dieser Knabe zufügte und wie schön es wäre, wenn es ihn nicht gäbe.

Was ist eigentlich dabei, dachte Katerina Lwowna, er ist doch krank, man gibt ihm Medizin ... Bei einer Krankheit kann alles mögliche passieren ... Am Schluß wird es nur heißen, der Arzt hat nicht die richtige Medizin verordnet.

»Ist es nicht Zeit für die Medizin, Fedja?«

»Bitte schön, Tantchen«, antwortete der Knabe, schlürfte sein Löffelchen Medizin und fügte hinzu: »Sehr schön ist hier von den Heiligen geschrieben, Tantchen.«

»Lies nur, lies«, warf Katerina Lwowna hin, schickte einen kalten Blick durch das Zimmer und ließ ihn dann auf den Frostblumen an den Fenstern ruhen.

»Ich will die Fensterläden schließen lassen«, bemerkte sie, ging hinaus ins Besuchszimmer, darauf in das große Zimmer, das nur bei Festlichkeiten benutzt wurde, und schließlich zu sich nach oben; dort setzte sie sich.

Fünf Minuten später kam schweigend Sergej herein, der einen Halbpelz mit flauschigem Sealbesatz trug.

»Sind die Läden jetzt geschlossen?« fragte ihn Katerina Lwowna.

»Ja«, antwortete Sergej kurz, säuberte mit der Dochtschere die Kerze und stellte sich an den Ofen.

Beide schwiegen.

»Der Abendgottesdienst wird heute wohl nicht so bald zu Ende sein?« fragte Katerina Lwowna.

»Morgen ist ein großer Feiertag, der Gottesdienst wird lange dauern«, antwortete Sergej.

Wieder trat eine Pause ein.

»Ich muß mal zu Fedja gehen; er ist dort allein«, sagte Katerina Lwowna und stand auf.

»Allein?« fragte Sergej und blickte sie finster an.

»Ja«, flüsterte sie, »was ist?«

Zwischen beider Augen schien für einen Augenblick ein Netz von Funken aufzublitzen; aber keiner sagte dem anderen noch ein Wort.

Katerina Lwowna ging hinunter und lief durch die leeren Zimmer. Überall war es still; die Lampen vor den Heiligenbildern brannten ruhig, an den Wänden eilte ihr eigener Schatten dahin; die Fenster hinter den verschlossenen Läden tauten; es sah aus, als ob sie weinten.

Fedja saß in seinem Bett und las. Als er Katerina Lwowna erblickte, sagte er nur: »Tantchen, seid so gut und legt dieses Buch weg und gebt mir das dort neben dem Heiligenbild.«

Katerina Lwowna erfüllte dem Neffen die Bitte und gab ihm das Buch.

»Möchtest du jetzt nicht schlafen, Fedja?«

»Nein, Tantchen, ich warte auf die Großtante.«

»Warum willst du auf sie warten?«

»Sie will mir geweihtes Brot vom Abendgottesdienst mitbringen.«

Katerina Lwowna wurde plötzlich bleich: Ihr Kind hatte sich zum erstenmal unter ihrem Herzen gerührt, und ihre Brust ergriff ein kalter Schauer. Sie blieb eine Weile in der Mitte des Zimmers stehen; dann ging sie hinaus und rieb ihre kalten Hände.

»Nun also!« flüsterte sie, als sie leise ihr Schlafzimmer betrat und Sergej in unveränderter Haltung am Ofen antraf.

»Was ist?« fragte kaum hörbar Sergej, und das Wort blieb ihm im Halse stecken.

»Er ist allein.«

Sergej schob die Brauen zusammen und atmete schwer.

»Komm«, sagte Katerina Lwowna kurz und drehte sich zur Tür.

Sergej zog schnell die Stiefel aus und fragte: »Was soll ich mitnehmen?«

»Nichts«, hauchte Katerina Lwowna zur Antwort und führte ihn leise an der Hand hinter sich her.

11

Das kranke Kind fuhr zusammen und ließ das Buch auf die Knie sinken, als Katerina Lwowna zum drittenmal hereintrat.

»Was hast du, Fedja?«

»Ach, Tantchen, ich bin nur erschrocken«, antwortete er, ängstlich lächelnd, und drängte sich in die Ecke seines Bettchens.

»Worüber bist du denn erschrocken?«

»Wer ist mit Euch gekommen, Tantchen?«

»Wo? Niemand ist mit mir gekommen, mein Lieber.«

»Niemand?«

Der Knabe verzog sich ans Fußende seines Betts, kniff die Augen zusammen, blickte nach der Tür, durch die die Tante hereingekommen war, und beruhigte sich.

»Es ist mir sicher nur so vorgekommen«, sagte er.

Katerina Lwowna stützte sich mit den Ellbogen auf das Kopfende seines Betts.

Fedja blickte die Tante an und sagte ihr, sie sehe ganz blaß aus. Als Antwort auf diese Bemerkung ihres Neffen hustete Katerina Lwowna und blickte erwartungsvoll auf die Tür zum Besuchszimmer. Dort knarrte nur leise ein Dielenbrett.

»Tantchen, ich lese gerade vom Leben meines Schutzengels, des heiligen Feodor Stratilatos. Hat der ein gottgefälliges Leben geführt!«

Katerina Lwowna verharrte in Schweigen.

»Wenn Ihr Lust habt, Tantchen, dann setzt Euch, ich werde Euch wieder etwas vorlesen«, schmeichelte der Neffe.

»Warte, ich bin gleich wieder da, will nur das Lämpchen im großen Zimmer richten«, antwortete Katerina Lwowna und ging mit eiligen Schritten hinaus.

Im Besuchszimmer erklang leises, ganz leises Flüstern, aber inmitten des allgemeinen Schweigens drang es an das hellhörige Ohr des Kindes.

»Tantchen! Was ist denn? Mit wem flüstert Ihr dort?« schrie der Knabe mit tränenerstickter Stimme. »Kommt zu mir, Tantchen, ich habe Angst«, rief er einen Augenblick später unter noch mehr Tränen und vernahm, wie Katerina Lwowna im Besuchszimmer »Nun also« sagte; diese Worte bezog das Kind auf sich.

»Wovor hast du denn Angst?« fragte Katerina Lwowna mit ein wenig heiserer Stimme, als sie kühnen und entschlossenen Schritts ins Zimmer trat. Sie stellte sich so ans Bett, daß sie den Blick auf die Tür zum Besuchszimmer versperrte. »Leg dich hin«, sagte sie gleich darauf zu ihm.

»Ich habe noch keine Lust, Tantchen.«

»Nein, Fedja, du mußt auf mich hören, leg dich hin, es ist Zeit; leg dich«, wiederholte Katerina Lwowna.

»Aber warum denn, Tantchen! Ich habe noch gar keine Lust.«

»Nein, du mußt dich hinlegen«, sagte Katerina Lwowna mit veränderter, schwankender Stimme, ergriff den Kleinen unter den Armen und legte ihn aufs Kopfkissen.

In diesem Augenblick schrie Fedja in wahnsinniger Angst auf. Er hatte gesehen, wie Sergej bleich und mit bloßen Füßen ins Zimmer trat.

Katerina Lwowna preßte ihre Hand auf den vor Entsetzen weit aufgerissenen Mund des erschrockenen Kindes und rief: »Mach schnell; halt ihn fest, daß er nicht um sich schlägt!«

Sergej packte Fedja an Beinen und Armen, Katerina Lwowna aber warf mit einer einzigen Bewegung ein großes Federkissen auf das Gesichtchen des kindlichen Märtyrers und ließ sich selbst mit ihrer kräftigen, straffen Brust darauf fallen.

Vier Minuten etwa herrschte im Zimmer Grabesstille.

»Aus«, flüsterte Katerina Lwowna. Kaum hatte sie sich aufgerichtet, um alles in Ordnung zu bringen, da wurden mit einemmal die Wände des stillen Hauses, das so viele Verbrechen barg, von dröhnenden Schlägen erschüttert. Die Fenster klirrten, die Fußböden schwankten, die Ketten der Hängelampe erzitterten und warfen phantastische Schatten auf die Wände.

Sergej fuhr zusammen und rannte Hals über Kopf davon; Katerina Lwowna stürzte ihm nach, Lärm und Gepolter folgten ihnen auf dem Fuß.

Überirdische Kräfte schienen das sündenbeladene Haus bis in seine Grundmauern zu erschüttern.

Katerina Lwowna fürchtete, Sergej könne, von Entsetzen getrieben, hinausrennen und sich durch übermäßige Furcht verraten. Aber er stürzte geradewegs nach oben.

Als Sergej die Treppe hinaufgerannt war, stieß er in der Dunkelheit mit der Stirn kräftig gegen eine halbgeöffnete Tür und jagte, völlig besessen von abergläubischer Furcht, unter lautem Stöhnen wieder nach unten.

»Sinowi Borissytsch, Sinowi Borissytsch!« murmelte er, während er Hals über Kopf die Treppe hinunterjagte und Katerina Lwowna, die er dabei umgeworfen hatte, hinter sich herzog.

»Wo?« fragte sie.

»Hier über uns ist er auf einer Eisenplatte vorbeigeflogen. Da ist er schon wieder! Oh, oh«, schrie Sergej, »da donnert es schon wieder!«

Jetzt war deutlich zu hören, daß auf der Straßenseite viele Fäuste gegen die Fenster trommelten und jemand dabei war, die Tür aufzubrechen.

»Dummkopf! Steh auf, du Dummkopf!« schrie Katerina Lwowna und war schon bei Fedja, brachte den Kopf des toten Kindes auf dem Kissen in eine ganz natürliche Haltung, so als schliefe es, und öffnete mit fester Hand die Tür, gegen die ein Haufen Volks anstürmte.

Es war ein fürchterliches Schauspiel. Katerina Lwowna blickte über die Menge hinweg, die die Stufen zur Haustür belagerte, während über den hohen Zaun reihenweise unbekannte Menschen auf den Hof kletterten und die Straße unter den Stimmen der Menschen stöhnte.

Ehe Katerina Lwowna auch nur das geringste begriffen hatte, wurde sie von der Menge, die die Stufen umlagerte, mitgerissen und ins Innere des Hauses geschleudert.

12

Und dieser ganze Lärm war wie folgt entstanden: Alle Kirchen dieser Stadt, die zwar nur Kreisstadt ist, aber doch ziemlich viel Industrie hat, sind zur Abendmesse vor dem zwölften hohen Feiertag gewöhnlich gepfropft voll, und an der Kirche, wo am nächsten Tag der Festgottesdienst stattfinden soll, kann auch im näheren Umkreis kein Apfel zu Boden fallen. Dort singt gewöhnlich ein Kirchenchor, der aus Kaufmannsgehilfen besteht und von einem eigenen Dirigenten, einem Liebhaber der Vokalmusik, geleitet wird.

Unser Volk ist gottesfürchtig, besucht eifrig die Kirche und ist daher im Rahmen seiner Möglichkeiten auch kunstliebend. Prachtvoller Kirchenschmuck und ein schöner »orgelnder« Gesang bilden eines seiner höchsten und reinsten Vergnügen. Wo ein Kirchenchor singt, dort versammelt sich bei uns beinahe die halbe Stadt, besonders die im Handel beschäftigte Jugend: die Kommis, die Laufjungen, die Handlungsgehilfen, die Meister aus den Manufakturen und den Fabriken und schließlich die Kaufherren selbst mit ihren Ehehälften – sie alle drängen sich in der einen Kirche zusammen; jeder möchte wenigstens auf den Kirchenstufen stehen, wenigstens unter dem Fenster in glühender Hitze oder bei klirrendem Frost zuhören, wie der tiefe Baß orgelt und der hohe Tenor die kapriziösesten Triller hinausschmettert.

In der Kirche des Stadtteils, in dem das Haus der Ismailows lag, sollte der Festgottesdienst zu Mariä Opfer stattfinden, und deswegen war am Vorabend, gerade zu der Zeit, da sich in Fedjas Zimmer die beschriebenen Ereignisse abspielten, die Jugend der ganzen Stadt dort versammelt gewesen und danach in lärmenden Haufen auseinandergegangen, sich über die Vorzüge eines bekannten Tenors und die gelegentlichen Ungeschicklichkeiten eines ebenso bekannten Basses unterhaltend.

Aber nicht alle hatten sich mit solchen musikalischen Fragen beschäftigt: Es gab in der Menge auch solche, die sich für anderes interessierten.

»Es ist doch gar zu merkwürdig, Freunde, was von der jungen Ismailowa erzählt wird«, fing in der Nähe von Ismailows Haus ein junger Maschinist an, den ein Kaufmann aus Petersburg für seine Dampfmühle mitgebracht hatte. »Die Leute erzählen«, fuhr er fort, »sie sei jede Minute mit ihrem Liebhaber, dem Gehilfen Serjosha, beschäftigt …«

»Das ist schon allbekannt«, antwortete ein mit blauem Baumwollstoff bezogener Pelz. »Sie ist bestimmt auch heute nicht in der Kirche gewesen.«

»Was interessiert die schon die Kirche? Das gemeine Frauenzimmer hat jede Scham verloren und fürchtet weder Gott noch ihr Gewissen, noch die Augen der Menschen.«

»Seht nur, bei ihnen brennt Licht«, bemerkte der Maschinist und zeigte auf einen hellen Streifen zwischen den Fensterläden.

»Sieh doch mal durch den Spalt, was sie dort treiben!« ließen sich einige Stimmen vernehmen.

Der Maschinist stützte sich auf die Schultern zweier Kameraden, und kaum hatte er sein Auge an den Spalt zwischen den Fensterläden gelegt, da schrie er auch schon aus Leibeskräften: »Brüder, Freunde! Hier wird jemand erstickt, hier wird jemand erstickt!«

Er schlug mit den Händen verzweifelt gegen den Fensterladen. An die zehn Mann folgten seinem Beispiel, sprangen zu den Fenstern hoch und gebrauchten gleichfalls ihre Fäuste.

Mit jedem Augenblick wurde die Menge größer, und schließlich kam es zu der uns schon bekannten Belagerung des Ismailowschen Hauses.

»Ich habe selbst gesehen, mit eigenen Augen habe ich gesehen«, bezeugte angesichts des toten Fedja der Maschinist, »wie der Kleine hingestreckt auf seinem Bett lag und sie ihn zu zweit erstickt haben.«

Sergej wurde noch am selben Abend aufs Polizeirevier geführt, während man Katerina Lwowna nach oben in ihr Zimmer brachte und ihr zwei Posten zur Bewachung beigab.

Im Hause der Ismailows herrschte eine unerträgliche Kälte. Die Öfen wurden nicht geheizt, die Tür stand keinen Augenblick still. Eine Menge schaulustigen Volks löste die andere ab. Alle wollten sich den kleinen Fedja in seinem Sarg ansehen und auch den anderen, den großen Sarg betrachten, dessen Deckel ein breites Tuch verhüllte. Auf Fedjas Stirn lag ein weißes Atlasbändchen und verdeckte die rote Narbe, die nach der Öffnung des Schädels zurückgeblieben war. Die gerichtsmedizinische Obduktion ergab, daß Fedja den Erstickungstod erlitten hatte. Der an den Kindesleichnam geführte Sergej brach nach den ersten Worten des Geistlichen vom Jüngsten Gericht und von der Strafe für reulose Sünder in heftiges Weinen aus, bekannte, ohne etwas zu verheimlichen, nicht nur die Ermordung Fedjas, sondern bat auch, den von ihm ohne Segensspruch verscharrten Sinowi Borissytsch auszugraben. Der Leichnam von Katerina Lwownas Mann hatte in trockenem Sand gelegen und war noch nicht völlig verwest; er wurde ausgegraben und in einen großen Sarg gelegt. Als Mittäterin bei beiden Verbrechen nannte Sergej zum allgemeinen Entsetzen die junge Kaufmannsfrau. Katerina Lwowna antwortete auf alle Fragen nur: »Ich weiß davon nichts und kann nichts dazu sagen.« Sergej wurde gezwungen, sie bei einer Konfrontierung zu überführen. Als Katerina Lwowna sein Geständnis gehört hatte. blickte sie ihn in stummem Erstaunen, aber ohne Zorn an und erklärte dann gleichmütig: »Wenn es ihm gefallen hat, das zu erzählen, dann brauche ich nicht weiter zu leugnen: Ich habe die Morde begangen.«

»Weswegen denn?« wurde sie gefragt.

»Seinetwegen«, antwortete sie und zeigte auf Sergej, der mit hängendem Kopf dabeistand.

Die Verbrecher wurden ins Gefängnis geworfen, und dieser schreckliche Fall, der die allgemeine Aufmerksamkeit und Empörung auf sich gelenkt hatte, wurde sehr bald entschieden. Ende Februar wurde Sergej und der Kaufmannswitwe der dritten Gilde Katerina Lwowna in der Strafgerichtskammer verkündet, sie seien beide zur Auspeitschung auf dem Marktplatz ihrer Stadt und danach zur Zwangsarbeit in der Verbannung verurteilt. An einem eiskalten Morgen im März grub der Henker die vorgeschriebene Zahl blauroter Narben in den entblößten weißen Rücken Katerina Lwownas, ließ seine Peitsche dann auch auf Sergejs Schultern niedersausen und brannte ihm drei Zuchthäuslermale auf sein schönes Gesicht.

Während dieser ganzen Zeit erweckte Sergej aus irgendeinem Grund weit mehr das allgemeine Mitgefühl als Katerina Lwowna. Blutüberströmt drohte er mehrfach zusammenzubrechen, als er das schwarze Schafott verließ, während Katerina Lwowna langsam herabstieg und nur darauf achtete, daß das dicke Hemd und der grobe Gefängniskittel nicht mit ihrem zerfleischten Rücken in Berührung kämen.

Selbst als man ihr im Gefängniskrankenhaus ihr Kind reichte, sagte sie nur: »Laßt mich damit in Ruhe!«, kehrte sich zur Wand und ließ sich dann, ohne zu stöhnen und zu klagen, mit der Brust auf die harte Pritsche fallen.

13

Der Transport, dem Sergej und Katerina Lwowna zugeteilt wurden, brach auf, als nach dem Kalender zwar Frühling war, die Sonne aber, wie es in einem volkstümlichen Sprichwort heißt, »hell leuchtete, doch noch nicht wärmte«.

Katerina Lwownas Kind hatte man der alten Schwester Boris Timofejitschs zur Erziehung übergeben, denn es galt als rechtmäßiger Sohn des ermordeten Mannes der Verbrecherin und war somit einziger Erbe des gesamten Ismailowschen Vermögens. Katerina Lwowna, mit dieser Regelung sehr einverstanden, gab das Kind völlig gleichgültig weg. Ihre Liebe zu dem Vater war, wie es oft bei allzu leidenschaftlich liebenden Frauen der Fall ist, keineswegs auf das Kind übergegangen.

Im übrigen gab es für sie weder Licht noch Dunkel, weder Gut noch Böse, weder Freude noch Trauer; sie begriff nichts und konnte keinen Menschen leiden, nicht einmal sich selbst. Voller Ungeduld wartete sie nur auf den Augenblick, da der Transport aufbrechen würde, hoffte sie doch, dann ihren Serjosha wiederzusehen; das Kind hatte sie völlig vergessen.

Ihre Hoffnung sollte Katerina Lwowna nicht trügen: In

schwere Ketten geschmiedet, verließ der gebrandmarkte Sergej das Gefängnistor im gleichen Schub wie sie.

An jede widerwärtige Lage versucht der Mensch sich soweit wie möglich zu gewöhnen, in jeder Lage versucht er, soweit wie möglich die Fähigkeit zu bewahren, seinen kärglichen Vergnügungen nachzugehen; Katerina Lwowna aber brauchte sich an nichts zu gewöhnen. Sie sah ihren Sergej wieder, und mit ihm zusammen blühte für sie das Glück selbst auf dem Weg in die Zwangsarbeit.

Nur wenige wertvolle Dinge hatte Katerina Lwowna in ihrem Beutel aus bunter Sackleinwand mitgenommen, am wenigsten Geld. Und auch das hatte sie schon lange vor Nishni Nowgorod an die Unteroffiziere der Begleitmannschaft für die Erlaubnis verteilt, neben Sergej zu gehen und in dunkler Nacht ein Stündchen eng umschlungen mit ihm im Winkel eines kalten Gefängniskorridors zu stehen.

Freilich war der gebrandmarkte Herzensfreund auf einmal sehr wenig zärtlich zu Katerina Lwowna. Was immer er ihr sagen mochte, es geschah in barschem Ton; auf die heimlichen Verabredungen, für die sie, lieber auf Essen und Trinken verzichtend, so manches dringend benötigte Viertelrubelstück aus ihrem kärglichen Beutel zahlte, legte er keinen sehr großen Wert und sagte sogar mehrfach:

»Statt dich mit mir in den Korridorwinkeln herumzudrücken, solltest du lieber mir das Geld geben, das du dem Unteroffizier zugesteckt hast.«

»Ich habe doch nur einen Viertelrubel gegeben, Serjosha«, versuchte Katerina Lwowna sich zu rechtfertigen.

»Ist ein Viertelrubel etwa kein Geld? Du wirst unterwegs nicht allzu viele von diesen Viertelrubelstücken aufgelesen haben und wirfst damit nur so um dich.«

»Dafür haben wir uns aber doch oft treffen können, Serjosha.«

»Das ist mir die richtige Freude, sich nach einer solchen

Quälerei zu treffen! Ich hab das Leben satt und keine Lust zum Stelldichein.«

»Und mir, Serjosha, ist alles gleichgültig; wenn ich dich nur sehen kann.«

»Dummes Geschwätz«, antwortete Sergej.

Katerina Lwowna biß sich bisweilen bei solchen Antworten die Lippen blutig, und manchmal füllten sich bei den Begegnungen in dunkler Nacht ihre gewiß nicht an Weinen gewöhnten Augen mit Tränen der Wut und der Kränkung; aber sie erduldete alles, schwieg und wollte sich selbst betrügen.

Solcherart also war das neue Verhältnis der beiden auf dem Weg bis Nishni Nowgorod. Hier vereinigte sich ihr Transport mit einem anderen, der aus dem Moskauer Gebiet nach Sibirien zog.

In diesem großen Transport befanden sich unter allem möglichen Volk in der Frauenabteilung zwei sehr interessante Gestalten: einmal die Soldatenfrau Fiona aus Jaroslawl, ein außergewöhnlich schönes und üppiges Weib von hohem Wuchs, mit dichtem schwarzem Zopf und schmachtenden kastanienbraunen Augen, die von dichten Wimpern geheimnisvoll verschleiert waren; zum anderen eine siebzehnjährige Blondine mit spitzem Gesicht und zartrosa Haut, einem winzigen Mündchen, Grübchen auf den frischen Wangen und goldblonden Locken, die ihr unter dem bunten Häftlingskopftuch hervor launisch auf die Stirn fielen. Dieses Mädchen wurde von ihren Mitgefangenen Sonetka genannt.

Die schöne Fiona hatte einen weichen und trägen Charakter. In ihrem Transport kannten sie alle, und keiner der Männer empfand eine besondere Freude, wenn er bei ihr Erfolg hatte, wie umgekehrt auch keiner gekränkt war, wenn er sah, daß sie einem anderen das gleiche gewährte.

»Tantchen Fiona ist unsere Allerbeste, sie kann niemandem weh tun«, sagten die Häftlinge scherzend wie aus einem Munde.

Sonetka hingegen war von ganz anderer Art.

Von ihr hieß es: Ein raffiniertes Frauenzimmer – tänzelt dir vor der Nase herum, aber läßt sich nicht fangen.

Sonetka besaß Geschmack, war wählerisch und vielleicht sogar zu wählerisch; sie wollte, daß man ihr Leidenschaft nicht im Rohzustand, sondern in einer pikanten Würze serviere, mit Leiden und Opfern; Fiona wiederum war die russische Einfachheit selbst, die sogar zu träge ist, jemandem zu sagen: »Geh weg«, und die nur das eine weiß, daß sie ein Weib ist. Solche Frauen sind in Räuberbanden sehr geschätzt, ebenso in Gefangenentransporten und in den Petersburger sozialdemokratischen Kommunen.

Das Erscheinen dieser beiden Frauen in dem nun vereinten Transport, dem auch Sergej und Katerina Lwowna angehörten, sollte für Katerina tragische Folgen haben.

14

Von den ersten Tagen des gemeinsamen Weges an, der den vereinten Transport von Nishni Nowgorod nach Kasan führte, begann Sergej auffällig um die Gunst der Soldatenfrau Fiona zu buhlen, und er tat es nicht ohne Erfolg. Die schmachtende Schönheit Fiona ließ Sergej nicht verschmachten, wie sie ja dank ihrer Gutmütigkeit nie jemanden verschmachten ließ. Im dritten oder vierten Etappenort verschaffte sich Katerina Lwowna in der frühen Dämmerung durch Bestechung die Erlaubnis, sich mit Serjosha zu treffen, und lag nun voller Erwartung munter: Jeden Augenblick konnte der diensthabende Unteroffizier hereinkommen, sie leise anstoßen und ihr zuflüstern: »Schnell, lauf.« Die Tür ging einmal auf, und eine der Frauen huschte in den Korridor hinaus; noch einmal ging die Tür auf, eine andere Gefangene sprang von der Pritsche hoch und verschwand gleichfalls hinter dem sie begleitenden Soldaten; schließlich zog jemand an dem Kittel, mit dem sich Katerina Lwowna bedeckt hatte. Die junge Frau erhob sich rasch von ihrer durch viele Häftlingsrücken blankgescheuerten Pritsche, warf sich den Kittel über die Schultern und schob den vor ihr stehenden Soldaten voran.

Als sie den Korridor entlangging, der nur an einer Stelle von einem trüben Lämpchen erleuchtet war, stieß sie auf zwei oder drei Paare, die von weitem nicht zu erkennen gewesen waren. An der Männerzelle vernahm sie durch das in die Tür geschnittene Fensterchen unterdrücktes Lachen.

»Da prassen sie wieder«, brummte der Soldat, der Katerina Lwowna begleitete, faßte sie an den Schultern, stieß sie in einen Winkel und entfernte sich.

Katerina Lwowna ertastete mit der Hand einen Kittel und einen Bart; ihre andere Hand berührte ein erhitztes Frauengesicht.

»Wer ist da?« fragte halblaut Sergej.

»Was machst du hier? Und mit wem?«

Katerina Lwowna zerrte ihrer Rivalin im Dunkeln das Tuch vom Kopf. Diese glitt zur Seite, stürzte davon, stieß im Korridor mit jemandem zusammen und entfloh.

Aus der Männerzelle erklang lautes Gelächter.

»Gemeiner Kerl!« flüsterte Katerina Lwowna und schlug Sergej die Enden des Tuchs, das sie seiner neuen Freundin vom Kopf gerissen hatte, ins Gesicht.

Sergej wollte schon die Hand zum Schlag erheben; aber Katerina Lwowna war leichtfüßig den Korridor entlanggeeilt und bereits an ihrer Tür. Das Gelächter, das ihr erneut aus der Männerzelle folgte, war so laut, daß der Wachtposten, der apathisch gegenüber dem Lämpchen stand und auf seine Stiefelspitzen spuckte, den Kopf hob und brüllte: »Ruhe!«

Katerina Lwowna legte sich schweigend hin und blieb so bis zum Morgen liegen. Sie wollte sich immer sagen: Ich liebe ihn ja nicht, doch sie fühlte, daß sie ihn immer heißer, immer mehr liebte. Und dauernd stand ihr bildhaft vor Augen, wie seine Hand unter dem Kopf von jener Frau zitterte und seine andere Hand ihre heißen Schultern umfangen hielt.

Das arme Weib weinte und sehnte sich doch danach, eben diese Hand solle in diesem Augenblick unter ihrem Kopf liegen, und die andere Hand solle ihre hysterisch zitternden Schultern umfangen.

»Nun gib mir schon mein Kopftuch zurück«, wurde sie am Morgen von der Soldatenfrau Fiona geweckt.

»Du bist das gewesen?«

»Gib es mir bitte wieder!«

»Warum drängst du dich zwischen uns?«

»Wieso dränge ich mich zwischen euch? Denkst du vielleicht, da ist irgendeine Liebe oder Eigennutz im Spiel, daß du dich ärgern mußt?«

Katerina Lwowna überlegte einen Augenblick, dann holte sie das Tuch, das sie in der Nacht an sich gebracht hatte, unter ihrem Kissen hervor, warf es Fiona zu und drehte sich zur Wand.

Ihr war leichter geworden.

Pfui, sagte sie zu sich, soll ich vielleicht auf diese angemalte Vettel eifersüchtig sein? Soll sie verrecken! Ich mache mich ja schon schmutzig, wenn ich mich bloß mit ihr vergleiche.

»Katerina Lwowna«, sagte am nächsten Tag unterwegs Sergej zu ihr, »jetzt hör mal gut zu: Du mußt endlich begreifen, daß ich zum ersten für dich kein Sinowi Borissytsch bin, und zum zweiten, daß du jetzt auch keine große Kaufmannsfrau bist. Plustere dich also nicht auf, sei so gut. Weiberlaunen zählen in meinem Laden nicht.«

Katerina Lwowna antwortete hierauf nichts und wechselte etwa eine Woche lang mit Sergej weder ein Wort noch einen Blick. Als die Beleidigte wollte sie in diesem ersten Streit mit Sergej immerhin Charakter zeigen und nicht den ersten Schritt zur Aussöhnung tun.

Während Katerina Lwowna aber noch auf Sergej böse war, begann dieser bereits, sich vor der feinen Sonetka zu spreizen und mit ihr zu kokettieren. Bald verbeugte er sich vor ihr »mit ganz besonderer Hochachtung«, bald lächelte er, und bald, wenn sich eine Gelegenheit bot, umarmte er sie rasch und preßte sie an sich. Katerina Lwowna sah das alles, und in ihrer Brust kochte es nur noch mehr.

Soll ich mich vielleicht lieber mit ihm aussöhnen? überlegte Katerina Lwowna, während sie dahinstolperte und den Weg unter ihren Füßen nicht sah.

Aber als erste hinzugehen und die Versöhnung anzubieten, das erlaubte ihr der Stolz weniger als zuvor. Inzwischen heftete sich Sergej immer aufdringlicher an Sonetka, und schon war allen klar, daß die unzugängliche Sonetka, die immer so aalglatt gewesen war und sich nicht hatte einfangen lassen, auf einmal zahm wurde.

»Siehst du, über mich hast du dich beklagt«, sagte einmal Fiona zu Katerina Lwowna, »und was habe ich dir getan? Bei mir hat es die Gelegenheit so mit sich gebracht, und das ist nun vorbei, du solltest lieber auf diese Sonetka aufpassen.«

Zum Teufel mit meinem Stolz! Heute will ich mich unbedingt mit ihm aussöhnen, beschloß Katerina Lwowna und dachte nun nur noch an das eine, wie sie diese Aussöhnung möglichst geschickt bewerkstelligen könnte.

Aber aus dieser schwierigen Lage half ihr Sergej selbst heraus.

»Lwowna!« forderte er sie während einer Rast auf. »Komm heute nacht für einen Augenblick zu mir heraus. Ich habe mit dir etwas zu besprechen.«

Katerina Lwowna schwieg.

»Bist du vielleicht noch böse und willst nicht kommen?«

Katerina Lwowna gab wieder keine Antwort.

Aber Sergej und alle, die Katerina Lwowna beobachteten, konnten sehen, wie sie sich, als man zum Etappengefängnis kam, an den dienstältesten Unteroffizier drängte und ihm siebzehn Kopeken zusteckte, die sie sich unterwegs erbettelt hatte.

»Sobald ich mehr habe, gebe ich Euch noch zehn Kopeken«, bat sie inständig.

Der Unteroffizier versteckte das Geld in seinem Ärmelaufschlag und sagte: »In Ordnung.«

Als diese Verhandlungen abgeschlossen waren, grunzte Sergej zufrieden und blinzelte Sonetka zu.

»Ach du meine Katerina Lwowna!« sagte er, als er sie auf den Stufen zum Etappengefängnis umarmte. »Leute, auf der ganzen Welt gibt es keine zweite Frau wie diese.«

Katerina Lwowna errötete und war vor Glück ganz benommen. Kaum öffnete sich in der Nacht leise die Tür, da sprang sie schon auf.

Am ganzen Leibe zitternd, tastete sie im dunklen Korridor nach Sergej.

»Du meine Katja!« sagte Sergej und umarmte sie.

»Ach du lieber böser Mensch du!« antwortete Katerina Lwowna unter Tränen, und sie preßte ihre Lippen auf die seinen.

Der Wachtposten ging den Korridor auf und ab, blieb bisweilen stehen, spuckte auf seine Stiefel und ging weiter; hinter der Tür schnarchten die müden Häftlinge, eine Maus nagte an einer Feder, und unter dem Ofen zirpten die Heimchen um die Wette; Katerina Lwowna aber schwelgte noch immer in Glückseligkeit.

Allein der Glückstaumel ließ nach, und der unvermeidliche Alltag meldete sich zu Wort.

»Entsetzlich weh tut es! Vom Knöchel bis zum Knie schmerzen meine Knochen«, klagte Sergej, als er mit Katerina Lwowna in einer Korridorecke auf dem Fußboden saß.

»Was können wir tun, Serjosha?« fragte sie und kuschelte sich unter seinen Kittel.

»Ob ich mich in Kasan ins Lazarett überweisen lasse?« fragte er.

»Was redest du da, Serjosha?«

»Na ja, wo es mir doch so entsetzlich weh tut?«

»Du kannst doch nicht dort bleiben, während man mich weitertreibt?«

»Was soll ich denn tun? Es reibt, sage ich dir, es reibt, daß ich fürchte, die ganze Kette könnte sich in den Knochen fressen. Ja, wenn ich wenigstens ein Paar Wollstrümpfe hätte, noch zum Drunterziehn«, sagte Sergej einige Augenblicke später.

»Strümpfe? Ich habe welche, Serjosha, ganz neue.«

»Ach, wozu!« antwortete Sergej.

Katerina Lwowna huschte ohne ein weiteres Wort in ihre Zelle, durchwühlte auf der Pritsche ihre Tasche und kam eilig wieder zu Sergej herausgesprungen, in der Hand ein Paar dicke blaue Überziehstrümpfe mit einem hellen Pfeilmuster an der Seite.

»Jetzt wird es gehen«, sagte Sergej, als er sich von Katerina Lwowna verabschiedete und ihre letzten Strümpfe in Empfang nahm.

Katerina Lwowna kehrte glücklich auf ihre Pritsche zurück und schlief fest ein.

Sie hörte nicht, wie nach ihrer Rückkehr Sonetka in den Korridor ging und erst gegen Morgen von dort leise zurückkehrte.

Dies alles trug sich nur zwei Tagesmärsche von Kasan entfernt zu.

15

Ein kalter, häßlicher Tag mit stürmischen Windstößen und Regen, der mit Schnee vermengt war, begrüßte unfreundlich die Gefangenen, als der Transport das Tor des stickigen Etappengefängnisses passierte.

Katerina Lwowna war recht munter herausgekommen,

kaum aber hatte sie ihren Platz in der Reihe eingenommen, als sie am ganzen Körper erbebte und leichenblaß wurde. Ihr wurde schwarz vor den Augen, alle ihre Glieder schmerzten und erschlafften. Vor Katerina Lwowna stand Sonetka in den so wohlbekannten blauen Wollstrümpfen mit dem hellen Pfeilmuster.

Katerina Lwowna setzte sich mehr tot als lebendig in Bewegung; nur ihre Augen blickten schrecklich auf Sergej und wichen keinen Augenblick von ihm.

Bei der ersten Rast trat sie ruhig auf Sergej zu, flüsterte: »Gemeiner Kerl« und spie ihm unerwartet mitten ins Gesicht.

Sergej wollte sich auf sie werfen, aber man hielt ihn zurück.

»Warte nur!« stieß er zwischen den Zähnen hervor und wischte sich das Gesicht ab.

»Ganz hübsch springt sie mit dir um«, verspotteten die Häftlinge Sergej, und besonders lustig lachte Sonetka.

Dieser Liebeshandel, auf den sie sich hier eingelassen hatte, war so recht nach ihrem Geschmack.

»Das werde ich dir schon heimzahlen«, drohte Sergej Katerina Lwowna.

Ermattet von dem schlechten Wetter und den Anstrengungen des Weges, schlief Katerina Lwowna mit zerrissener Seele in der Nacht unruhig auf ihrer Pritsche im Etappengefängnis und hörte nicht, wie zwei Männer die Frauenabteilung betraten. Bei ihrem Eintritt richtete sich Sonetka auf der Pritsche auf, wies schweigend auf Katerina Lwowna, legte sich wieder hin und hüllte sich in ihren Kittel.

Im selben Augenblick wurde Katerina Lwowna ihr eigener Kittel über den Kopf geworfen, und auf ihrem Rücken, der nur mit einem derben Hemd bedeckt war, tanzte, mit voller Männerkraft geschwungen, das dicke Ende eines zweifach zusammengedrehten Stricks.

Katerina Lwowna schrie auf; aber unter dem Kittel, der

ihren Kopf bedeckte, war ihre Stimme nicht zu hören. Sie versuchte, sich loszureißen, aber auch das ohne Erfolg: Auf ihren Schultern saß ein kräftiger Häftling und hielt ihr die Arme fest.

»Fünfzig«, zählte schließlich eine Stimme, an der jeder unschwer Sergej erkennen konnte, und die nächtlichen Besucher waren im Nu hinter der Tür verschwunden.

Katerina Lwowna befreite ihren Kopf und sprang auf. Kein Mensch war zu sehen; nur in der Nähe kicherte jemand schadenfroh unter seinem Kittel. Katerina Lwowna erkannte das Lachen Sonetkas.

Diese Kränkung war grenzenlos; grenzenlos war auch das Gefühl der Erbitterung, das in diesem Augenblick in Katerinas Seele wogte. Wie von Sinnen stürzte sie nach vorn und fiel gegen die Brust Fionas, die sie auffing.

An dieser vollen Brust, die Katerina Lwownas untreuen Liebhaber noch vor kurzem mit der Süße des Lasters erfreut hatte, weinte sie jetzt ihr unerträgliches Leid aus, und sie schmiegte sich, wie ein Kind an die Mutter, an ihre törichte, willensschwache Rivalin. Sie waren einander jetzt gleich: Beide waren mit dem gleichen Maß gemessen, beide verworfen worden.

Sie waren einander gleich ... Die der erstbesten Versuchung erliegende Fiona und Katerina Lwowna, die dem Ende des Dramas ihrer Liebe entgegenging!

Nun konnte Katerina Lwowna schon nichts mehr beleidigen. Nachdem sie sich ausgeweint hatte, versteinerte sie gleichsam und trat mit starrer Gelassenheit zum Zählappell hinaus.

Die Trommel schlug: tam-tara-tam; auf den Hof wälzten sich die Gefangenen, mit und ohne Ketten, Sergej wie Fiona und Sonetka, Katerina Lwowna wie der Raskolnik, den sie mit einem Juden zusammengeschmiedet hatten, oder wie der Pole, der an einer Kette mit einem Tataren hing.

Alle drängten sich zu einem Haufen zusammen, wurden dann in irgendeine Ordnung gebracht und zogen los.

Ein trostloses Bild: ein Haufen Menschen, dem Licht entrissen und selbst des Schimmers einer Hoffnung auf eine bessere Zukunft beraubt, versinkt im kalten, schwarzen Schmutz der schlammigen Straße.

Ringsum ist alles grauenvoll öde: der endlose Schmutz, der graue Himmel, die kahlen, nassen Büsche und in ihren nach allen Seiten spießenden Zweigen eine aufgeplusterte Krähe. Bald stöhnt der Wind, bald wütet er, bald heult er und brüllt.

Inmitten dieser höllischen, die Seele zerreißenden Laute, die das Grauen des Bildes vollenden, erklingen die Worte von Hiobs Weib aus der Bibel: »Ja, sage Gott ab und stirb.«

Wer diesen Worten nicht lauschen will, wen der Gedanke an den Tod in solch trauriger Lage nicht lockt, sondern schreckt, der muß versuchen, die heulenden Stimmen durch irgend etwas noch Grausigeres zu übertönen. Dies nun versteht der einfache Mensch ganz hervorragend: Er läßt dann seiner animalischen Natur freien Lauf, führt sich albern und töricht auf und beginnt, sich selbst, die anderen und jedes Gefühl zu verhöhnen. Ohnehin nicht gerade zart besaitet, wird er besonders böse.

»Nun, wie ist's, Kaufmannsfrau? Befinden sich Euer Gnaden bei guter Gesundheit?« fragte Sergej herausfordernd Katerina Lwowna, kaum daß das Dorf, in dem der Transport übernachtet hatte, hinter einem nassen Hügel verschwunden war.

Darauf wandte er sich sogleich Sonetka zu, schlug den Schoß seines Kittels um sie und sang in hohem Falsett:

»Hinterm Fenster tief im Schatten glänzt ein Köpfchen
blond und fein.
Kannst nicht schlafen, du mein Sehnen, kannst nicht
schlafen, lieber Schelm.
Laß den Mantel um dich schlagen, dann wird keiner
etwas sehn.«

Bei diesen Worten umarmte Sergej Sonetka und gab ihr vor dem ganzen Transport einen schallenden Kuß ... Katerina Lwowna sah das alles und sah es doch nicht: Sie ging einher wie ein Mensch, der schon nicht mehr unter den Lebenden weilt. Man stieß sie an und zeigte ihr, wie es Sergej mit Sonetka trieb. Sie wurde zur Zielscheibe höhnischer Bemerkungen.

»Laßt sie in Ruhe«, trat Fiona für sie ein, als einer aus dem Transport versuchte, mit der immer wieder stolpernden Katerina Lwowna seinen Spott zu treiben. »Seht ihr denn nicht, ihr Teufel, daß die Frau krank ist?«

»Hat sicher nasse Füßchen bekommen«, witzelte ein junger Häftling.

»Natürlich, sie ist ja aus dem Kaufmannsstand und verzärtelt«, ließ Sergej sich vernehmen. »Freilich, wenn die Dame wenigstens ein Paar warme Strümpfe hätte, dann ginge es noch an«, fuhr er fort.

Katerina Lwowna schien aus einem tiefen Schlaf zu erwachen.

»Du gemeines Biest«, stieß sie hervor, als sie es nicht länger ertrug, »höhne nur, niederträchtiger Kerl, höhne nur!«

»Nein, Kaufmannsfrau, ich sage das durchaus nicht zum Spott, aber Sonetka hat hier ein Paar wunderschöne Strümpfe zu verkaufen, und da habe ich bei mir gedacht, ob unsere Kaufmannsfrau sie nicht haben möchte.«

Viele lachten. Katerina Lwowna setzte automatisch einen Fuß vor den anderen.

Das Wetter tobte immer schlimmer. Aus den grauen Wolken, die den Himmel bedeckten, fiel in feuchten Flocken Schnee, der, kaum daß er die Erde berührt hatte, taute und den undurchdringlichen Schlamm vermehrte. Schließlich zeigte sich am Horizont ein dunkler bleierner Streifen, dessen anderen Rand man nicht erkennen konnte: die Wolga. Über dem Fluß wehte ein kräftiger Wind und ließ die langsam anschwellenden, an weit aufgerissene Rachen gemahnenden dunklen Wellen vor und zurück wogen.

Der Transport mit den durchnäßten und durchfrorenen Häftlingen näherte sich langsam der Überfahrtsstelle und machte dann halt, um auf die Fähre zu warten.

Die nasse und dunkle Fähre legte an, und die Begleitmannschaft verteilte die Häftlinge.

»Auf dieser Fähre soll jemand Wodka verkaufen«, bemerkte ein Häftling, als die mit feuchten Schneeflocken bedeckte Fähre vom Ufer abstieß und auf den Wellen des außer Rand und Band geratenen Flusses schaukelte.

»Ja, es wäre nicht schlecht, jetzt einen hinter die Binde zu kippen«, antwortete Sergej; um Sonetka zum Lachen zu bringen, ging er hinter Katerina Lwowna her und sagte: »Kaufmannsfrau, lad mich doch aus alter Freundschaft zu einem Wodka ein. Sei nicht so geizig. Denk doch an unsere frühere Liebe, meine Herzallerliebste, wie wir zusammen gefeiert haben, du meine Freude, wie wir die langen Herbstnächte zusammen gesessen und deine Verwandten ohne Popen und Diakone zur ewigen Ruhe geleitet haben.«

Katerina Lwowna zitterte vor Kälte am ganzen Körper. Aber abgesehen von der Kälte, die ihr durch die nasse Kleidung bis ins Mark drang, ging in ihrem Organismus noch etwas anderes vor. Ihr Kopf brannte wie Feuer; ihre Pupillen waren übermäßig erweitert, von einem flackernden, scharfen Glanz erhellt und starr auf die unruhigen Wellen gerichtet.

»Einen Wodka würde ich auch trinken, es ist mächtig kalt«, flötete Sonetka.

»Kaufmannsfrau, nun lad uns schon ein!« Sergej ließ nicht locker.

»Schämen solltest du dich!« sagte Fiona und schüttelte tadelnd den Kopf.

»Das macht dir keine Ehre«, wurde sie von dem Häftling Gordjuschka unterstützt.

»Wenn du dich schon nicht vor ihr schämst, dann solltest du es ihretwegen wenigstens vor den anderen tun.«

»Ach du öffentliche Tabaksdose!« schrie Sergej Fiona an. »Das fehlte noch – ich mich schämen! Was brauche ich mich hier zu schämen! Vielleicht habe ich sie nie geliebt, und jetzt ... Hier, Sonetkas geflickter Schuh ist mir zehnmal lieber als die Visage von der da, diesem dürren Weibsstück. Was willst du mir also hier dreinreden? Soll sie sich doch den schiefmäuligen Gordjuschka zum Liebsten nehmen, oder ...« Er drehte sich zu einem hoch zu Pferde sitzenden kleinen und schwächlichen Unteroffizier in Filzumhang und Militärmütze um und fügte hinzu: »Soll sie sich noch besser an den Unteroffizier heranmachen. Unter seinem Umhang ist sie wenigstens vor dem Regen sicher.«

»Und alle würden sie gleich Offiziersfrau nennen«, rief Sonetka dazwischen.

»Aber freilich! Und das Geld für ein Paar Strümpfe würde sie sich spielend verschaffen«, wurde sie von Sergej unterstützt.

Katerina Lwowna verteidigte sich nicht. Immer starrer blickte sie in die Wellen und bewegte dabei die Lippen. Durch die gemeinen Worte Sergejs hindurch hörte sie aus den sich öffnenden und wieder zuschlagenden Wellen ein Brüllen und Stöhnen. Und da sieht sie auf einmal aus einer sich überschlagenden Welle den blauen Kopf Boris Timofejitschs herausragen, aus einer anderen blickt ihr Mann und schaukelt hin und her, er hält den kleinen Fedja mit seinem herabhängenden Köpfchen im Arm. Katerina Lwowna sucht sich eines Gebets zu erinnern und bewegt die Lippen, aber sie flüstert nur: »Wie wir beide zusammen gefeiert haben, wie wir die langen Herbstnächte zusammen gesessen und die Menschen durch einen schrecklichen Mord ins Jenseits befördert haben.«

Katerina Lwowna zitterte. Ihr flatternder Blick blieb an einer Stelle haften und wurde immer wilder. Ein- oder zweimal streckte sie die Arme aus und ließ sie wieder sinken. Noch eine Minute – da erbebte sie plötzlich am ganzen Körper, bückte sich, ohne die Augen von der dunklen Welle zu lassen, packte Sonetka an den Beinen und warf sich mit ihr zusammen in einem einzigen Satz über den Rand der Fähre.

Alle waren vor Entsetzen starr.

Katerina Lwowna erschien auf einem Wellenkamm und tauchte wieder unter; eine andere Welle trug Sonetka nach oben.

»Den Bootshaken! Werft den Bootshaken aus!« wurde auf der Fähre geschrien.

Der schwere Haken flog an einem langen Tau durch die Luft und fiel ins Wasser. Von Sonetka war nichts mehr zu sehen. Zwei Sekunden später warf sie, von der Strömung rasch davongetragen, erneut ihre Arme in die Luft; im selben Augenblick jedoch stieg aus einer anderen Welle, fast bis zum Gürtel über dem Wasser, Katerina Lwowna empor, stürzte sich auf Sonetka, wie sich ein starker Hecht auf eine weichflossige Plötze stürzt, und beide wurden nicht mehr gesehen.

1865

Fjodor Dostojewski

Die Sanfte

Phantastische Erzählung

Bemerkung des Autors

Ich bitte meine Leser, mir zu verzeihen, daß ich diesmal statt des »Tagebuchs« in seiner gewohnten Form nichts als eine Geschichte biete. Doch sie hat mich in der Tat den größten Teil des Monats beschäftigt. Wenigstens um Nachsicht bitte ich die Leser.

Nun zur Geschichte selbst. Ich nenne sie eine phantastische, während ich sie selbst doch im höchsten Grad real finde. Das Phantastische aber ist wirklich vorhanden, und zwar in der Form des Erzählens; ich halte es für nötig, das im voraus zu erläutern.

Hier erzählt nämlich nicht jemand von jemandem, und es sind nicht jemandes Aufzeichnungen über sich selbst. Man stelle sich einen Mann vor, dessen Frau tot im Hause liegt, eine Selbstmörderin – vor ein paar Stunden hat sie sich aus dem Fenster gestürzt. Seine Seele ist aufgewühlt, noch kann er die Gedanken nicht sammeln. Er wandert durch die Zimmer und müht sich, in dem Geschehenen einen Sinn zu finden, »es mit seinen Gedanken zu ergründen«. Zudem ist er ein eingefleischter Hypochonder, einer, der Selbstgespräche führt. So spricht er denn mit sich selbst, erzählt, wie es kam, will Klarheit für sich finden. Ungeachtet der scheinbaren Folgerichtigkeit dessen, was er sagt, widerspricht er sich öfters, sowohl in der Logik als auch im Fühlen. Er sucht ebenso sich selbst zu rechtfertigen wie sie zu beschuldigen, verliert sich in Nebensächlichem – bald zeigen sich da Grobheit im Denken und Grobheit des Herzens, bald auch tiefes Empfinden. Langsam beginnt er wirklich Klarheit zu finden und die Dinge »zu ergründen«. Die Kette der beschworenen

Erinnerungen führt ihn schließlich unabweisbar zur Wahrheit; die Wahrheit läutert ihm unabweisbar Verstand und Herz. Zum Ende hin wird selbst der Erzählton anders, als er am wirren Beginn der Geschichte gewesen ist. Die Wahrheit enthüllt sich dem Unglücklichen klar und bestimmend genug, wenigstens für ihn selbst.

Dies das Thema. Natürlich, das Erzählen zieht sich über Stunden hin, oft abreißend, woanders anknüpfend, in der Form verworren: bald so, daß er zu sich selbst spricht, bald gleichsam zu einem unsichtbaren Zuhörer gewandt, zu einem Richter. So geschieht es ja auch immer in Wirklichkeit. Könnte ein Stenograph ihn belauschen und alles aufzeichnen, so käme es ein wenig holpriger, unbearbeiteter heraus, als man es bei mir findet, aber ich meine, die psychologische Folge würde vielleicht dieselbe bleiben. Und diese Annahme nun: daß ein Stenograph alles aufschriebe und daß ich nachher das Aufgeschriebene überarbeitete – das ist es, was ich an der Geschichte phantastisch nenne. Solche oder ähnliche Freiheiten hat man sich in der Literatur schon öfter genommen: Victor Hugo zum Beispiel wendete in seinem Meisterwerk »Der letzte Tag eines Gerichteten« beinahe dasselbe Verfahren an; er ließ zwar keinen Stenographen auftreten, erlaubte sich aber eine noch größere Unwahrscheinlichkeit: Er baute auf die Annahme, der Verurteilte sei imstande (und finde Zeit), Aufzeichnungen zu machen, und dies nicht nur an seinem letzten Tag, sondern sogar in der letzten Stunde und buchstäblich in der letzten Minute. Doch hätte er sich nicht diese Phantasie erlaubt, so gäbe es auch das Werk nicht – das realste und wahrheitsgetreueste von allen, die er geschaffen hat.

Erster Teil

1

Wer ich war und wer sie war

Solange sie hier ist, ja, da ist alles noch gut: Immer wieder trete ich vor sie und schaue sie an; aber wenn man sie morgen fortträgt und ich allein bleibe – was dann? Jetzt liegt sie im Salon, man hat zwei Lombertische zusammengerückt und sie darauf gebettet; der Sarg kommt morgen, ein weißer Sarg mit weißem Gros de Naples, aber darum geht es ja nicht ... Ich wandere auf und ab und will es mir erklären. Sechs Stunden schon suche ich nach Klarheit und kann und kann es nicht ergründen. Dabei wandere ich auf und ab, auf und ab ... Ja, so war es. Ich werde es einfach in der richtigen Folge erzählen (der richtigen!). Meine Herrschaften, ich habe gar nichts von einem Schriftsteller, Sie merken das, es ist mir gleich; erzählen werde ich, wie ich es selbst begreife. Darin liegt ja mein ganzes Entsetzen: daß ich alles begreife!

Also, wenn Sie es wissen wollen, das heißt, wenn ich ganz zum Anfang zurückgehe, sie kam damals einfach ein paarmal zu mir, um Sachen zu verpfänden, damit sie eine Anzeige im »Golos« bezahlen konnte, so ungefähr: daß sie eine Stelle als Erzieherin sucht, es könnte auch auswärts sein, daß sie ins Haus kommt und Unterricht gibt, na und so weiter. Das war ganz am Anfang, und ich unterschied sie natürlich nicht von den andern – kommt wie alle, nichts weiter. Und dann fiel sie mir auf. So eine Schmale, Feine, Blonde, nicht sehr groß, bei mir immer unbeholfen, anscheinend verwirrt (ich glaube, allen Fremden gegenüber war sie so, und ich, versteht sich, bedeutete für sie nichts anderes als alle andern, das heißt, wenn es um mich nicht als den Pfandleiher, sondern als den

Menschen geht). Kaum hatte sie das Geld, so drehte sie sich um und ging. Und alles ohne Worte. Andre Leute, die streiten, bitten, feilschen, wollen recht viel herausholen – die da nicht, sie nahm, was man ihr gab ... Ich glaube, ich rede durcheinander ... Ja, mich verblüfften vor allem ihre Sachen: vergoldete silberne Ohrringchen, ein schäbiges kleines Medaillon – alles Kopekenkram. Sie wußte es selbst, daß sie höchstens zwanzig dafür kriegen konnte; doch ich sah ihr an, daß die Dinge für sie Kostbarkeiten bedeuteten, und wirklich, es war alles, was ihr von Väterchen und Mütterchen noch geblieben war – das erfuhr ich später. Ein einziges Mal erlaubte ich mir, über ihre Sachen zu lächeln. Sie müssen nämlich wissen, das erlaube ich mir niemals, im Umgang mit dem Publikum herrscht bei mir ein Gentleman-Ton: wenig Worte, höflich und streng. Streng, streng und nochmals streng. Sie aber erlaubte sich plötzlich, die Reste (buchstäblich die Reste) eines alten Hasenfelljäckchens zu bringen, und ich konnte es mir nicht verkneifen und sagte ihr etwas, was ein Witz sein sollte. Du liebe Zeit, wie ihr da die Röte ins Gesicht schoß! Sie hatte große, blaue, nachdenkliche Augen, aber wie die jetzt blitzten! Doch kein einziges Wort ließ sie fallen, sie nahm ihre »Reste« und – ging. Bei der Gelegenheit fiel sie mir zum erstenmal auf, und ich machte mir so ein paar Gedanken über sie, das heißt so ein paar besondere Gedanken. Ja, ich besinne mich auf meinen Eindruck, das heißt, wenn Sie so wollen, meinen Haupteindruck, die Synthese von allem: nämlich, daß sie schrecklich jung war, so jung, eben vierzehn mochte sie sein. Dabei fehlten ihr damals nur drei Monate an sechzehn. Aber das wollte ich überhaupt nicht sagen, darin bestand gar nicht die Synthese. Am Tag darauf kam sie wieder. Ich kriegte später heraus, daß sie mit dem Hasenfelljäckchen bei Dobronrawow und bei Moser gewesen war, aber die leihen nur auf Gold und wiesen sie rundweg ab. Ich dagegen hatte einmal von ihr eine Kamee angenommen (ein schäbiges

Stück); erst später begriff ich es richtig und wunderte mich, denn sonst nehme doch auch ich nichts als Gold- und Silbergegenstände, und bei ihr ließ ich eine Kamee gelten. Das war der zweite Gedanke, der mir damals über sie in den Sinn kam, ich weiß es noch.

Diesmal – sie war erst bei Moser gewesen – brachte sie eine Zigarrenspitze aus Bernstein, ein ganz hübsches Liebhaberstück, doch bei uns wiederum wertlos, weil wir ja bloß Gold nehmen. Da sie nach der gestrigen Empörung schon wieder kam, empfing ich sie streng. Meine Strenge ist nüchterne Knappheit. Dennoch, während ich ihr zwei Rubel hinschob, konnte ich nicht umhin, mit einer Art Gereiztheit zu bemerken: »Nur für Sie tu ich das; Moser nimmt Ihnen so etwas nicht ab.« Das »für Sie« betonte ich, und zwar in einem bestimmten Sinne. Ich war boshaft. Wieder schoß ihr Röte ins Gesicht, als sie das »für Sie« hörte, doch sie blieb stumm, wies das Geld nicht zurück, nahm es an – ja, die Armut! Und wie sie errötete! Ich begriff, ich hatte sie getroffen. Und als sie schon hinaus war, fragte ich mich plötzlich: Dieser Triumph über sie, ist er wirklich zwei Rubel wert? Wie denn, wie denn! Ich besinne mich, gerade diese Frage stellte ich mir zweimal: Ist er's wert? Ist er's wert? Und lachend entschied ich sie für mich in positivem Sinne. Wahrhaftig, da geriet ich in beste Laune. Aber das war kein häßliches Gefühl, nein, mit Vorbedacht, mit Absicht hatte ich so gehandelt; ich wollte sie prüfen, weil mir da plötzlich im Hinblick auf sie so mancherlei Gedanken kamen. Das war das dritte Mal, daß ich auf besondere Art über sie nachdachte.

Na, und damit fing alles an. Versteht sich, ich gab mir gleich große Mühe, hintenherum alle ihre Lebensumstände zu erfahren, und wartete besonders ungeduldig darauf, daß sie wiederkäme. Ich fühlte es, sie würde bald kommen. Und als sie kam, knüpfte ich mit ungewohnter Höflichkeit ein Gespräch mit ihr an. Ich bin doch nicht schlecht erzogen und habe gute Manieren. Hm. Ich fand gleich heraus, daß sie ein gutmütiges und sanftes Geschöpf sei. Die Gutmütigen und Sanften wehren sich nicht lange, und wenn sie auch nicht sehr aus sich herausgehen, einem Gespräch auszuweichen – das bringen sie einfach nicht zustande; sie antworten sparsam, doch sie antworten; solange man fragt, geben sie auch Antwort; Hauptsache, man läßt selbst nicht nach, wenn man etwas erfahren muß. Versteht sich, von sich aus erklärte sie mir damals gar nichts. Das von den Anzeigen im »Golos« und von allem andern, das erfuhr ich erst später. Damals ließ sie mit ihren letzten Mitteln Anzeigen drucken, zuerst, versteht sich, hochmütig, so in der Art: Erzieherin sucht Beschäftigung, auch auswärts; Angebote schriftlich. Später hieß es dann: Übernimmt jede Arbeit: als Hauslehrerin, Gesellschafterin, Wirtschafterin, Krankenpflegerin, Näherin ... und so weiter und so weiter, man kennt das ja! Versteht sich, in den Anzeigen kam das so nach und nach, auf mancherlei Art hinzu, und schließlich, als die Verzweiflung vor der Tür stand, da hieß es sogar: Ohne Gehalt, für freie Kost. Nein, sie fand keine Stellung! Ich beschloß damals, sie ein letztes Mal auf die Probe zu stellen; unvermittelt griff ich nach der neuesten Nummer des »Golos« und wies sie auf eine Anzeige: »Junges Mädchen, Vollwaise, sucht Stellung als Erzieherin minderjähriger Kinder, vorzugsweise bei älterem Witwer. Hilft auch im Haushalt.«

»Sehen Sie, das ist heute früh gedruckt worden, und heute abend wird sie gewiß ihre Stellung haben. So muß man's machen!«

Wieder schoß ihr das Blut in die Wangen, wieder blitzten die Augen, sie drehte sich um und ging. Mir gefiel das sehr. Übrigens war ich meiner Sache damals schon ganz sicher, fürchtete nichts mehr: Zigarrenspitzen würde keiner annehmen. Überdies waren ihr die Zigarrenspitzen schon ausgegangen. Jawohl, am übernächsten Tag kam sie, so ganz blaß, aufgeregt – ich begriff, bei ihr zu Hause mußte etwas geschehen sein; es war auch etwas geschehen. Gleich werde ich erklären, was, vorerst aber möchte ich nur erwähnen, wie ich da auf einmal vor ihr glänzte und in ihren Augen wuchs. Ja, plötzlich kam es mir darauf an. Sie brachte nämlich das Heiligenbild (sie hatte sich dazu aufgerafft) ... Ach, hören Sie, was rede ich da! Jetzt bin ich ja schon mittendrin, ich bringe eben alles durcheinander ... Ich will mir doch jetzt alles vergegenwärtigen, jede Kleinigkeit, jede Winzigkeit. Immerzu will ich meine Gedanken sammeln und – bringe es nicht fertig; da sind diese Winzigkeiten, diese Winzigkeiten ...

Ein Heiligenbild, eine Muttergottes. Die Muttergottes mit dem Knäblein, eine Hausikone, Familienikone, auf alte Art, die Einfassung aus Silber, vergoldet; sie ist – na, sagen wir – sechs Rubel wert. Ich sehe, sie hängt an dem Bild, sie versetzt das ganze Bild, nimmt die Einfassung nicht ab. Ich sag ihr, sie soll es doch lieber von der Einfassung lösen und das Bild selbst wieder mitnehmen. Mit dem Bild wäre es ohnehin so eine Sache.

»Es ist Ihnen wohl verboten?«

»Nein, nicht, daß es verboten wäre; bloß, vielleicht wäre es für Sie selber ...«

»Gut, nehmen Sie's ab.«

Ich dachte einen Augenblick nach, dann sagte ich: »Wissen Sie was? Ich nehme es nicht ab, ich stelle es dort in den Ikonenschrein, zu den anderen Bildern, unter das Lämpchen« (seitdem ich die Pfandleihe betrieb, brannte bei mir dort immer das Lämpchen), »und Sie kriegen dafür runde zehn Rubel.«

»Ich brauche nicht zehn, geben Sie mir fünf, ich löse es ganz bestimmt ein.«

»Zehn wollen Sie nicht? Die Ikone ist es wert«, fügte ich hinzu, da ich bemerkte, daß ihre Äuglein wieder aufblitzten. Sie blieb stumm, ich schob ihr fünf Rubel hin.

»Verachten Sie niemanden. Ich saß früher selbst so in der Klemme, ja noch schlimmer wohl, und wenn Sie mich heute bei solcher Beschäftigung sehen ... das kam eben nach allem, was ich erdulden mußte ...«

»Sie nehmen Rache an der Gesellschaft? Ja?« unterbrach sie mich plötzlich mit einem Lächeln, das spöttisch sein sollte und in dem sich doch viel Unschuld verriet. (Ich meine, das war bei ihr überhaupt so, denn ganz bestimmt machte sie damals keinen Unterschied zwischen mir und den anderen; im Grunde sagte sie es ganz harmlos.) Aha, dachte ich, so eine bist du, da tut sich Charakter kund, nach neuer Art.

»Sehen Sie«, bemerkte ich sogleich, halb im Scherz, halb im Ernst. ›Ich, ich bin ein Teil von jener Kraft, die stets das Böse will und stets das Gute schafft‹ ...«

Rasch und mit großer Neugier, in der übrigens viel Kindliches lag, blickte sie mich an.

»Halt«, sprach sie, »was ist das für ein Gedanke? Woher ist das? Das habe ich schon gehört.«

»Zerbrechen Sie sich nicht den Kopf. Mit diesen Worten empfiehlt sich Mephistopheles dem Faust. Haben Sie ihn gelesen, den ›Faust‹?«

»Nicht ... nicht aufmerksam.«

»Das heißt überhaupt nicht. Den sollten Sie lesen. Übrigens sehe ich wieder um Ihre Lippen einen spöttischen Zug. Bitte, halten Sie mich nicht für so geschmacklos, daß ich mich Ihnen, um meine Rolle als Pfandleiher auszuschmücken, in der Rolle eines Mephistopheles präsentieren möchte. Pfandleiher bleibt Pfandleiher. Gewiß.«

»Sie sind so seltsam. Ich wollte Ihnen gar nicht so etwas sagen.«

Sie meinte wohl: Ich hatte nicht erwartet, daß Sie ein gebildeter Mann sind; aber das sagte sie nicht, dafür wußte ich, daß sie es dachte; schrecklich hatte ich ihr imponiert.

»Sehen Sie«, bemerkte ich, »auf jedem Feld des Lebens kann man Gutes tun. Ich spreche natürlich nicht von mir, ich tue, sagen wir es ruhig, nichts als Schlechtes, aber ...«

»Oh, gewiß kann man auch an jedem Ort Gutes tun«, erwiderte sie und richtete einen raschen, gläubigen Blick auf mich. »Jawohl, an jedem Ort«, sagte sie plötzlich noch einmal. Oh, ich erinnere mich, erinnere mich an all diese Augenblicke! Und ich möchte noch etwas hinzusetzen: Wenn es dieser Jugend, dieser lieben Jugend einfällt, so etwas Kluges und Gläubiges zu sagen, so gibt sie das allzu aufrichtig und naiv mit der Miene zu verstehen; paß auf, soll das heißen, jetzt sage ich dir etwas Kluges und Gläubiges. Und das nicht etwa aus Geltungsdrang, wie unsereiner, sondern man merkt es ihr an, daß ihr selber all das schrecklich am Herzen liegt, daß sie es achtet, davon durchdrungen ist, und sie meint, daß auch ihr das alles genauso schätzt wie sie. Oh, diese Aufrichtigkeit! Damit siegen sie ja auch. Und bei ihr – wie entzückend stand ihr das!

Ich erinnere mich, nichts habe ich vergessen! Als sie hinaus war, stand mein Entschluß fest. Am gleichen Tag noch holte ich die letzte Erkundigung ein, und ich erfuhr den Rest ihres Geheimnisses, dessen Aufdeckung ich schon begonnen hatte; was vorausgegangen war, hatte ich von Lukerja erfahren, die damals bei ihnen dort diente und die ich schon vor ein paar Tagen bestochen hatte. Dieses Geheimnis war so schrecklich, daß ich überhaupt nicht begreife, wie ein Mensch noch lachen kann – sie hatte es eben getan – und wie er sich, selber solchem Schrecken ausgesetzt, nach den Worten eines Mephistopheles erkundigen mag. Aber so ist die Jugend! Das, genau das dachte ich damals über sie, mit Stolz und Freude, weil sich da auch Hochherzigkeit zeigte: Mögen wir auch am Rande des Verderbens stehen, die großen Worte Goethes leuchten uns. Die Jugend, mag es bei manchen wenig sein, mag es verschroben herauskommen – hochherzig ist sie immer. Das heißt, eigentlich rede ich nur von ihr, der einen. Und vor allem: zu der Zeit betrachtete ich sie schon als die Meine, und ich zweifelte nicht daran, daß ich es schaffen würde. Sie wissen ja, es ist ein gar zu wollüstiger Gedanke, wenn man überhaupt nicht mehr zweifelt.

Aber was ist mit mir! Wenn ich so weitermache, wie soll ich es dann ergründen? Vorwärts, vorwärts, es geht ja um ganz anderes, mein Gott!

2

Der Heiratsantrag

Was ich über sie erfuhr, ihr »Geheimnis«, das will ich in ein paar Worten erklären: Vater und Mutter waren gestorben, schon lange, vor drei Jahren, und sie wurde von zwei liederlichen Tanten aufgenommen. Sie liederlich zu nennen, das reicht noch nicht aus. Die eine Tante war Witwe, mit großer Familie, an Kindern sechs, eines kleiner als das andere, die zweite Tante war eine alte Jungfer, ein widerliches Weib. Widerlich waren sie beide. Ihr Vater war Beamter gewesen, Beamter im Rang der Schreiber, nicht erblicher Beamtenadel – kurzum, alles ganz in meinem Sinne. Ich mußte da wie ein Wesen aus höherer Welt erscheinen: immerhin Stabshauptmann a. D., aus einem glänzenden Regiment hervorgegangen, von Erbadel, unabhängig und so fort; und meine Pfandleihkasse – auf so etwas konnten die Tanten nur mit Achtung blicken. Drei Jahre hatte sie bei den Tanten in Sklaverei gelebt, und dennoch hatte sie irgendwo ein Examen abgelegt – hatte es bestanden, hatte sich nur eben losgerissen von unbarmherziger Tagelöhnerarbeit und es bestanden. Das wollte schon etwas heißen, dieses Streben zu Höherem und Edlerem, das sie, gerade sie, zeigte! Ich – warum wollte ich eigentlich heiraten? Ach, auf mich kann man hier pfeifen, das kommt später ... Als ob es darum ginge! Den Kindern der Tante gab sie Unterricht, sie nähte Wäsche, und es kam so weit, daß sie nicht nur die Wäsche wusch, sondern, bei ihrer schmalen Brust, auch die Fußböden scheuerte. Die aber, die schlugen sie sogar ohne Bedenken, warfen ihr den Bissen Brot vor. Und dann der Gipfel: Sie kamen auf den Gedanken, sie zu verkaufen. Pfui Teufel! Die dreckigen Einzelheiten lasse ich aus. Später hat sie mir alles bis ins kleinste erzählt. All das hatte ein ganzes Jahr lang ein dicker Krämer aus der Nachbarschaft beobachtet, kein gewöhnlicher Krämer freilich, sondern einer, der zwei Kolonialwarengeschäfte besaß. Zwei Frauen hatte der schon ins Grab gebracht, jetzt suchte er die dritte, und da warf er ein Auge auf sie; sie ist still, sagte er sich, in Armut aufgewachsen – ich heirate sie für meine mutterlosen Kinder. Er hatte wirklich Kinder. Er brachte seine Werbung vor, verhandelte mit den Tanten; dabei hatte er die Fünfzig hinter sich. Sie fiel in Angst und Entsetzen. Deswegen kam sie dann auch ein paarmal zu mir und holte Geld für die Anzeigen im »Golos«. Schließlich bat sie die Tanten, sie sollten ihr doch ein ganz klein wenig Zeit zum Überlegen lassen. Ein ganz klein wenig ließ man ihr, aber kein bißchen mehr. Die Tanten hackten auf ihr herum: Haben selber nichts zu fressen, und dann noch andre Mäuler stopfen. Das alles wußte ich nun, und so faßte ich, als sie mich am Morgen aufgesucht hatte, meinen Entschluß. Am Abend dieses Tages fuhr der Krämer zu ihr, brachte aus seinem Laden ein Pfund Konfekt für fünfzig Kopeken mit; er saß bei ihr, während ich Lukerja aus der Küche herunterrief und sie anwies, sie solle ihr zuflüstern, daß ich am Torweg stünde und ihr etwas ganz, ganz Dringendes sagen müsse. Ich war mit mir zufrieden. Überhaupt war ich jenen ganzen Tag schrecklich mit mir zufrieden.

Gleich am Torweg erklärte ich ihr, die schon bestürzt darüber war, daß ich sie hatte rufen lassen, in Lukerjas Gegenwart, daß ich es für ein Glück und eine Ehre erachtete … Zweitens erklärte ich ihr, sie möge sich nicht daran stoßen, daß ich es ihr auf solche Art und am Torweg sagte; ich sei eben ein Mensch von schlichtem, geradem Wesen und hätte mich über die Verhältnisse schon unterrichtet. Das stimmt, daß ich von schlichtem, geradem Wesen bin. Na, ganz egal. Ich redete nicht nur geziemend, das heißt so, daß ich den Mann von Bildung herauskehrte, sondern auch originell – das vor allem. Ist es vielleicht sündhaft, so etwas zuzugeben? Ich will Gericht über mich halten, und das tu ich. Ich muß das Pro und das Contra anführen, und das tu ich. Später erinnerte ich mich mit Genuß daran, wenn das auch dumm ist: Ich erklärte ihr damals frei heraus, ohne jede Verlegenheit, daß ich nicht besonders talentiert sei, nicht besonders klug, vielleicht sogar nicht besonders gut, ein ziemlich billiger Egoist (ich habe diesen Ausdruck gut im Gedächtnis, unterwegs hatte ich ihn ersonnen und war ganz zufrieden mit ihm), mit sehr großer Wahrscheinlichkeit hätte ich auch in anderer Beziehung viel Unangenehmes aufzuweisen. All das kam mit einer besonderen Art von Stolz heraus – na, wie man so etwas eben sagt. Natürlich bewies ich Geschmack genug, nach der freimütigen Erklärung meiner Fehler mich nicht in eine Erklärung meiner Vorzüge einzulassen, etwa in der Art: Aber dafür ist mir das eigen und das und das. Ich merkte, daß sie vorerst schreckliche Angst hatte, doch ich milderte nichts, ja, angesichts ihrer Angst trug ich noch stärker auf; ich sagte geradezu, sie werde genug zu essen haben, aber schöne Kleider, Theater, Bälle – daraus werde nichts, höchstens später einmal, wenn ich mein Ziel erreicht hätte. Dieser strenge Ton riß mich entschieden fort. Ich fügte hinzu – wieder so, daß es möglichst beiläufig klang –, daß ich, auch wenn ich so einen Beruf ergriffen hätte, das heißt jene Kasse betriebe, doch nur ein Ziel im Leben hätte; es gebe da eben einen besonderen Umstand … Schließlich hatte ich das Recht, so zu sprechen; ich hatte wirklich ein solches Ziel, und es gab so einen Umstand. Bitte, meine Herrschaften, mein Leben lang haßte ich diese Pfandleihkasse, ich als erster, aber im Grunde – wenn es auch lächerlich ist, zu sich selbst in so geheimnisvollen Andeutungen zu sprechen –, im Grunde nahm ich doch »Rache an der Gesellschaft«, jawohl, jawohl, jawohl! Sie hätte also gar nicht zu spotten brauchen an diesem Morgen, darüber, daß ich »Rache nähme«; das war ungerecht. Wiederum, sehen Sie, hätte ich ihr jetzt rundheraus erklärt: Jawohl, ich räche mich an der Gesellschaft!, sie hätte laut gelacht, wie am Morgen, und dann wäre es auch wirklich zum Lachen gewesen. Ja, mit leiser Andeutung, einem geheimnisvollen Satz, den man einfließen läßt, da kann man, wie sich zeigte, die Vorstellungskraft bestechen. Es kommt hinzu, daß ich nun schon nichts mehr zu fürchten brauchte – ich wußte doch, der dicke Krämer war ihr auf jeden Fall mehr zuwider als ich, und so, wie ich am Torweg stand, mußte ich als Retter erscheinen. Das begriff ich doch gut. Oh, Gemeinheiten begreift der Mensch besonders gut! Doch war es eine Gemeinheit? Wie soll man da einen Menschen verurteilen? Liebte ich sie denn nicht sogar schon damals?

Bitte, versteht sich, daß ich nicht einmal mit einem halben Wort andeutete, ich erwiese ihr eine Wohltat; im Gegenteil, ganz im Gegenteil, ich drückte es so aus, als wäre ich der Empfangende, nicht sie. So weit ging es, daß ich es sogar deutlich aussprach und mir nicht versagte, und vielleicht kam das dumm heraus, denn ich bemerkte, wie ein flüchtiger Schatten über ihr Gesicht ging. Aber im ganzen hatte ich durchaus gewonnen. Bitte, wenn schon all der Schmutz ausgebreitet wird, will ich auch die letzte Schweinerei nicht unterschlagen: Ich stand da, durch den Kopf schoß mir: Du bist groß, schlank, gut erzogen und – und, kurzum, ohne Prahlerei gesagt, du bist ein ganz stattlicher Mann. So spielten meine Gedanken. Versteht sich, gleich da am Torweg gab sie mir das Jawort. Aber … aber ich muß hinzufügen, dort am Torweg dachte sie erst lange nach, ehe sie es aussprach. So lange dachte sie nach, so lange, daß ich drauf und dran war, zu fragen: Nun, wie? Ja, ich verkniff mir's nicht einmal und fragte tatsächlich so albern und galant: »Nun, wie belieben Sie?«

»Warten Sie, ich denke nach.«

Und ein so ernstes Gesichtchen machte sie, so ernst – schon damals hätte ich es ablesen können! So aber war ich gekränkt. Sollte sie wirklich, dachte ich, zwischen mir und dem Krämer schwanken? Oh, damals begriff ich noch nicht! Nichts, nichts begriff ich damals! Bis heute habe ich es nicht begriffen! Ich weiß noch, Lukerja rannte mir nach, als ich schon im Weggehen war, stellte sich vor mich hin und sprach hastig: »Gott mög's Ihnen lohnen, Herr, daß Sie unser liebes Fräulein nehmen, nur sagen Sie ihr das nicht, sie ist stolz.«

Gewiß, stolz! Ich kann schon sagen, ich hab die gern, die so ihren Stolz haben. Die Stolzen haben besonderen Reiz, wenn … na ja, wenn man an seiner eigenen Macht über sie nicht mehr zweifelt; ist's nicht so? O, du niedriger, plumper Mensch! O, wie zufrieden ich war! Wissen Sie, als sie damals so überlegend am Torweg stand und nicht gleich ja sagte, während ich mich noch darüber wunderte, wissen Sie, da hat ihr wohl gar so ein Gedanke kommen können: Wenn schon Unglück auf mich lauert, dort wie hier, ist es da nicht besser, gleich das schlimmste zu wählen, den dicken Krämer also – mag er mich doch im Suff recht schnell totprügeln! Hm? Wie meinen Sie, konnte ihr so ein Gedanke kommen?

Ich begreif es noch jetzt nicht, noch jetzt begreife ich nichts! Dabei sagte ich eben erst, daß ihr so ein Gedanke hat kommen können: Von zwei Übeln das größere zu wählen, den Krämer. Wer war für sie das größere Übel, ich oder der Krämer? Der Krämer oder der Pfandleiher, der Goethe zitiert? Auch so eine Frage! Was für eine Frage? Daß du auch das nicht begreifst – die Antwort liegt drüben auf den Lombertischen, und du stellst noch Fragen! Aber pfeif jetzt auf mich, um mich geht es jetzt gar nicht.

Überdies, was soll mir das jetzt: ob es um mich geht oder nicht? Das, das kann ich schon gar nicht entscheiden. Besser, ich lege mich schlafen. Der Kopf tut mir weh.

3

Der edelste Mensch, aber ich glaube es selber nicht

Ich bin nicht eingeschlafen. Wie denn auch, da es doch im Kopf so hämmert. Ich möchte mit alldem fertig werden, mit all dem Schmutz! O ja, Schmutz! Aus welchem Schmutz habe ich sie damals herausgezogen! Das mußte sie doch begreifen, mußte meine Handlung doch würdigen! Da waren mancherlei Gedanken, die mir gefielen, zum Beispiel, daß ich einundvierzig war und sie erst sechzehn. Das entzückte mich, dieses Gefühl der Ungleichheit, gar zu wonnig ist das, gar zu wonnig.

Da wollte ich zum Beispiel eine Hochzeit à l'anglaise ausrichten, das heißt unbedingt zu zweit, bloß eben gerade mit zwei Zeugen, einer würde Lukerja sein, und dann gleich in den Zug, zum Beispiel nach Moskau (da hatte ich gerade etwas zu erledigen), ins Hotel, so für zwei Wochen. Sie machte nicht mit, ließ es nicht zu, und ich war gezwungen, den Tanten achtungsvoll meine Aufwartung zu machen, behandelte sie als die Verwandten, von denen sie mir überlassen wurde. Ich gab nach, den Tanten wurde zuteil, was ihnen zustand. Ich schenkte diesen Kreaturen sogar Geld, jeder hundert Rubel, und versprach noch mehr; versteht sich, ihr sagte ich nichts davon, um ihr mit der Gemeinheit der Umstände keinen Kummer zu bereiten. Die Tanten wurden gleich seidenweich. Es gab auch ein Hin und Her um die Mitgift; sie besaß nichts, fast im buchstäblichen Sinne, aber sie wollte auch nichts. Es gelang mir jedoch, ihr zu beweisen, daß es ganz ohne Mitgift nicht ging, und so besorgte ich sie, denn wer hätte sie sonst besorgen sollen? Ach was, pfeif auf mich. Verschiedene meiner Ideen konnte ich damals immerhin schon bei ihr anbringen, damit sie wenigstens eine Ahnung davon hatte. Mag sein, ich hatte es zu eilig. Die Hauptsache aber, sie mochte sich zusammennehmen, wie sie wollte, dennoch drängte sie mir mit Liebe entgegen, nahm mich, wenn ich abends zu ihr fuhr, mit Entzücken auf, erzählte mir munter plappernd (mit dem bezaubernden Plappern der Unschuld!) ihre ganze Kindheit, ihre Jugendjahre, alles von ihrem Elternhaus, vom Vater und von der Mutter. Aber ich goß über all die Begeisterung sogleich kaltes Wasser. Eben das war meine Idee. Auf Entzücken antwortete ich mit Schweigen, mit wohlwollendem natürlich. Trotzdem begann sie rasch einzusehen, daß wir zweierlei waren und daß ich ein Rätsel sei. Aufs Rätselhafte hatte ich es angelegt – das vor allem! Vielleicht hatte ich doch gerade darum diese ganze Dummheit angefangen: weil sie Rätsel lösen sollte! Zuallererst Strenge – so führte ich sie auch im Zeichen der Strenge ins Haus. Kurzum, ich schuf damals, obschon ich zufrieden war, ein ganzes System. Oh, es fügte sich ohne jede Anstrengung von selbst. Es konnte gar nicht anders sein, ich mußte dieses System schaffen; da gab es einen unabweisbaren Umstand – wahrhaftig, was verleumde ich mich da selbst! Das System war wohlbegründet. Nein, hören Sie, wenn schon über einen Menschen Gericht gehalten wird, dann doch wenigstens in Kenntnis der Sache … Also hören Sie!

Wie soll ich anfangen; es ist sehr schwierig. Wenn es ans Rechtfertigen geht, dann wird es eben schwierig. Sehen Sie, da verachtet die Jugend zum Beispiel das Geld; ich legte gleich alles Gewicht aufs Geld. So sehr redete ich vom Geld, daß sie immer mehr verstummte. Sie riß die großen Augen auf, lauschte, sah und schwieg. Sehen Sie, die Jugend ist edelmütig, das heißt die gute Jugend, edelmütig und ungestüm, aber es fehlt ihr an Duldsamkeit; kaum mißfällt ihr etwas, gleich verachtet sie. Ich aber wollte Weitherzigkeit, wollte ihr das Großzügige, Weite einpflanzen, tief ins Herz, damit sie weitherzig alles sähe – Sie wissen, was ich meine? Nehmen wir ein ganz gewöhnliches Beispiel: Wie hätte ich so einem Charakter zum Beispiel meine Pfandleihkasse erklären sollen? Versteht sich doch, daß ich nicht einfach losredete; es wäre dann so herausgekommen, als bäte ich für die Pfandleihkasse um Verzeihung. Nein, ich führte sozusagen den Stolz ins Feld, sprach beinahe schweigend. Im schweigenden Sprechen bin ich ja ein Meister, mein Leben lang habe ich schweigend gesprochen, habe ganze Tragödien allein mit mir durchgestanden. Oh, auch ich war unglücklich! Ausgestoßen wurde ich von allen, ausgestoßen und vergessen, und keiner, nein, keiner weiß davon! Später geschah es dann, daß diese Sechzehnjährige von niederträchtigen Menschen mancherlei Dinge über mich auflas und meinte, sie wisse nun alles, das Eigentliche jedoch blieb einzig in meiner Brust, der Brust dieses Menschen! Immer schwieg ich, und besonders mit ihr schwieg ich, bis gestern – warum schwieg ich? Weil ich stolz war. Ich wollte, daß sie es selbst herausbekäme, ohne mein Zutun, aber auch nicht durch das, was die Niederträchtigen erzählen, nein, sie sollte das Geheimnis dieses Menschen selbst erraten und ihn begreifen! Ich wollte, indem ich sie in mein Haus nahm, unbedingt von ihr geachtet werden. Ich wollte, daß sie anbetend ob meiner Leiden vor mir stünde – ich verdiente es. Oh, ich war immer stolz, ich wollte immer alles oder nichts! Und ebendeshalb, weil ich nicht für Halbheit im Glück bin, sondern das ganze Glück begehrte, ebendeshalb war ich damals gezwungen, so zu handeln, also: Errate es selber und zolle mir Achtung! Denn das müssen Sie doch zugeben, wenn ich mich darauf eingelassen hätte, ihr zu erklären und zuzureden, mich zu drehen und zu wenden und um ein wenig Achtung zu bitten – das wäre doch gewesen, als bettelte ich um Almosen … Überhaupt … überhaupt, warum rede ich denn darüber!

Dumm, dumm, dumm und noch mal dumm! Rundheraus und erbarmungslos (ich betone das »erbarmungslos«) erklärte ich ihr damals in zwei Worten, daß Edelmut die Jugend ziert, daß er aber keinen Groschen wert ist. Warum? Weil die Jugend billig zu ihm kommt, ohne noch recht gelebt zu haben, das sind so alles »des Daseins erste Bilder«; sprechen wir uns wieder, wenn es Ernst für euch geworden ist! Billiger Edelmut fällt immer leicht, das Leben hingeben – sogar das ist billig, denn da wallt einfach Blut, da schäumt die Kraft, da lechzt man leidenschaftlich nach Schönheit! Nein, nehmen Sie mal eine Tat des Edelmutes, aber es sei eine mühevolle, stille, unhörbare, ohne Glanz, Verleumdung beschwörend, hohe Opfer verlangend und kein Tröpfchen Ruhm bringend, eine Tat, bei der Sie, ein prächtiger Mensch, vor aller Welt als Schuft dastehen, während Sie doch redlicher als alle anderen sind – na, versuchen Sie es mit einer solchen Tat; nein, Sie verzichten! Ich aber, ich trug an einer solchen Tat, mein ganzes Leben machte sie aus. Anfangs widersprach sie, oh, und wie! Dann aber wurde sie immer stiller, schließlich ganz stumm, nur die Augen riß sie schrecklich auf, während sie zuhörte, so große, große aufmerksame Augen. Und ... und außerdem fiel mir an ihr plötzlich ein Lächeln auf, ein mißtrauisches, verschlossenes, ungutes Lächeln. Eben mit diesem Lächeln führte ich sie in mein Haus. Freilich, ihr blieb ja auch kein anderer Weg.

4

Pläne, immer wieder Pläne

Wer von uns hat angefangen?

Keiner. Von selbst fing es an, mit dem ersten Schritt. Ich sagte, daß ich sie im Zeichen der Strenge in mein Haus führte, mit dem ersten Schritt jedoch milderte ich die Strenge. Im Brautstand war ihr erklärt worden, sie habe sich bei mir mit der Pfandleiharbeit zu befassen, also Pfänder anzunehmen und Geld auszuzahlen, und sie hatte damals nichts dazu gesagt (beachten Sie das). Ja mehr noch, sie nahm sich der Sache sogar mit Eifer an. Natürlich, die Wohnung, die Möbel – alles blieb unverändert. Die Wohnung, das sind zwei Räume: ein großer Salon, von dem ein Stück als Geschäftsraum abgetrennt ist, und ein ebenfalls großes Zimmer, das uns beiden als Wohn- und als Schlafzimmer diente. Die Möblierung ist bei mir ärmlich, selbst bei den Tanten war sie besser gewesen. Mein Heiligenschrein mit dem Lämpchen steht im Salon, wo auch die Kasse ist; im Wohnzimmer habe ich meinen Schrank, darin sind ein paar Bücher, und einen Koffer, dessen Schlüssel ich bei mir trage; na, und dann sind dort das Bett, Tische und Stühle. Vor der Hochzeit hatte ich ihr erklärt, daß zu unserem Lebensunterhalt, das heißt für die Kost – für mich, für sie und Lukerja, die ich mitzukommen überredet hatte –, täglich ein Rubel festgesetzt sei, nicht mehr. Ich müsse in drei Jahren dreißigtausend Rubel zusammenbekommen und anders sei das nicht zu schaffen. Sie wandte nichts dagegen ein, aber ich erhöhte von mir aus den Unterhaltssatz um dreißig Kopeken. So ging es auch mit dem Theater. Ich hatte ihr vor der Hochzeit gesagt, Theater komme nicht in Betracht, dann jedoch genehmigte ich monatlich einen Theaterbesuch, und zwar standesgemäß, im Sperrsitz. Wir gingen zusammen, im ganzen dreimal, wir sahen »Die Jagd nach dem Glück« und »La Périchole«, glaube ich. (Ach, pfeif drauf, pfeif drauf!) Schweigend gingen wir hin, schweigend kehrten wir zurück. Warum, warum legten wir uns von Anbeginn so aufs Schweigen? Anfangs gab es doch keinen Zwist, trotzdem gab es das Schweigen. Sie blickte mich damals, ich besinne mich, immer so verstohlen an; sowie ich das bemerkte, schwieg ich noch beharrlicher. Ja, ich war es, der sich aufs Schweigen versteifte, nicht sie. Von ihrer

Seite gab es ein-, zweimal Aufwallungen, sie umarmte mich stürmisch; da es sich aber um krankhafte, hysterische Aufwallungen handelte, ich hingegen ein solides Glück brauchte und Achtung von ihr erwartete, nahm ich das kalt auf. Und ich tat recht daran, denn nach den Aufwallungen gab es am nächsten Tag jedesmal Streit.

Das heißt, Streit war das wiederum nicht, nein, es war Schweigen, und – und mehr und mehr zeigte sie eine herausfordernde Miene. Aufruhr und Unabhängigkeit – das war's, nur verstand sie es nicht. Ja, dieses sanfte Gesicht blickte immer dreister. Ob Sie es glauben – ich wurde ihr widerwärtig, das habe ich erforscht. Daß es sie manchmal packte, daß sie außer sich geriet – daran jedenfalls war nicht zu zweifeln. Man bedenke doch, aus solchem Schmutz und Elend – mit Fußbodenscheuern – hervorzugehen und dann auf einmal über unsere Armut die Nase zu rümpfen! Dabei, sehen Sie, war es gar nicht Armut, nur Sparsamkeit, und wo es angebracht war, herrschte sogar Luxus, bei der Wäsche zum Beispiel und bei der Sauberkeit. Ich Träumer hatte mir früher immer vorgestellt, daß es vor allem die Sauberkeit sei, mit der ein Mann seine Frau fesselt. Übrigens zielte sie nicht auf die Armut, sondern auf meine Sparsamkeit, die angeblich schäbigem Geiz gleichkam – das nennt er ein Ziel haben, das nennt er festen Charakter zeigen, sollte das wohl heißen. Aufs Theater verzichtete sie plötzlich von selbst. Und immer deutlicher prägte sich der spöttische Zug aus. Und ich schwieg immer beharrlicher, schwieg noch beharrlicher.

Will ich mich etwa rechtfertigen? Die Hauptsache war die Pfandleihkasse. Erlauben Sie, ich wußte doch, für eine Frau, noch dazu eine sechzehnjährige, gibt es nichts anderes, als sich dem Mann vollständig unterzuordnen. Die Frauen haben keine Originalität, das – das ist ein Axiom, noch heute ist es für mich ein Axiom! Mag das auch drüben im Salon liegen – Wahrheit bleibt Wahrheit, dagegen kann selbst Mill nichts machen! Eine liebende Frau jedenfalls, oh, eine liebende Frau vergöttert selbst die Laster, selbst die Missetaten des geliebten Wesens. Er selber wird für seine Missetaten keine solchen Rechtfertigungen aufspüren, wie sie es für ihn tut. Das ist edelmütig, aber nicht originell. Nichts als die Unoriginalität hat die Frau zugrunde gerichtet. Warum – noch einmal –, warum weisen Sie mich auf das drüben auf dem Tisch? Ist das vielleicht originell, das auf dem Tisch? Oh!

Hören Sie, von ihrer Liebe war ich damals überzeugt. Blieb sie doch dabei, mir um den Hals zu fallen. Sie liebte, das heißt genauer: sie wollte lieben. Ja, so war es, sie wollte lieben, sie suchte zu lieben. Die Hauptsache war eben, daß es gar keine Missetaten von der Art gab, für die sie Rechtfertigungen hätte herausfinden müssen. Sie sagen: ein Pfandleiher – alle sagen das. Pfandleiher, na und? Es muß also Gründe gegeben haben, derentwegen der edelmütigste Mensch zum Pfandleiher geworden ist. Sehen Sie, meine Herrschaften, es gibt Ideen ... nein, sehen Sie, manche Ideen, wenn man die ausspricht, in Worte faßt, klingt es schrecklich dumm. Man schämt sich dann selber. Und warum? Ohne Grund. Darum, weil wir eben alle Pack sind und die Wahrheit nicht ertragen, oder ich weiß nicht, weswegen. Ich sagte eben: der edelmütigste Mensch. Das klingt lächerlich, dabei stimmt es doch. Es ist doch Wahrheit, ja, die allerreinste Wahrheit! Ja, ich hatte ein Recht, damals eine materielle Sicherstellung anzustreben und diese Kasse zu eröffnen. Ihr habt mich verstoßen, ihr, also die Menschen, ihr habt mich mit verächtlichem Schweigen von euch gewiesen. Auf mein leidenschaftliches Drängen zu euch hin habt ihr mit einer Kränkung für mein ganzes Leben geantwortet. Darum hatte ich nun auch das Recht, mich von euch durch eine Mauer zu scheiden, die dreißigtausend Rubel zu raffen und das Leben irgendwo auf der Krim, am Südufer, zu beschließen, zwischen Bergen und Weingärten, auf einem eigenen Gut, das ich für die dreißigtausend kaufe, vor allem aber fern von euch, doch ohne

Bosheit gegen euch, mit einem Ideal in der Seele, einer geliebten Frau am Herzen, mit einer Familie, wenn Gott Kinder schenkt, und – und hilfreich gegenüber den Landleuten der Nachbarschaft. Versteht sich, wenn ich jetzt selbst so über mich spreche, ist das gut; nichts Dümmeres aber, als wenn ich ihr das damals in Worten ausgemalt hätte. Daher auch das stolze Schweigen, daher saßen wir stumm beieinander. Denn was hätte sie schon begriffen? Sechzehn Jahre, früheste Jugend – was konnte sie da verstehen von meinen guten Gründen, von meinen Leiden? Dort herrschten Geradlinigkeit, Lebensunkenntnis, billige jugendliche Überzeugungen, die Nachtblindheit der »schönen Seelen«, und hier ist die Pfandleihe, das genügt, basta! (Doch war ich denn als Pfandleiher ein Bösewicht, sah sie denn nicht, wie ich das Geschäft wahrnahm und daß ich keinen übervorteilte?) O, wie schrecklich ist auf Erden die Wahrheit! Dieser Liebreiz, diese Sanfte, dieser Himmel – sie war ein Tyrann, der unerträgliche Tyrann meiner Seele, mein Peiniger. Es hieße mich selbst verleugnen, wenn ich das nicht sagte. Sie meinen, ich liebte sie nicht? Wer kann sagen, ich hätte sie nicht geliebt? Sehen Sie, da offenbarte sich Ironie, bittere Ironie des Schicksals und der Natur! Wir sind verflucht, das ganze Menschenleben ist verflucht! (Meines besonders!) Jetzt begreife ich ja, daß ich irgendwo einen Fehler gemacht habe! Etwas lief falsch. Alles war klar gewesen, mein Plan war klar gewesen wie der lichte Himmel: Streng, stolz, ein Mensch, der keinerlei moralischen Trost braucht, der stumm leidet. Und das stimmte doch, ich log ja nicht, log nicht! Sie wird später selbst einsehen, daß ich da Edelmut bewiesen habe, daß sie es nur nicht zu bemerken verstanden hat – und wenn es ihr eines Tages einleuchtet, so wird sie es zehnfach schätzen, wird in den Staub sinken und anbetend die Hände falten. So mein Plan. Aber ich vergaß wohl etwas, ließ etwas außer acht. Etwas brachte ich nicht fertig. Doch genug, genug. Wen soll ich jetzt um Verzeihung bitten? Vorbei,

vorbei. Nur mutig, Mensch, und sei stolz! Nicht du bist schuld!

Nun denn, ich sage die Wahrheit, ich fürchte mich nicht, der Wahrheit ins Angesicht zu sehen: Sie ist schuldig, sie.

5

Die Sanfte begehrt auf

Die Zwistigkeiten begannen damit, daß es ihr plötzlich einfiel, auf eigene Art Geld auszuzahlen, Pfänder überzubewerten; zweimal erlaubte sie sich sogar, mit mir über dieses Thema zu streiten. Ich gab nicht nach. Doch da fand sich jene Hauptmannswitwe ein.

Es kam eine alte Frau, Witwe eines Hauptmanns, mit einem Medaillon, einem Geschenk ihres verstorbenen Mannes – ein teures Andenken, klar. Ich zahlte dreißig Rubel aus. Sie erhob ein klägliches Gejammer, bettelte, wir sollten den Gegenstand ja aufbewahren – versteht sich, wird gemacht. Kurzum, plötzlich, fünf Tage darauf, kommt sie wieder und will das Medaillon gegen ein Armband eintauschen, das keine acht Rubel wert ist; versteht sich, das lehne ich ab. Na, sie muß wohl dabei in den Augen meiner Frau etwas gelesen haben, denn sie erschien noch einmal, als ich nicht da war, und die Frau gab ihr das Medaillon gegen das Armband heraus.

Ich erfuhr das am selben Tag und begann ein Gespräch mit ihr; ich sprach sanft, aber entschieden. Sie saß auf dem Bett, blickte zu Boden und tippte mit der rechten Fußspitze auf den Teppich (das war so ihre Angewohnheit); ein böses Lächeln spielte um ihre Lippen. Ohne die Stimme zu heben, erklärte ich ihr ruhig, daß es sich um mein Geld handle, daß ich das Recht hätte, das Leben mit meinen Augen zu sehen, und daß ich schließlich, als ich sie in mein Haus führte, nichts vor ihr verborgen hätte.

Plötzlich sprang sie auf, plötzlich zitterte sie am ganzen Leib, und – denken Sie sich nur – plötzlich stampfte sie wütend vor mir auf; das war ein Tier, das war Besessenheit, das war ein besessenes Tier. Ich erstarrte vor Verblüffung; einen solchen Auftritt hätte ich nie erwartet. Doch ich verlor nicht die Fassung, ich rührte mich nicht einmal, ich eröffnete ihr nur rundheraus, immer noch mit ruhiger Stimme, daß ich ihr hiermit untersagte, an meinen geschäftlichen Angelegenheiten fernerhin teilzunehmen. Sie lachte mir ins Gesicht und verließ die Wohnung.

Nun müssen Sie wissen, daß sie kein Recht hatte, die Wohnung zu verlassen. Ohne mich nirgendwohin – so war es in der Brautzeit verabredet. Gegen Abend kehrte sie zurück. Ich sprach kein Wort.

Tags darauf ging sie am Morgen wieder fort, am übernächsten Tag dasselbe. Ich schloß das Geschäft und begab mich zu den Tanten. Mit ihnen hatte ich gleich nach der Hochzeit den Verkehr abgebrochen – ich lud sie nicht zu mir ein und ging nicht zu ihnen. Es stellte sich heraus, daß sie nicht bei ihnen war. Die Tanten hörten mir neugierig zu und lachten mich glatt aus: »Geschieht Ihnen ganz recht.« Doch daß sie lachen würden, hatte ich erwartet. Die jüngere Tante, die unverheiratete, bestach ich gleich mit hundert Rubeln; fünfundzwanzig gab ich als Abschlag. Zwei Tage darauf kam sie zu mir. »Das hat mit einem Offizier zu tun«, sagte sie, »einem Leutnant Jefimowitsch, einem Ihrer ehemaligen Regimentskameraden.« Es verschlug mir die Sprache. Dieser Jefimowitsch hatte mir im Regiment am meisten Böses angetan; trotzdem hatte er sich, schamlos, wie er war, vor einem Monat ein-, zweimal bei mir in der Kasse eingefunden, angeblich, um etwas zu versetzen, und ich entsinne mich, daß er dabei mit meiner Frau hatte scherzen wollen. Ich war gleich dazwischengefahren und hatte ihm gesagt, er solle sich in Anbetracht unserer Beziehungen künftig nicht mehr unterstehen, zu mir zu kommen; an so etwas aber hatte ich nicht im entferntesten gedacht, ich hatte mir einfach gesagt, er sei eben unverschämt. Jetzt aber teilte mir die Tante plötzlich mit, daß sie und er schon ein Stelldichein verabredet hätten und daß bei der ganzen Angelegenheit eine frühere Bekannte der Tanten, eine gewisse Julija Samsonowna – eine Witwe, noch dazu Oberstenwitwe –, die Fäden knüpfe; »und eben zu der«, erfuhr ich weiter, »geht Ihre Gattin jetzt«.

Diese Geschichte mache ich kurz. Mich kostete die Sache im ganzen an die dreihundert Rubel, aber zwei Tage später waren Anstalten getroffen, daß ich im Nachbarzimmer, hinter einer angelehnten Tür, stehen und das erste Rendezvous belauschen konnte, das meine Frau unter vier Augen mit Jefimowitsch hatte. In Erwartung dieser Dinge kam es am Abend vorher zwischen uns zu einer kurzen, doch für mich nur zu bedeutsamen Szene.

Sie war am späten Nachmittag nach Hause gekommen, hatte sich aufs Bett gesetzt und blickte nun spöttisch auf mich, mit der Fußspitze auf den Teppich tippend. Während ich sie so ansah, fuhr mir plötzlich der Gedanke durch den Kopf, daß sie während des ganzen letzten Monats oder, besser gesagt, in den zurückliegenden beiden Wochen sich gar nicht ihrem Charakter nach benahm, sondern man kann beinahe sagen, genau entgegen ihrem Charakter: Da trat ein ungezügeltes, angreiferisches, nicht eigentlich schamloses, aber doch ungehöriges und selbst Wirrnis suchendes Wesen zutage. Ein Wesen, das sich nach Wirrnis drängt. Die Sanftheit jedoch hinderte sie dabei. Wenn so eine bissig gegen die anderen wird, mag sie wohl das Maß überschreiten, und dennoch merkt man ihr an, daß sie nur sich selbst Gewalt antut, sich selbst aufstachelt und daß sie selbst die größte Mühe hat, mit ihrer Keuschheit, ihrer Scham fertig zu werden. Darum geschieht es, daß solche zuweilen gar zu weit vorschnellen, so daß man seinem eigenen beobachtenden Verstand nicht glaubt. Eine mit dem Laster vertraute Seele dagegen wird stets nach außen hin mildern, sie wird gemeiner handeln, aber unter dem Deckmantel von Ordnung und Anstand, und noch dabei den Anspruch erheben, euch überlegen zu sein.

»Stimmt es, daß man Sie aus dem Regiment gejagt hat, weil Sie zu feige waren, sich einem Zweikampf zu stellen?« fragte sie unvermittelt, ja gewaltsam, und ihre Augen blitzten auf.

»Es stimmt. Nach einem Urteilsspruch der Offiziere wurde ich gebeten, mich aus dem Regiment zu entfernen, obwohl ich, nebenbei bemerkt, vorher schon selbst meinen Abschied eingereicht hatte.«

»Als Feigling wurden Sie davongejagt?«

»Ja, Feigheit wurde es im Urteilsspruch genannt. Aber ich hatte nicht aus Feigheit das Duell abgelehnt, sondern deshalb, weil ich nicht gesonnen war, mich ihrem tyrannischen Urteil zu fügen und jemanden zu fordern, von dem ich mich nicht beleidigt fühlte. Sie sollten bedenken«, konnte ich mich nicht enthalten zu bemerken, »daß dies: sich mit der Tat gegen solche Tyrannei aufzulehnen und alle Folgen hinzunehmen – daß dies viel mehr Mut beweisen hieß, als wenn ich mich irgendeinem Zweikampf gestellt hätte.«

Ich hatte mich nicht beherrschen können, hatte mich mit diesem Satz gleichsam in eine Selbstrechtfertigung eingelassen; sie aber schien nur darauf gewartet zu haben, auf diese meine neue Erniedrigung. Boshaft lachte sie auf.

»Und stimmt es, daß Sie danach drei Jahre lang wie ein Herumtreiber durch die Straßen Petersburgs gestrichen sind, um Groschen gebettelt und unter Billardtischen genächtigt haben?«

»Auch in der Wjasemski-Spelunke auf der Sennaja habe ich geschlafen. Ja, es stimmt; in meinem Leben gab es nach der Sache mit dem Regiment viel Schmach und einen tiefen Fall, doch keinen moralischen Fall, denn auch damals haßte ich mein Tun, ich selber am meisten. Es war nur ein Absinken meines Willens und meiner Verstandeskraft, und hervorgerufen wurde es einzig durch meine verzweifelte Lage. Doch das ist vorbei ...«

»Oh, jetzt sind Sie ein Mann von Geltung, ein Finanzmann!«

Also eine Anspielung auf die Pfandleihkasse. Doch ich hatte mich schon wieder in der Gewalt. Ich sah, sie dürstete nach Erklärungen, die mich erniedrigen würden, und ich – gab sie nicht. Da läutete eben im rechten Augenblick ein Kunde, und ich ging hinaus in den Salon.

Später, ungefähr eine Stunde darauf, trat sie, plötzlich zum Ausgehen angekleidet, vor mich hin und sprach: »Immerhin haben Sie mir vor der Hochzeit nichts davon gesagt.«

Darauf erwiderte ich nichts, und sie ging.

Am nächsten Tag also stand ich in jenem Zimmer hinter der Tür und horchte, wie mein Schicksal sich entscheiden würde; in der Tasche hatte ich einen Revolver. Sie war ein bißchen herausgeputzt, saß am Tisch, und Jefimowitsch spielte sich vor ihr auf. Und was geschah? Es geschah das (zu meiner Ehre sei es gesagt), es geschah genau das, was ich geahnt und angenommen hatte, wenngleich mir nicht bewußt gewesen war, daß ich es ahnte und annahm. Ich weiß nicht, ob ich mich verständlich ausdrücke.

Also dies geschah: Ich lauschte eine ganze Stunde, und eine ganze Stunde war ich Zeuge des Zweikampfs zwischen einer Frau von edelstem und reinstem Wesen und einer oberflächlichen, ausschweifenden, stumpfsinnigen Kreatur, einem üblen Kriecher. Woher, fragte ich mich verblüfft, woher weiß sie das alles, diese Naive, diese Sanfte, diese Wortkarge? Der scharfsinnigste Verfasser einer Salonkomödie hätte dies nicht ersinnen können, diese Szene des Spottes, des grenzenlos naiven Lachens und der heiligen Verachtung, mit der die Tugend dem Laster entgegentritt. Und wieviel Glanz lag in ihren Worten und kleinen Bemerkungen, wieviel Witz in den schlagfertigen Antworten, wieviel Wahrheit in ihrem Urteil! Und zugleich wieviel beinahe jungmädchenhafte Einfalt! Sie lachte ihm ins Gesicht auf seine Liebeserklärung, auf seine großen Gesten, auf seine Anträge. Er, der, keinen Widerstand vermutend, grob und rasch zur Tat hatte schreiten wollen, konnte sich nun vor Staunen nicht fassen. Anfangs hätte ich noch denken können, es handle sich bei ihr einfach um Koketterie – die Koketterie eines zwar verderbten, doch geistreichen Geschöpfs, das seinen Wert steigern will. Doch nein, die Wahrheit leuchtete auf wie die Sonne, und keine Zweifel konnte es mehr geben. Einzig aus Haß gegen mich, einem Haß, den sie sich einredete und den sie aufputschte, hatte sie, die Unerfahrene, sich zu diesem Rendezvous bereit finden können; als es aber Ernst wurde, gingen ihr sogleich die Augen auf. Da war einfach ein Wesen, das hin und her geworfen wurde in dem Drang, mir zu schaden, ganz gleich, womit; doch schon entschlossen, in solchen Schmutz zu tauchen, ertrug es die Verderbtheit nicht. Und sie, die Sündenlose und Reine, die ein Ideal hatte, sie hätte von einem Jefimowitsch oder irgendeiner anderen jener Salonkreaturen verführt werden können? O nein, über ihn konnte sie nur lachen. Die ganze Wahrheit trat aus ihrer Seele heraus, und der Unwille weckte in ihrem Herzen Sarkasmus. Ich wiederhole, dieser Narr wußte schließlich nicht mehr ein noch aus, er saß mit finsterer Miene, gab kaum Antworten, so daß ich schon fürchten mußte, er würde es wagen, sie aus niedriger Rachsucht zu beleidigen. Und auch das wiederhole ich: Zu meiner Ehre lauschte ich dieser Szene beinahe ohne Erstaunen. Ich stieß gleichsam auf nichts als Bekanntes. Ich war gleichsam nur hingegangen, um darauf zu stoßen. Keinem Gerücht, keiner Beschuldigung glaubend, war ich hingegangen, obschon ich den Revolver eingesteckt hatte – das ist die Wahrheit! Hätte ich denn überhaupt ein anderes Bild von ihr haben können? Weswegen liebte, weswegen schätzte ich sie denn, weswegen hatte ich sie denn geheiratet? O gewiß, nur zu gut hatte ich erfahren, wie sehr sie mich damals haßte, doch ich hatte auch erfahren, wie makellos sie war. Ich machte der Szene ein rasches Ende, indem ich die Tür öffnete. Jefimowitsch sprang auf, ich nahm sie an der Hand und hieß sie mitkommen.

Jefimowitsch faßte sich und brach plötzlich in schrilles, lautes Gelächter aus. »Oh, gegen die geheiligten Rechte des Gatten wende ich nichts ein, führen Sie sie nur fort! Und damit Sie's wissen«, schrie er mir nach, »obgleich ein anständiger Mann sich mit Ihnen nicht duellieren kann, stehe ich Ihnen doch, aus Achtung vor Ihrer Dame, zur Verfügung ... Das heißt, wenn Sie selbst es wagen wollen ...«

Ich hielt sie einen Augenblick auf der Schwelle zurück. »Hören Sie sich das an!«

Dann, auf dem ganzen Weg nach Hause, fiel kein Wort mehr. Ich führte sie an der Hand, und sie widersetzte sich nicht. Im Gegenteil, sie zeigte sich furchtbar betroffen, aber nur bis zur Wohnung. Dort angelangt, setzte sie sich auf einen Stuhl und richtete auf mich einen starren Blick. Sie war ungewöhnlich blaß; auf ihre Lippen trat zwar sogleich ein spöttisches Lächeln, doch dann sah sie mich mit einer strengen und triumphierenden Herausforderung an; anscheinend war sie in den ersten Minuten fest davon überzeugt, daß ich sie mit dem Revolver erschießen würde. Aber ich holte die Waffe stumm aus der Tasche und legte sie auf den Tisch. Sie blickte auf mich und den Revolver. (Bemerken Sie wohl: Dieser Revolver war ihr bekannt. Ich hatte ihn mir gleich bei der Eröffnung der Pfandleihkasse zugelegt; er war stets geladen. Damals hatte ich mich entschieden, weder riesige Hunde zu halten, noch einen kräftigen Diener anzustellen, wie zum Beispiel Moser einen hat. Bei mir öffnet den Besuchern die Köchin. Wer sich aber mit unserem Gewerbe befaßt, der darf für den äußersten Fall nicht auf eine Möglichkeit der Selbstverteidigung verzichten; darum lag bei mir der geladene Revolver. Sie hatte in den ersten Tagen, nachdem sie in mein Haus gekommen war, großes Interesse an der Waffe bekundet, hatte mich gefragt, und ich hatte ihr den Aufbau und das System erläutert, außerdem hatte ich sie einmal dazu gebracht, auf eine Zielscheibe zu schießen. Beachten Sie das alles!) Ohne mich um ihren verstörten Blick zu kümmern, legte ich mich, halb ausgezogen, ins Bett. Ich fühlte mich ganz erschöpft, es war schon gegen elf Uhr. Sie blieb noch eine Weile sitzen, ohne sich zu rühren, noch ungefähr eine Stunde, dann löschte sie die Kerze und legte sich nieder, ebenfalls in den Kleidern, an der Wand, auf einem Diwan. Zum erstenmal legte sie sich nicht zu mir – beachten Sie auch das.

6

Eine schreckliche Erinnerung

Jetzt diese schreckliche Erinnerung …

Ich erwachte am Morgen, ich glaube, in der achten Stunde; im Zimmer war es schon fast hell. Ich erwachte, indem mir mit einemmal das volle Bewußtsein kam, und öffnete plötzlich die Augen. Sie stand am Tisch und hielt den Revolver in der Hand. Sie bemerkte nicht, daß ich aufgewacht war und ihr zuschaute. Und plötzlich sah ich, daß sie sich mit dem Revolver in der Hand auf das Bett zu bewegte. Ich schloß rasch die Augen und stellte mich fest schlafend.

Sie erreichte das Bett und beugte sich über mich. Ich hörte alles; es war freilich Totenstille eingetreten, doch ich hörte diese Stille. Da durchlief mich ein krampfhaftes Zucken, und plötzlich, unbeherrschbar, gegen meinen Willen, schlug ich die Augen auf. Sie sah mich an, sah mir gerade in die Augen, und der Revolver war meiner Schläfe schon nahe. Unsere Blicke begegneten sich. Doch wir sahen einander nur den Bruchteil einer Sekunde an. Ich zwang mich, die Augen wieder zu schließen, und zugleich beschloß ich mit aller Kraft meiner Seele, mich nicht mehr zu rühren und die Augen geschlossen zu halten, was immer mich erwarten mochte.

In der Tat kommt es vor, daß auch ein tief schlafender Mensch plötzlich die Augen öffnet, sogar für eine Sekunde den Kopf hebt und ins Zimmer schaut, dann aber sogleich, ohne Bewußtsein, den Kopf aufs Kissen zurücklegt und weiterschläft, nichts von dem Gesehenen im Gedächtnis behaltend.

Als ich, nachdem unsere Blicke sich begegnet waren und ich den Revolver nahe meiner Schläfe gesehen hatte, plötzlich wieder die Augen schloß und mich nicht rührte, so als schliefe ich fest, da konnte sie entschieden annehmen, ich schliefe wirklich und hätte nichts gesehen, um so mehr, als es höchst unwahrscheinlich ist, daß jemand das sieht, was ich gesehen habe, und in einem solchen Augenblick wieder die Augen schließt.

Ja, unwahrscheinlich. Und trotzdem hätte sie auch die Wahrheit erraten können – auch das schoß mir plötzlich durch den Kopf, alles im selben Augenblick. Oh, was für ein Wirbel der Gedanken und Empfindungen erhob sich da in weniger als einem Augenblick in meinem Kopf, es lebe die Elektrizität des menschlichen Denkens! In einem solchen Fall (so ahnte ich), das heißt, wenn sie die Wahrheit erriet und wußte, daß ich nicht schlief, in diesem Fall hatte ich sie schon durch meine Bereitschaft, den Tod anzunehmen, zu Boden gedrückt, und ihre Hand mochte jetzt zittern. Die ursprüngliche Entschlossenheit kann an einem neuen, außergewöhnlichen Eindruck zerschellen. Es heißt, wer auf einem Gipfel steht, den zieht es gleichsam hinab ins Bodenlose. Ich meine, viele Selbstmorde und Morde wurden einzig deshalb verübt, weil der Revolver schon in der Hand lag. Auch da ist ein Abgrund, ein Gefälle von fünfundvierzig Grad, da gibt es kein Halten, man gleitet hinab, und unwiderstehlich heißt dich etwas, den Hahn abzudrücken. Der Gedanke freilich, daß ich alles gesehen hatte, alles wußte und wortlos von ihr den Tod erwartete – dies konnte sie auf jenem Gefälle aufhalten.

Die Stille dauerte an, und plötzlich fühlte ich an der Schläfe, an den Haaren die kalte Berührung von Eisen. Sie werden fragen, wie fest ich darauf baute, gerettet zu werden. Ich antworte Ihnen, wie vor Gott: Überhaupt keine Hoffnung hatte ich, höchstens die Chance eins zu hundert. Weswegen ich den Tod hinnehmen wollte? Da frage ich zurück: Was bedeutete mir noch das Leben, nachdem das von mir vergötterte Wesen den Revolver auf mich gerichtet hatte? Außerdem wußte ich mit der ganzen Kraft meines Seins, daß zwischen uns gerade in diesem Augenblick ein Kampf im Gange war, ein schrecklicher Zweikampf um Leben und Tod, und in dem Zweikampf stand gerade jener Feigling von gestern, der Mann, der wegen Feigheit von den Kameraden verstoßen worden war. Ich wußte es, und sie wußte es, sofern sie die Wahrheit erraten hatte: daß ich nicht schlief.

Kann sein, daß alles nicht so war, kann sein, mir kamen gar nicht diese Gedanken, dennoch muß es das alles gegeben haben, wenn auch ohne Gedanken, denn künftig kam ich nie mehr, in keiner Stunde meines Lebens, von diesem Augenblick los.

Sie werden abermals fragen: Warum rettete ich sie nicht vor der Missetat? Oh, tausendmal stellte ich mir später selbst die Frage, jedesmal, wenn ich, von Kälte überrieselt, an jene Sekunde zurückdachte. Doch meine Seele war damals in finstre Verzweiflung gestürzt: Ich ging zugrunde, ich selber ging zugrunde, wen hätte ich da retten können? Und woher wissen Sie, ob ich damals überhaupt wünschen konnte, jemanden zu retten? Woher soll man wissen, was ich damals empfinden mochte?

Im Hirn aber brodelte es; die Sekunden vergingen, es herrschte Totenstille; immer noch stand sie über mich gebeugt – und plötzlich erbebte ich vor Hoffnung! Rasch öffnete ich die Augen. Sie befand sich nicht mehr im Zimmer. Ich stand auf – ich hatte gesiegt, und sie war für immer besiegt!

Ich ging hinaus zum Samowar. Der Samowar kam bei uns immer im vorderen Zimmer auf den Tisch, und den Tee goß immer sie ein. Ich setzte mich stumm und nahm von ihr das Teeglas entgegen. Fünf Minuten später richtete ich den Blick auf sie. Sie war schrecklich blaß, noch blasser als gestern, und sah mich an. Und plötzlich – und plötzlich, da sie merkte, daß ich sie beobachtete, verzog sie die blassen Lippen zu einem blassen Lächeln, und eine schüchterne Frage lag in ihren Augen. Sie zweifelt wohl noch immer und fragt sich selbst: Weiß er's, oder weiß er's nicht, hat er es gesehen oder nicht? Gleichmütig wandte ich den Blick ab. Nach dem Tee schloß ich das Geschäft, ging auf den Markt und kaufte eine eiserne Bettstelle und einen Wandschirm. Nach Hause zurückgekehrt, gab ich Anweisung, das Bett im Salon aufzuschlagen und den Wandschirm davorzustellen. Das Bett war für sie bestimmt, doch ich sagte ihr kein Wort. Auch ohne Worte verstand sie, mittels dieses Bettes, daß ich alles gesehen hatte und alles wußte, daß es keine Zweifel mehr gab. Zur Nacht ließ ich den Revolver wie immer auf dem Tisch liegen. Spät am Abend legte sie sich stumm in ihr neues Bett; das Band der Ehe war zerrissen, sie war »besiegt, doch nicht freigesprochen«. In der Nacht fing sie an zu phantasieren, und am Morgen hatte sie hohes Fieber. Sechs Wochen lag sie krank danieder.

Zweiter Teil

1

Ein Traum vom Stolz

Lukerja hat mir eben erklärt, sie wolle nicht bei mir bleiben; sobald ihre Herrin begraben sei, wolle sie fortgehen. Ich habe fünf Minuten kniend gebetet, dabei wollte ich eine Stunde beten, doch immerzu denke ich nach, denke nach, und es sind alles kranke Gedanken, und es ist ein kranker Kopf – wie soll ich da beten, sündhaft ist es! Es wundert mich auch, daß ich nicht schlafen möchte; wenn den Menschen ein großer, allzu großer Kummer ereilt, möchte er, nach den ersten heftigsten Ausbrüchen, immer schlafen. Zum Tode Verurteilte, so heißt es, schlafen in der letzten Nacht ungewöhnlich fest. So muß es auch sein, so ist es natürlich, sonst würden die Kräfte nicht ausreichen … Ich legte mich auf den Diwan, schlief aber nicht ein.

In den sechs Wochen ihrer Krankheit pflegten wir sie Tag und Nacht – ich, Lukerja und die gelernte Wärterin aus dem Krankenhaus, die ich geholt hatte. Ich sparte nicht an Geld, ich hatte sogar den Drang, es für sie auszugeben. Als Arzt ließ ich Doktor Schröder kommen; ich zahlte ihm zehn Rubel für die Visite. Als sie zu Bewußtsein kam, trat ich ihr seltener unter die Augen. Doch wozu beschreibe ich das. Als sie nicht mehr im Bett bleiben mußte, setzte sie sich still und stumm in meinem Zimmer an einen besonderen Tisch, den ich zu jener Zeit ebenfalls für sie gekauft hatte … Ja, es stimmt, wir schwiegen völlig; das heißt, später fingen wir an zu sprechen, doch nur über alltägliche Dinge. Bei mir war es natürlich Absicht, daß ich wenig redete, aber ich bemerkte sehr gut, daß auch sie offenbar froh darüber war, kein unnötiges Wort sagen zu müssen. Ich hielt das von ihrer Seite für ganz natürlich: Sie ist zu sehr erschüttert und zu sehr besiegt, dachte ich, da muß man ihr natürlich Zeit lassen, zu vergessen und sich zu gewöhnen. So schwiegen wir nun, aber im stillen bereitete ich mich jede Minute auf das vor, was kommen würde. Ich meinte, sie tue dasselbe, und es war für mich eine schrecklich fesselnde Beschäftigung, zu raten, woran sie eigentlich jetzt dachte.

Noch eines sage ich: O gewiß, keiner weiß, was ich durchgemacht habe, wenn ich während ihrer Krankheit bei ihr stand und stöhnte. Doch ich stöhnte unhörbar, erstickte selbst vor Lukerja das Stöhnen in der Brust. Ich konnte mir nicht vorstellen, konnte es einfach nicht hinnehmen, daß sie etwa stürbe, ohne alles erfahren zu haben. Als sie außer Lebensgefahr war und zu genesen begann, da – ich erinnere mich – beruhigte ich mich rasch und vollständig. Mehr noch, ich beschloß, unsere Zukunft hinauszuschieben, so weit wie möglich, und vorerst alles im gegenwärtigen Zustand zu belassen. Ja, etwas Seltsames, Besonderes geschah mit mir, anders kann ich es nicht nennen: Ich hatte den Sieg davongetragen, und allein schon dieses Bewußtsein genügte mir völlig. So verging denn der Winter. Oh, ich war zufrieden wie nie zuvor, diesen ganzen Winter über.

Sehen Sie, in meinem Leben gab es einen schrecklichen äußeren Umstand, der mich bis dahin, das heißt bis zu der Katastrophe mit meiner Frau, jeden Tag und jede Stunde bedrückt hatte, nämlich den Verlust der Reputation und jenes Ausscheiden aus dem Regiment. Kurz gesagt: Es war eine tyrannische Ungerechtigkeit gegen mich gewesen. Gewiß, die Kameraden hatten mich nicht gemocht, mein Charakter war ihnen wohl zu schwierig gewesen, vielleicht auch lächerlich, obgleich es doch oft geschieht, daß eben das, was dir selbst erhaben scheint, was dir kostbar ist und was du achtest, die Schar deiner Kameraden aus irgendeinem Grund zum Lachen reizt. Oh, schon in der Schule hatte man mich niemals geliebt. Immer und überall war ich unbeliebt. Auch Lukerja kann mich nicht lieben. Was den Fall im Regiment betrifft, er war freilich auch eine Folge meiner Unbeliebtheit, doch zweifellos trug er zufälligen Charakter. Ich erwähne das, weil es nichts Kränkenderes und Unerträglicheres gibt, als an einem Zufall zu scheitern, der ebensogut nicht hätte eintreten brauchen, an einer unglücklichen Verkettung von Umständen, die wie eine Wolke an mir hätten vorübergehen können. Für ein intelligentes Wesen ist das erniedrigend. Die Sache begab sich so.

Im Theater, in einer Pause, ging ich zum Büfett. Plötzlich trat der Husar A. in den Raum, sprach laut, vor den Ohren aller dort anwesenden Offiziere und des übrigen Publikums, zu zwei Husaren, seinen Kameraden, davon, daß im Foyer der Hauptmann Besumzew aus unserem Regiment eben einen Skandal hervorgerufen habe und offenbar betrunken sei. Weiter wurde darüber nicht gesprochen, es stimmte ja auch nicht; Hauptmann Besumzew war nicht betrunken, und der Skandal war im Grunde kein Skandal. Die Husaren unterhielten sich von anderen Dingen, die Sache war damit abgetan; am Tag darauf aber geriet die Geschichte in unser Regiment, und gleich hieß es bei uns, daß am Büfett aus unserm Regiment einzig ich zugegen gewesen sei, und als der Husar A. sich dreiste Äußerungen über Hauptmann Besumzew erlaubte, sei ich nicht zu A. getreten und hätte ihn nicht zur Rede gestellt. Aber wozu hätte ich es tun sollen? Hatte er auf Besumzew einen Pik, so war das ihre persönliche Angelegenheit, was hätte ich mich da einmischen sollen? Die Offiziere kamen indessen zu dem Schluß, es sei keine persönliche Angelegenheit, sondern sie betreffe auch das Regiment, und da von den Offizieren unseres Regiments einzig ich zugegen gewesen sei, hätte ich allen am Büfett anwesenden Offizieren und dem übrigen Publikum dargetan, daß es in unserm

Regiment Offiziere gebe, die hinsichtlich ihrer eigenen Ehre und der Ehre des Regiments keine besondere Empfindlichkeit bewiesen. Einer solchen Auffassung konnte ich nicht zustimmen. Man gab mir zu verstehen, daß ich noch alles korrigieren könne, wenn ich wenigstens jetzt, obgleich es spät sei, in aller Form eine Auseinandersetzung mit A. anstrebte. Das wollte ich nicht, und da ich gereizt war, wies ich es stolz zurück. Sofort darauf reichte ich meinen Abschied ein – das ist die ganze Geschichte. Ich trat ab mit stolz erhobenem Haupt, aber seelisch gebrochen. Wille und Verstand erlahmten mir. Eben da geschah es, daß mein Schwager aus Moskau unser kleines Vermögen durchbrachte, auch meinen Anteil, eine winzige Summe zwar, aber ich stand plötzlich ohne einen Groschen auf der Straße. Ich hätte in den Zivildienst treten können, tat es aber nicht – nachdem ich eine so glänzende Uniform getragen hatte, konnte ich nicht zur Eisenbahn gehen. Also, wennschon Schmach und Schande, dann bis zum letzten, wennschon sinken, dann tief hinab, bis zum Grund – dies wählte ich. Es kamen die drei Jahre, die mir eine Folge düsterer Erinnerungen sind; es kam auch die Wjasemski-Spelunke. Vor anderthalb Jahren nun starb in Moskau eine reiche alte Frau, meine Patin; ganz unerwartet zeigte sich, daß sie mir, wie einigen anderen, im Testament dreitausend Rubel vermacht hatte. Ich überlegte und entschied damals mein Schicksal. Ich entschied mich für eine Pfandleihkasse – niemanden brauchte ich da um Verzeihung zu bitten; so käme ich zu Geld, dann zu eigenen vier Wänden und – zu einem neuen Leben, fern von den alten Erinnerungen. Dies war der Plan. Und dennoch lasteten die düstere Vergangenheit und der unwiderrufliche Verlust meines Rufs, meiner Ehre jede Stunde, jede Minute drückend auf mir. Doch da heiratete ich. Zufällig oder nicht – ich weiß es nicht. Jedenfalls meinte ich, als ich sie in mein Haus führte, ich führte einen Freund zu mir – gar zu dringend brauchte ich einen Freund. Aber ich sah deutlich, daß ich den Freund erst würde heranbilden, vervollkommnen, sogar besiegen müssen. Hätte ich denn auch dieser Sechzehnjährigen, dieser Voreingenommenen, so auf einmal etwas erklären können? Zum Beispiel, wie hätte ich ihr, wenn mir nicht die zufällig geschehene schreckliche Katastrophe mit dem Revolver geholfen hätte, verdeutlichen, sie überzeugen können, daß ich kein Feigling sei und daß man mich zu Unrecht im Regiment der Feigheit bezichtigt hatte? Die Katastrophe aber kam eben im rechten Augenblick. Indem ich dem Revolver standhielt, löschte ich meine ganze finstere Vergangenheit aus. Wenn auch sonst niemand davon erfuhr, so erfuhr doch sie es, und das bedeutete für mich alles, weil sie selbst für mich alles bedeutete, alle Hoffnungen in den Träumen von meiner Zukunft! Sie war der einzige Mensch, den ich mir herangebildet hatte, einen anderen brauchte ich auch nicht – und jetzt hatte sie alles erfahren; wenigstens hatte sie erfahren, daß sie sich ganz ungerechterweise so eilig zu meinen Feinden gesellt hatte. Dieser Gedanke entzückte mich. In ihren Augen konnte ich kein Schuft mehr sein, höchstens ein Sonderling, und auch dieser Gedanke wollte mir jetzt, nach allem, was geschehen war, gar nicht mißfallen; denn Sonderbarkeit ist kein Laster, im Gegenteil, zuweilen fesselt sie den weiblichen Charakter. Kurzum, ich schob die Lösung absichtlich hinaus; denn das Geschehene genügte einstweilen vollkommen zu meiner Beruhigung und versorgte mich überreichlich mit Bildern und Stoff für meine Träume. Das ist ja das Schlimme, daß ich ein Träumer bin; mir genügte der Stoff, und von ihr meinte ich, sie könne warten.

So verging der ganze Winter in unbestimmter Erwartung. Ich betrachtete sie gern heimlich, wenn sie so an ihrem Tischchen saß. Sie hatte dann eine Arbeit vor sich, vielleicht Wäsche, und abends las sie manchmal Bücher, die sie aus meinem Schrank nahm. Die Büchersammlung im Schrank mußte auch zu meinen Gunsten sprechen. Fast niemals ging sie aus dem Haus. In der Abenddämmerung, nach dem Essen, führte ich sie jeden Tag spazieren, wir machten uns etwas Bewegung; aber nicht mehr so vollständig stumm wie früher. Ich bemühte mich nämlich sehr darum, daß es so aussah, als schwiegen wir nicht, sondern als sprächen wir in gutem Einvernehmen; wiederum, wie ich schon sagte, waren wir jeder von sich aus bestrebt, das Gespräch nicht allzu weit zu führen. Ich tat es mit voller Absicht, und ihr mußte man, meinte ich, »Zeit lassen«. Es ist freilich seltsam, aber ich legte mir, fast bis zum Ende des Winters, nie Rechenschaft darüber ab, daß ich sie zwar gerne heimlich betrachtete, sie mir jedoch den ganzen Winter über keinen einzigen Blick schenkte. Ich meinte, bei ihr sei das Schüchternheit. Sie sah doch nach der Krankheit so schüchtern-sanftmütig, so kraftlos aus. Nein, besser abwarten; eines Tages wird sie von selbst zu dir kommen …

Dieser Gedanke entzückte mich, ich konnte ihm nicht widerstehen. Eines füge ich hinzu: Zuweilen stachelte ich mich gleichsam selbst auf und brachte tatsächlich Sinn und Verstand dahin, daß ich so etwas wie Zorn gegen sie spürte. So zog sich das eine Weile hin. Mein Haß jedoch konnte weder reifen noch in meinem Herzen Wurzeln schlagen. Ich spürte es ja selbst, dies sei nur eine Art Spiel. Zwar hatte ich damals das Band der Ehe zerschnitten, indem ich das Bett und den Wandschirm kaufte, doch niemals, niemals konnte ich in ihr eine Verbrecherin sehen. Nicht etwa deswegen, weil ich ihr Vergehen leichtfertig beurteilt hätte, sondern deswegen, weil ich im Grunde nichts anderes wollte, als ihr ganz zu verzeihen, vom ersten Tag an, sogar noch bevor ich das Bett kaufte. Gewiß, das war etwas Sonderbares bei mir, da ich doch sonst moralisch streng urteile. Es ging noch weiter: In meinen Augen war sie so besiegt, so erniedrigt, so erdrückt, daß ich zuweilen quälendes Mitleid mit ihr spürte, wenngleich mir bei alledem der Gedanke an ihre Erniedrigung manchmal entschieden gefiel.

Mir gefiel der Gedanke an unsere Ungleichheit.

In diesem Winter hatte ich Gelegenheit zu einigen guten Taten, und ich nutzte sie bewußt. Zwei Schuldnern erließ ich die Schuld, und einer armen Frau gab ich ein Darlehen ohne Pfand. Meiner Frau sagte ich nichts davon, ich hatte es keineswegs getan, damit sie es erführe; die Frau aber kam von selbst, um mir, beinahe auf den Knien, zu danken. So wurde es bekannt; ich hatte den Eindruck, daß es ihr wirklich Freude bereitete, als sie von der Sache hörte.

Der Frühling rückte heran, es war schon Mitte April, die Doppelfenster wurden herausgenommen, und die Sonne erhellte zunehmend mit Strahlenbündeln unsere schweigsamen Zimmer. Doch ein dichter Schleier verhüllte mir den Blick, machte meinen Verstand blind. Ein verhängnisvoller, schrecklicher Schleier! Wie geschah es nur, daß er plötzlich fiel, daß ich plötzlich zu sehen begann und alles begriff! War es Zufall, hatte sich die Zeit erfüllt, hatte ein Sonnenstrahl in meinem abgestumpften Geist einen Gedanken entzündet, eine Ahnung geweckt? Nein, da war kein Gedanke, da war keine Ahnung, vielmehr rührte sich da plötzlich ein Nerv, der schon beinahe erstorben war, er zuckte, lebte auf und erhellte meine ganze abgestumpfte Seele und meinen teuflischen Stolz. Es riß mich gleichsam in die Höhe. So plötzlich, so unvermittelt geschah es. Es geschah gegen Abend, gegen fünf Uhr, nach dem Mittagessen.

2

Der Schleier ist plötzlich gefallen

Zwei Worte seien vorausgeschickt: Erst vor einem Monat war mir an ihr seltsame Nachdenklichkeit aufgefallen, weniger Schweigsamkeit als Nachdenklichkeit. Auch damals bemerkte ich es ganz unvermittelt. Sie saß über eine Näharbeit gebeugt und sah nicht, daß ich sie beobachtete. Und da durchfuhr es mich mit einemmal, daß sie doch so schmal und mager geworden sei, das Gesicht so bleich, die Lippen beinahe weiß – dies und dazu die Nachdenklichkeit, alles zusammen, das berührte mich außerordentlich, wie ein ganz unerwarteter Schlag. Auch früher schon hatte ich einen kurzen, trockenen Husten gehört, besonders nachts. Ich stand gleich auf und ging zu Schröder, ihn um seinen Besuch zu bitten; ihr sagte ich davon nichts.

Schröder fand sich am Tag darauf ein. Sie wunderte sich sehr und blickte bald auf Schröder, bald auf mich.

»Ich bin doch gesund«, sagte sie und lächelte zaghaft.

Schröder untersuchte sie nicht sehr gründlich (diese Mediziner tun ihre Arbeit manchmal recht herablassend flüchtig), er sagte mir dann nur im andern Zimmer, das sei noch von der Krankheit zurückgeblieben und es wäre nicht übel, im Frühjahr ans Meer zu fahren oder, wenn das nicht möglich sei, einfach aufs Land zu ziehen. Kurzum, er sagte nichts, als daß es Schwäche oder etwas Ähnliches sei.

Als Schröder gegangen war, sagte sie mir plötzlich noch einmal und sah mich dabei schrecklich ernst an: »Ich bin ganz, ganz gesund.«

Doch als sie es gesagt hatte, errötete sie auf einmal, offenbar vor Scham. Ja, offenbar war es Scham. Oh, jetzt begreife ich es, sie schämte sich, weil ich noch ihr Mann war und für sie sorgte, immer noch so, als wäre ich ein richtiger Ehemann. Doch damals begriff ich es nicht; ich schrieb das Erröten ihrer Demut zu (der Schleier!).

Und nun, einen Monat darauf, an einem heiteren, sonnigen Apriltag, saß ich gegen fünf Uhr an der Kasse und rechnete ab. Plötzlich hörte ich, daß sie (in unserem Zimmer, an ihrem Tisch über einer Arbeit sitzend) leise, ganz leise … zu singen begann. Dieses neue Ereignis machte auf mich einen aufrüttelnden Eindruck, den ich bis heute nicht ganz bewältigt habe. Bis dahin hatte ich sie fast nie singen hören, höchstens in den allerersten Tagen, nachdem ich sie ins Haus geführt hatte, damals, als wir uns noch damit vergnügen konnten, mit dem Revolver auf Scheiben zu schießen. Damals war ihre Stimme noch ziemlich kräftig und hell gewesen, ein wenig unsicher zwar, doch schrecklich angenehm und gesund. Jetzt hingegen klang ihr Liedchen so zart und schwach – nein, nicht eben schwermütig (es war so eine Romanze), doch die Stimme schien einen Sprung zu haben, schien irgendwie gebrochen; es war, als müßte das Stimmchen gleich versagen, als wäre das Lied selbst krank. Sie sang ganz leise, und plötzlich, als die Stimme sich aufschwingen wollte, brach sie ab – so ein armes, armes Stimmchen, und so kläglich brach es ab; sie hüstelte eine Weile und sang dann weiter, ganz leise, kaum hörbar …

Über meine Aufregung wird man lachen, und niemals wird jemand begreifen, warum es mich so gepackt hatte! Nein, sie tat mir noch nicht leid, es war noch etwas ganz anderes. Anfangs, wenigstens in den ersten Minuten, stand ich im Banne eines schrecklichen, verständnislosen Staunens, das mich jäh überkommen hatte, schrecklich und seltsam, krankhaft und beinahe rachsüchtig war der Gedanke: Sie singt, und das in meiner Gegenwart! Sie hat mich wohl vergessen?

Wie vom Schlag gerührt, blieb ich erst starr sitzen, dann sprang ich auf, nahm den Hut und drängte gleichsam blindlings hinaus. Zumindest weiß ich nicht, warum ich ging und wohin ich wollte. Lukerja reichte mir den Mantel.

»Sie singt?« fragte ich sie unwillkürlich. Lukerja begriff nicht und starrte mich an, begriff immer noch nicht; übrigens war ich wohl in der Tat schwer zu begreifen.

»Ist es das erstemal, daß sie singt?«

»Nein. Wenn Sie nicht da sind, singt sie manchmal«, antwortete Lukerja.

Ich erinnere mich an alles. Ich lief die Treppe hinab, trat auf die Straße und ging weiter, aufs Geratewohl. Ich erreichte die nächste Ecke, blieb stehen und starrte ins Leere. Menschen gingen vorüber, stießen mich an, ich fühlte es nicht. Dann winkte ich eine Droschke heran und sagte dem Kutscher, er solle mich zum Polizejski Most fahren, ich weiß selbst nicht, warum.

Doch gleich darauf ließ ich ihn anhalten, drückte ihm eine Zwanzig-Kopeken-Münze in die Hand. »Da, weil ich dich nun mal bemüht habe«, sagte ich und lachte ihm ganz sinnlos ins Gesicht, im Herzen aber stieg plötzlich wilde Freude auf.

Ich machte mich auf den Heimweg, beschleunigte den Schritt. Der zersprungene, abgerissene, armselige Ton klang auf einmal wieder in meiner Seele. Mir stockte der Atem. Der Schleier vor meinen Augen fiel, ja, er fiel! Hatte sie in meiner Gegenwart gesungen, so mußte sie mich vergessen haben – es lag auf der Hand, klar und schrecklich. Das Herz fühlte es. Doch zugleich strahlte in meiner Seele die Wonne und bezwang die Angst.

O Ironie des Schicksals! Nichts anderes war doch in meiner Seele, nichts anderes konnte in ihr gewesen sein, den ganzen Winter über, nichts als diese Wonne; ich selber aber, wo war ich den ganzen Winter gewesen? Mein Leben und meine Seele, war das überhaupt eins gewesen? Ich rannte in größter Eile die Treppe hinauf; ob ich zaghaft eintrat, das weiß ich nicht. Ich erinnere mich nur, daß der Fußboden unter mir zu schwanken und ich wie auf einem Fluß zu schwimmen schien. Ich trat ins Zimmer, sie saß noch an ihrem Platz, über ihre Näharbeit gebeugt, sang aber nicht mehr. Flüchtig und ohne Neugier blickte sie auf mich, doch das war gar kein Blick, sondern nur eine Geste, gewöhnlich und gleichmütig, wie man sie macht, wenn irgend jemand ins Zimmer tritt.

Ich ging gerade auf sie zu, setzte mich auf einen Stuhl, dicht neben sie, benahm mich wie ein Irrer. Sie musterte mich rasch, wie erschrocken; ich faßte sie an der Hand, und ich weiß nicht mehr, was ich ihr sagte, das heißt, was ich ihr sagen wollte, denn ich konnte nicht einmal mehr richtig sprechen. Meine Stimme brach, gehorchte mir nicht. Ich wußte ja auch nichts zu sagen, ich rang nur nach Atem.

»Wir wollen sprechen ... weißt du ... sag etwas!« Dummes Zeug schwatzte ich plötzlich – oh, ging es denn auch um gescheite Worte? Sie zuckte zusammen und rückte, aufs äußerste erschrocken, beiseite, dabei blickte sie mir wieder ins Gesicht, doch plötzlich malte sich in ihren Augen ein strenges Erstaunen. Ja, Erstaunen, und zwar ein strenges. Sie musterte mich mit großen Augen. Diese Strenge, dieses strenge Erstaunen schmetterte mich nieder, zermalmte mich. So willst du noch Liebe? Liebe? Diese Frage schlug mir aus dem Erstaunen entgegen, obgleich sie schwieg. Doch ich las alles, alles. Alles in mir erbebte, und ich stürzte ihr zu Füßen. Ja, ich warf mich ihr zu Füßen. Sie sprang rasch auf, doch ich hielt sie mit ungewöhnlicher Kraft an beiden Händen fest.

Ich begriff vollkommen meine verzweifelte Lage, oh, ich begriff sie! Aber denken Sie nur, in meinem Herzen wallte eine so mächtige, unbezwingbare Freude, daß ich zu sterben meinte. Ich küßte ihr die Füße, berauscht und glückselig. Ja, in einem maßlosen, grenzenlosen Glück, und das, obwohl ich doch begriff, wie ausweglos und verzweifelt meine Lage war! Ich weinte, sprach etwas und konnte doch nicht sprechen. Erschrecken und Erstaunen wurden bei ihr unvermittelt durch ein besorgtes Überlegen, eine ganz außerordentliche Frage abgelöst; sonderbar blickte sie mich an, beinahe wild; schnell, schnell wollte sie etwas begreifen, und sie lächelte. Furchtbar peinlich war es ihr, daß ich ihr die Füße küßte; sie zog sie immer wieder zurück, doch da küßte ich gleich die Stelle auf dem Boden, wo ihr Fuß gestanden hatte. Sie bemerkte das und begann plötzlich vor Scham zu lachen (Sie kennen das, wenn jemand vor Scham lacht). Ein hysterischer Anfall stand bevor, das sah ich, ihre Hände zitterten, und doch dachte ich nicht daran, flüsterte weiter auf sie ein, daß ich sie liebe, daß ich nicht aufstehen wolle, »laß mich dein Kleid küssen ... mein Leben lang will ich dich so anbeten ...« Ich weiß nicht, was noch, erinnere mich nicht – plötzlich fing sie an zu schluchzen, sie zitterte am ganzen Leib; ein furchtbarer hysterischer Anfall hielt sie gepackt. Ich hatte sie erschreckt.

Ich trug sie zum Bett. Als der Anfall vorüber war, richtete sie sich auf, ergriff mit schrecklich niedergeschlagener Miene meine Hände und redete mir zu, ich solle mich beruhigen: »Es ist genug, quälen Sie sich nicht, beruhigen Sie sich!« Und wieder begann sie zu weinen. Diesen ganzen Abend wich ich nicht von ihrer Seite. Unaufhörlich sprach ich zu ihr: ich würde sie nach Boulogne bringen, ans Meer, jetzt, sofort, in zwei Wochen; ihr Stimmchen klinge wie zersprungen, ich hätte es vorhin gehört; ich würde die Pfandleihkasse schließen, sie an Dobronrawow verkaufen; ein ganz neues Leben werde beginnen; die Hauptsache aber: nach Boulogne, nach Boulogne! Sie hörte zu, und ihr Gesicht verriet ständig Angst. Immer mehr Angst verriet es. Doch nicht das beschäftigte mich am meisten, nein, immer stärker, immer unbezwinglicher fühlte ich den Wunsch, ihr wieder zu Füßen zu liegen, sie wieder zu küssen, die Stelle zu küssen, auf die sie den Fuß gesetzt hat, und sie anzubeten, und – »weiter nichts, weiter gar nichts verlange ich von dir«, wiederholte ich ohne Unterlaß, »antworte mir nichts, beachte mich überhaupt nicht, laß mich nur aus einem Winkel dich betrachten, mach mich zu einem Ding, das dir gehört, zu deinem Hündchen ...« Sie weinte.

»Und ich dachte, Sie würden mich so lassen«, entfuhr es ihr unvermittelt und unwillkürlich, so unwillkürlich, daß sie vielleicht selbst gar nicht bemerkte, wie sie es aussprach, und dennoch, oh, es war an diesem Abend ihr wichtigstes, ihr verhängnisvollstes Wort und zugleich das mir begreiflichste; es traf mich wie ein Messerstich ins Herz! Alles erklärte es mir, alles, einstweilen aber war sie neben mir, vor meinen Augen, unbeirrt hoffte ich und war schrecklich glücklich. Oh, ich habe sie an jenem Abend schrecklich ermüdet, ich begriff das auch, doch unablässig glaubte ich, ich würde sofort alles ändern! Schließlich, spät am Abend, war sie ganz erschöpft, ich redete ihr zu, sie solle nun schlafen, und sie schlief sogleich ein, schlief ganz fest. Ich fürchtete, sie würde phantasieren, sie phantasierte auch, doch nur ein wenig. In der Nacht stand ich beinahe alle Augenblicke auf, trat ganz leise in Pantoffeln zu ihr und betrachtete sie. Ich rang die Hände, während ich das kranke Geschöpf auf dieser armseligen Pritsche, der schäbigen eisernen Bettstelle betrachtete, die ich ihr damals für drei Rubel gekauft hatte. Ich kniete nieder, wagte ihr aber nicht die Füße zu küssen, während sie schlief (gegen ihren Willen!). Ich kniete abermals nieder, um zu beten, sprang aber gleich wieder auf. Lukerja beobachtete mich verwundert; alle Augenblicke kam sie aus der Küche gelaufen. Ich ging zu ihr hinaus und sagte, sie solle sich nur hinlegen, von morgen an würde alles »ganz anders« werden.

Daran glaubte ich blind, wahnwitzig, maßlos. O diese Wonne, diese Wonne, die mich erfüllte! Ich wartete nur auf den kommenden Tag. Vor allem, ich glaubte an kein Unglück, ungeachtet aller Symptome. Der rechte Verstand war noch nicht ganz wiedergekehrt, obgleich der Schleier gefallen war, und lange, lange noch ließ er auf sich warten – oh, bis heute, jawohl, bis heute!! Wie hätte er auch gleich wiederkehren können, sie lebte ja noch, sie war ja noch hier vor mir, und ich war vor ihr. Morgen wird sie erwachen, und ich werde ihr alles sagen, und sie wird alles begreifen. So gingen meine Gedanken, einfach und klar, daher auch die Wonne! Vor allem sah ich die Reise nach Boulogne vor mir. Ich weiß nicht, warum, immer glaubte ich, alles liege an Boulogne, in Boulogne werde es sich endgültig lösen. »Nach Boulogne, nach Boulogne!« Mit wahnwitziger Ungeduld erwartete ich den Morgen.

3

Zu gut begreife ich

Das alles liegt doch nur wenige Tage zurück, fünf Tage, nicht mehr als fünf Tage, am vorigen Dienstag geschah es! Nein, nein, wäre da nur noch ein klein wenig Zeit gewesen, hätte sie nur noch eine winzige Weile gewartet – ich hätte die Finsternis zerstreut! Hatte sie sich denn nicht beruhigt? Schon am Tag darauf hörte sie mir doch mit einem Lächeln zu, ungeachtet der Verlegenheit ... Vor allem, die ganze Zeit über, diese fünf Tage, ließ sie Verlegenheit oder Scham erkennen. Auch Angst, große Angst. Ich bestreite es ja nicht, ich werde nicht wie ein Wahnsinniger widersprechen; sie hatte Angst, aber hätte es denn anders sein können? So lange schon waren wir doch einander fremd geworden, waren wir nicht mehr miteinander vertraut, und plötzlich das alles ... Doch ich achtete nicht auf ihre Angst, mir leuchtete das Neue! Es ist wahr, zweifellos wahr, daß ich einen Fehler gemacht habe. Vielleicht sogar viele Fehler. Auch als wir am Tag darauf erwachten, gleich am frühen Morgen (es war ein Mittwoch), beging ich wieder so einen Fehler: Mir fiel plötzlich ein, sie zu meinem Freund zu machen. Ich hatte es zu eilig, gar zu eilig, doch die Beichte war nötig, unumgänglich – was heißt Beichte, es war viel mehr! Ich verheimlichte ihr nicht einmal das, was ich vor mir selbst mein Leben lang verheimlicht hatte. Ich sprach offen aus, daß ich den ganzen Winter von keinem anderen Gedanken beherrscht war als dem, daß ich an ihre Liebe glauben könne. Ich erklärte ihr, daß die Pfandleihkasse nichts als ein Versagen meines Willens und meines Verstandes gewesen sei, eine ganz persönliche Idee von Selbstgeißelung und Selbsterhebung. Ich setzte ihr auseinander, daß ich damals am Büfett tatsächlich feige gewesen sei, schwankend gemacht hätten mich mein Charakter, meine krankhafte Unsicherheit, die Umgebung hätte mich verwirrt, der Raum mit den Menschen; ich hätte mich zweifelnd gefragt: Wie denn, soll ich plötzlich die Aufmerksamkeit aller auf mich ziehen, und wird es nicht dumm ausfallen? Feige sei ich nicht angesichts des Duells gewesen, sondern angesichts der Möglichkeit, daß alles dumm ausfiele ... Und später hätte ich das nicht eingestehen wollen und hätte alle gequält, auch sie hätte ich deswegen gequält, und sie hätte ich dann geheiratet, um sie deswegen zu quälen. Überhaupt sprach ich meist wie im Fieber. Sie nahm mich an der Hand und bat mich innezuhalten: »Sie übertreiben, Sie quälen sich selbst« – und wieder flossen ihre Tränen, wieder kam es beinahe zu Anfällen! Sie bat mich immerfort, ich solle nicht weiter so sprechen, nicht weiter in der Erinnerung wühlen.

Ich achtete nicht oder nur wenig auf ihre Bitten; da war der Frühling, da war Boulogne! Dort schien die Sonne, dort schien unsere neue Sonne, nur davon sprach ich! Ich schloß die Kasse, alle laufenden Geschäfte übertrug ich Dobronrawow. Unvermittelt schlug ich ihr vor, daß wir alles Eigentum an die Armen verteilen sollten, mit Ausnahme jener von der Patin geerbten dreitausend Rubel, die den Grundstock gebildet hatten und für die wir nun nach Boulogne fahren würden; nach unserer Rückkehr würden wir dann ein neues Leben, ein Leben der Arbeit, beginnen. So sollte es auch gelten, denn sie sagte nichts dazu ... sie lächelte nur. Sie lächelte wohl eher aus Zartgefühl – sie wollte mich nicht bekümmern. Ich sah doch, daß ich ihr zur Last fiel, glauben Sie nicht, daß ich so dumm und egoistisch gewesen wäre, das nicht zu bemerken. Alles bemerkte ich, alles, bis ins letzte, ich bemerkte und wußte es am besten; wie verzweifelt meine Lage war, zeigte sich deutlich!

Ich erzählte ihr alles über mich und über sie. Auch über Lukerja. Ich sprach davon, daß ich geweint hätte. O gewiß, ich wechselte den Gegenstand, auch ich bemühte mich, gewisse Dinge auf keinen Fall zu berühren. Sie wurde sogar lebhaft, ein-, zweimal, ich erinnere mich ganz genau! Warum sagen Sie, ich hätte die Augen offen gehabt und doch nichts gesehen? Oh, wenn nur das nicht geschehen wäre, alles hätte sich zum Guten gewendet. Vorgestern noch, als wir vom Lesen sprachen, hatte sie mir doch erzählt, was sie in diesem Winter alles gelesen hatte, und sie hatte so gelacht, als sie sich der Szene zwischen Gil Blas und dem Erzbischof von Granada erinnerte. Was für ein kindliches, liebes Lachen das war, genau wie früher, in der Brautzeit (oh, ein flüchtiger Augenblick!); wie ich mich da freute! Mich verblüffte das übrigens aufs äußerste, die Sache mit dem Erzbischof; das hieß doch, sie hatte, als sie im Winter zu Hause saß, genug Seelenfrieden und Glück gefunden, über das Meisterwerk lachen zu können. Das hieß doch, sie hatte schon angefangen, sich zu beruhigen, schon ganz fest daran zu glauben, daß ich sie so ließe. »Ich dachte, Sie würden mich so lassen« – genau das hatte sie am Dienstag ausgesprochen! Oh, ein Gedanke für ein zehnjähriges Mädchen! Und sie glaubte wohl daran, ja glaubte, daß in der Tat alles so bliebe: sie an ihrem Tisch, ich an dem meinen, und so ginge es weiter, bis sie sechzig wäre. Plötzlich aber trete ich vor sie hin, als Ehemann, und der Ehemann verlangt Liebe! O dieses Mißverständnis, o meine Blindheit!

Ein Fehler war es auch, daß ich sie mit Entzücken betrachtete; sich zu beherrschen galt es, das Entzücken erschreckte sie. Aber ich beherrschte mich ja schon, ich küßte ihr nicht mehr die Füße. Kein einziges Mal ließ ich durchblicken, daß ich … daß wir immerhin verheiratet seien; nein, es kam mir nicht einmal in den Sinn, ich betete nur!

Aber man konnte ja auch nicht gänzlich schweigen, konnte ja nicht ganz stumm bleiben! Einmal, ganz unvermittelt, sagte ich ihr, ich fände wahren Genuß an der Unterhaltung mit ihr und ich hielte sie für weit, weit gebildeter und geistig fortgeschrittener als mich. Sie wurde über und über rot und erwiderte ganz verwirrt, daß ich übertriebe. Und da erzählte ich törichterweise und unbeherrscht, wie es mich begeistert hätte, als ich, hinter der Tür stehend, ihren Zweikampf belauschte, den Zweikampf zwischen der Unschuld und jener Kreatur, und welchen Genuß mir ihre Klugheit und ihr treffender Witz im Verein mit so kindlicher Einfalt bereitet hätten. Sie schien bis ins Innerste zu erbeben, setzte an, wieder etwas von Übertreibung zu murmeln, doch plötzlich verdüsterte sich schrecklich ihr Gesicht, sie verhüllte es mit den Händen und schluchzte auf … Da hielt auch ich es nicht länger aus – ich stürzte wieder vor ihr nieder, begann ihr wieder die Füße zu küssen, und abermals endete es mit einem Anfall, wie am Dienstag. Das war gestern abend, und am Morgen darauf …

Am Morgen darauf?! Wahnsinniger, dieser Morgen war doch der heutige, er ist ja eben erst vorbei!

Hören Sie, und bedenken Sie es wohl: Als wir einander heute früh am Teetisch begegneten (also nach dem gestrigen Anfall), da verblüffte sie mich einfach durch ihre Ruhe, jawohl, so war es! Dabei hatte ich doch die ganze Nacht wegen der Dinge von gestern abend vor Angst gezittert. Aber plötzlich kam sie von selbst auf mich zu, trat ganz dicht zu mir und begann, die Hände gefaltet (heute war es, heute!), davon zu sprechen, daß sie eine Verbrecherin sei, daß sie das wisse, daß ihr Verbrechen sie den ganzen Winter gequält habe, daß es sie auch jetzt quäle … daß sie meine Großmut nur zu gut zu schätzen wisse… »Ich werde Ihnen eine treue Ehefrau sein, werde Sie achten …« Da sprang ich auf, und wie ein Verrückter umarmte ich sie! Ich küßte sie, auf die Wangen, auf die Lippen, als Ehemann, zum ersten Mal nach so langer Trennung. Und warum nur, warum nur bin ich dann weggegangen, bloß für zwei Stunden ... unsere Auslandspässe ... O Gott! Wäre ich doch fünf Minuten, nur fünf Minuten eher zurückgekommen! ... Da standen die vielen Menschen in unserm Torweg, da starrten sie mich an ... O mein Gott!

Lukerja berichtet (oh, jetzt lasse ich Lukerja um keinen Preis fort, sie weiß alles, sie war doch den ganzen Winter da, sie wird mir alles erzählen), sie berichtet, als ich heute morgen nicht zu Hause war, höchstens so zwanzig Minuten vor meiner Rückkehr, da sei sie ahnungslos zur gnädigen Frau in unser Zimmer gegangen, wohl, um etwas zu fragen, ich weiß nicht mehr, und hätte bemerkt, daß ihre Ikone (jenes Bild der Muttergottes) aus dem Heiligenschrein genommen war und vor ihr auf dem Tisch stand; die gnädige Frau schien eben vor der Ikone gebetet zu haben. »Was ist Ihnen, gnädige Frau?« – »Nichts weiter, Lukerja, geh nur ... Warte, Lukerja«, sie stand auf und küßte Lukerja. »Sind Sie glücklich, gnädige Frau?« fragte Lukerja. – »Ja, Lukerja.« – »Längst schon hätte der gnädige Herr Sie um Verzeihung bitten sollen ... Dank sei Gott, daß Sie sich versöhnt haben.« – »Es ist gut«, antwortete sie, »Lukerja, geh jetzt.« Und sie lächelte so, so ganz seltsam. So seltsam, daß Lukerja nach zehn Minuten nicht anders konnte, als noch einmal zu ihr hineinzuschauen. »An der Wand stand sie, ganz dicht am Fenster, die Hand an die Wand gepreßt und den Kopf an die Hand gelehnt, sie stand und dachte nach. Und so in Gedanken versunken stand sie da, daß sie gar nicht hörte, wie ich die Tür aufgemacht hatte und aus dem andern Zimmer zu ihr hineinsah. Mir kam es vor, als ob sie lächelte, sie stand da, dachte nach und lächelte. Ich schaute zu ihr hin, drehte mich dann ganz leise um, ging hinaus und geriet nun selber ins Nachdenken; da auf einmal hörte ich, wie das Fenster aufgemacht wurde. Ich lief gleich wieder zur Tür, wollte ihr sagen: Es ist kühl, gnädige Frau, erkälten Sie sich nicht. Aber plötzlich sehe ich, sie ist auf die Fensterbank gestiegen, steht schon aufgerichtet oben, mit dem Rücken zu mir, in den Händen hält sie das Heiligenbild. Mir stockt gleich das Herz, ich schreie: ›Gnädige Frau!‹ Sie hat's gehört, hat sich schon zu mir umdrehen wollen, aber sie hat sich nicht umgedreht, nein, sie macht einen Schritt vorwärts, drückt das Heiligenbild an die Brust und stürzt sich hinunter!«

Ich weiß nur, als ich in den Hof trat, war sie noch warm. Vor allem schauten alle Leute auf mich. Erst schrien sie, dann wurden sie auf einmal stumm und traten vor mir auseinander, und … und sie lag da mit dem Heiligenbild. Ich erinnere mich ganz dunkel, daß ich wortlos hinzutrat und lange auf sie blickte, und alle standen um mich herum und redeten auf mich ein. Lukerja stand auch dabei, aber ich sah sie nicht. Hinterher sagte sie, sie hätte mit mir gesprochen. Ich besinne mich nur noch auf den Kleinbürger; der schrie immerzu: »Ganz wenig Blut ist aus dem Mund gekommen, nur für die hohle Hand, die hohle Hand!« Und er wies mir das Blut auf dem Stein. Ich glaube, ich berührte das Blut mit dem Finger, verschmierte mir den Finger, blickte auf den Finger (das weiß ich noch), und er schrie immerzu: »Für die hohle Hand, die hohle Hand!«

Es heißt, ich hätte da wild aufgeheult, mit letzter Kraft, und geschrien: »Für die hohle Hand – was, was?« Ich soll die Arme gereckt und mich auf ihn gestürzt haben …

O Wahnsinn, Wahnsinn! Ein Mißverständnis ! Es kann nicht sein! Es darf nicht sein!

4

Nur fünf Minuten zu spät

Etwa doch? Kann es vielleicht sein? Darf jemand sagen, das sei möglich? Wozu, warum starb diese Frau?

Oh, glauben Sie mir, ich begreife es; doch wozu starb sie – die Frage bleibt offen. Sie erschrak vor meiner Liebe, fragte sich ernsthaft: annehmen oder nicht annehmen? Sie ertrug die Frage nicht und zog das Sterben vor. Ich weiß, ich weiß, ich brauche mir nicht den Kopf zu zerbrechen: Gar zu viel hat sie versprochen, sie ist erschrocken, hat gemeint, sie werde es nie einlösen können – das liegt auf der Hand. Da gibt es einige Umstände, die ganz entsetzlich sind.

Denn die Frage, wozu sie gestorben ist, die bleibt. Die Frage hämmert, sie hämmert in meinem Kopf. Ich hätte sie auch einfach so gelassen, wenn ihr daran gelegen war, daß alles so bliebe. Sie glaubte das nicht – das ist es! Nein, nein, es stimmt nicht, das ist es gar nicht. Einfach deswegen, weil sie mir gegenüber aufrichtig sein mußte; wenn sie mich liebte, mußte sie es ohne Rückhalt tun, nicht so, wie sie den Krämer geliebt hätte. Da sie aber zu keusch, zu rein war, um auf eine Liebe einzugehen, wie sie der Krämer brauchte, wollte sie auch mich nicht betrügen. Sie wollte mich nicht mit einer halben Liebe, einer Viertel-Liebe statt der ganzen betrügen. Ehrlich bis zum äußersten, bitte, das ist es eben! Herzensweite hatte ich ihr damals einimpfen wollen, Sie erinnern sich? Ein sonderbarer Gedanke.

Schrecklich gern wüßte ich, ob sie mich geachtet hat. Ich weiß auch nicht, ob sie mich verachtete oder nicht. Ich glaube nicht, daß sie es tat. Schrecklich merkwürdig: Warum kam mir den ganzen Winter über kein einziges Mal der Verdacht, daß sie mich verachte? Im höchsten Maße war ich vom Gegenteil überzeugt – bis zu dem Augenblick, da sie mich mit strengem Erstaunen ansah. Eben, mit strengem. Da begriff ich denn sofort, daß sie mich verachtete. Ich begriff es – unwiderruflich, für alle Zeit! Ach, mochte sie mich verachten, meinetwegen, immerfort, wenn sie nur am Leben wäre, am Leben! Vorhin noch ging sie, sprach sie. Es bleibt mir einfach unfaßbar, wie sie sich aus dem Fenster hat stürzen können! Und wie hätte ich es auch nur fünf Minuten vorher ahnen können? Ich rief Lukerja. Jetzt lasse ich Lukerja um keinen Preis fort, um keinen Preis!

Wir hätten uns doch noch verständigen können. Nur schrecklich fremd geworden waren wir uns diesen Winter, aber hätten wir uns nicht wieder aneinander gewöhnen können? Warum, warum hätten wir nicht zueinander finden und ein ganz neues Leben beginnen können? Ich bin großmütig, sie auch – darin hätten wir uns getroffen! Nur noch ein paar Worte, zwei Tage, nicht mehr, und sie hätte alles begriffen.

Vor allem, es tut so weh, daß dies doch ein Zufall ist – ein gewöhnlicher, barbarischer, blinder Zufall. Das tut weh! Fünf Minuten, nicht mehr, nur um fünf Minuten habe ich mich verspätet! Wäre ich fünf Minuten früher gekommen – die Anwandlung wäre vorbeigezogen wie eine Wolke, und später wäre ihr niemals dergleichen in den Sinn gekommen. Eines Tages hätte sie dann alles verstanden. Jetzt aber sind um mich wieder leere Zimmer, wieder bin ich allein. Die Wanduhr, ja, die tickt, ihr ist alles gleich, ihr tut nichts leid. Niemand ist da – das ist das Unglück!

Ich wandere auf und ab, auf und ab. Ich weiß, ich weiß, Sie brauchen mir nichts zu sagen: Sie finden es lächerlich, daß ich mich über den Zufall und über die fünf Minuten beklage? Dabei liegt es doch auf der Hand. Bedenken Sie nur das eine: Nicht einmal einen Zettel hat sie hinterlassen, auf dem etwa gestanden hätte: »Niemand ist an meinem Tode schuld« – so wie es alle tun. Hätte sie sich denn nicht sagen müssen, daß man sogar Lukerja Unannehmlichkeiten bereiten könnte? Es würde vielleicht heißen: »Sie war mit ihr allein, hat ihr einen Stoß versetzt.« Mindestens hätte man sie schuldlos fortgeschleppt, wenn nicht eben vier Personen vom Hof aus oder von Fenstern des Seitengebäudes aus gesehen hätten, wie sie dort oben stand, die Ikone in der Hand, und sich dann selbst hinunterwarf. Aber auch das ist doch Zufall, daß die Leute dort standen und es sahen. Nein, es war ein Augenblick, ein einziger Augenblick ohne Überlegung. Eine plötzliche Anwandlung, ein kurzer Fieberwahn! Was bedeutet es schon, daß sie vor der Ikone gebetet hat? Das braucht ja nicht ein Gebet vor dem Tod gewesen zu sein. Die ganze Anwandlung dauerte vielleicht nicht länger als zehn Minuten, den Entschluß faßte sie wohl erst, als sie an der Wand stand, den Kopf an die Hand gelehnt, und lächelte. Der Gedanke schoß ihr in den Kopf, machte sie schwindeln, und – und sie konnte ihm nicht widerstehen.

Sagen Sie, was Sie wollen, ganz offensichtlich ist es ein Mißverständnis. Mit mir ließe es sich noch leben. Wie aber, wenn es Blutarmut war? Wenn es einfach geschah, weil sie zuwenig Blut hatte, weil ihre Lebensenergie erschöpft war? Alle Kraft hatte sie verloren in diesem Winter, das ist es …

Zu spät!!!

Wie schmal sie auf dem Totenlager aussieht, wie spitz das Näschen! Wie kleine Pfeile liegen die Wimpern auf den Wangen. Und wie sie nur gestürzt ist – nichts zerschmettert, nichts gebrochen! Nur eben ein wenig Blut, »für die hohle Hand«. Das ist ein Löffel voll. Innere Erschütterungen. Ein seltsamer Gedanke: Ob es möglich wäre, sie nicht zu begraben? Denn wenn man sie forträgt, so … o nein, es ist fast unmöglich, man darf sie nicht forttragen! Gewiß, ich weiß, man muß sie forttragen, ich bin nicht verrückt, und ich rede keineswegs im Fieber, im Gegenteil, noch nie war mein Verstand so wach und klar; aber wie soll das sein: wieder niemand im Hause, wieder die beiden Zimmer, wieder ich allein mit den Pfändern. Wahnsinn, ja, hier, hier liegt der Wahnsinn! Ich habe sie zu Tode gequält, das ist es!

Was sollen mir jetzt eure Gesetze? Was sollen mir eure Sitten, eure Bräuche, euer Leben, euer Staat, euer Glaube? Mag euer Richter mich richten, mag man mich vor Gericht stellen, vor euer öffentliches Gericht, ich werde sagen, daß ich nichts anerkenne. Der Richter wird schreien: »Schweigen Sie, Offizier!« Und ich werde schreien, ihm zur Antwort: »Wo nimmst du jetzt die Macht her, der ich mich fügen sollte? Warum hat finsteres, blindes Walten das Allerteuerste zerschmettert? Warum sollten mir jetzt eure Gesetze gelten? Ich sage mich los von ihnen.« Oh, mir ist alles gleich.

Du siehst nichts, nein! Bist tot und hörst nichts! Du weißt ja nicht, mit welch einem Paradies ich dich umgeben hätte. Ein Paradies lag in meiner Seele, ich hätte es um dich gepflanzt! Alles wäre ja so gewesen, alles wäre ja so geblieben. Hättest du nur einfach zu mir gesprochen wie zu einem Freund – wir hätten uns gefreut, hätten gelacht, hätten einander freudig in die Augen geschaut. Ja, so hätten wir gelebt. Und hättest du auch einen anderen liebgewonnen – was macht das schon! Du wärst mit ihm gegangen und hättest gelacht, und ich hätte von der andern Straßenseite zugeschaut ... Oh, alles würde ich hinnehmen, wenn sie nur die Augen wieder auftäte, wenigstens einmal! Einen einzigen Augenblick, einen einzigen! Sie würde mich ansehen, so wie heute morgen, als sie vor mir stand und mir schwor, eine treue Gattin zu sein! Oh, mit einem einzigen Blick würde sie alles begreifen!

Blindes Walten! O Natur! Die Menschen sind auf Erden allein – das ist das Unglück! »Ist da ein Mensch auf weiter Flur?« ruft der russische Recke im alten Lied. Auch ich rufe es, und ich bin kein Recke, und niemand gibt Antwort. Es heißt, die Sonne belebe das Weltall. Aufgehen wird die Sonne und – seht sie euch nur an, ist sie nicht ein Leichnam? Alles ist tot, und überall sind Tote. Nichts ist da als die Menschen und um sie herum Schweigen – das ist die Erde! »Menschen, liebet einander!« Wer hat das gesagt? Wessen Gebot ist das? Die Wanduhr tickt gefühllos, widerwärtig. Zwei Uhr nachts. Ihre Schühchen stehn am Bett, als warteten sie ... Nein, ernsthaft, wenn man sie morgen fortträgt, was fang ich an?

1876

Anton Tschechow
Flattergeist

1

Auf der Hochzeit von Olga Iwanowna waren alle ihre Freunde und guten Bekannten zugegen.

»Sehen Sie ihn an: nicht wahr, es ist etwas an ihm?« sagte sie zu ihren Freundinnen mit einem Kopfnicken zu ihrem Manne hin, als wünschte sie zu erklären, warum sie gerade diesen schlichten, ganz gewöhnlichen und durch nichts bemerkenswerten Menschen geheiratet hatte.

Ihr Mann, Ossip Stepanytsch Dymow, war Arzt und besaß den Rang eines Titularrates. Er war in zwei Krankenhäusern tätig: In dem einen als außerplanmäßiger Stationsarzt und in dem anderen als Prosektor. Täglich von neun Uhr morgens bis zum Mittag hielt er Sprechstunde ab und arbeitete auf seiner Station; nachmittags fuhr er dann mit der Pferdebahn in das andere Krankenhaus, wo er die gestorbenen Kranken sezierte. Seine Privatpraxis war klein, sie brachte ihm etwa fünfhundert Rubel im Jahr ein. Das war alles. Was ließe sich noch von ihm sagen?

Indessen waren Olga Iwanowna und ihre Freunde und guten Bekannten alles andere als gewöhnliche Menschen. Jeder von ihnen war durch irgend etwas bemerkenswert und ein bißchen bekannt, er hatte bereits einen Namen und galt als Berühmtheit oder aber, wenn er noch nicht berühmt war, berechtigte er doch zu glänzenden Hoffnungen. So der Schauspieler vom Dramatischen Theater, ein großes, längst anerkanntes Talent, ein eleganter, kluger und bescheidener Mann und ausgezeichneter Rezitator, der Olga Iwanowna rezitieren lehrte; so der Sänger von der Oper, ein gutmütiger Dicker, der Olga Iwanowna mit einem Seufzer versicherte, daß sie sich zugrunde richte – wenn sie nicht so faul wäre und sich zusammennähme, könnte aus ihr eine bemerkenswerte Sängerin werden; dann noch einige Künstler, und an ihrer Spitze der Genre-, Tier- und Landschaftsmaler Rjabowski, ein sehr schöner, blonder junger Mann von etwa fünfundzwanzig Jahren, der auf Ausstellungen Erfolg gehabt und sein letztes Bild für fünfhundert Rubel verkauft hatte; er korrigierte Olga Iwanownas Studien und sagte, aus ihr könnte vielleicht etwas Vernünftiges werden; dann ein Cellospieler, dessen Instrument schluchzte und der ganz offen zugab, von allen ihm bekannten Frauen verstehe einzig und allein Olga Iwanowna zu begleiten; dann noch ein junger, aber schon bekannter Schriftsteller, der Romane, Theaterstücke und Erzählungen schrieb. Wer noch? Nun, Wassili Wassiljitsch noch, ein gebildeter, wohlhabender Herr, ein Gutsbesitzer, dilettierender Illustrator und Vignettenzeichner, der ein stark entwickeltes Gefühl für den alten russischen Stil, die Bylinen und das Epos besaß; auf Papier, Porzellan und angerußten Tellern vollbrachte er buchstäblich Wunder. Inmitten dieser freien und vom Schicksal verwöhnten Gesellschaft von Künstlern, die zwar taktvoll und bescheiden waren, sich aber der Existenz von irgendwelchen Ärzten nur während einer Krankheit erinnerten und für die der Name Dymow einen ebenso gleichgültigen Klang hatte wie Sidorow oder Tarassow – inmitten dieser Gesellschaft wirkte Dymow fremd, überflüssig und klein, obgleich er groß von Wuchs und breit in den Schultern war. Es schien, als trüge er einen fremden Frack und einen Bart, wie ihn kleine Angestellte haben. Wäre er übrigens Schriftsteller gewesen oder Künstler, man hätte gesagt, daß er mit seinem kurzen Bart an Zola erinnere.

Der Schauspieler sagte zu Olga Iwanowna, sie gleiche mit ihrem flachsblonden Haar und in ihrem Brautkleid einem schlanken Kirschbäumchen, wenn es im Frühling über und über mit zarten weißen Blüten bedeckt sei.

»Nein, hören Sie doch!« sagte Olga Iwanowna zu ihm und ergriff seine Hand. »Wie konnte das plötzlich geschehen? Hören Sie, hören Sie doch … Sie müssen wissen, daß mein Vater mit Dymow zusammen am selben Krankenhaus tätig war. Als der arme Vater erkrankte, hat Dymow ganze Tage und Nächte an seinem Bett gewacht. Eine solche Selbstaufopferung! Hören Sie, Rjabowski … Auch Sie, Herr Schriftsteller, hören Sie zu, das ist sehr interessant. Kommen Sie ein bißchen näher. Eine solche Selbstaufopferung und aufrichtige Teilnahme! Auch ich habe die Nächte nicht geschlafen und beim Vater gesessen, und plötzlich – da haben wir's – hatte ich den guten Jungen erobert! Mein Dymow hatte sich bis über beide Ohren in mich verliebt. Wirklich, das Schicksal ist manchmal so wunderlich. Nun, nach dem Tode des Vaters besuchte er mich hin und wieder, begegnete mir auf der Straße, und eines schönen Abends – bums! – hat er mir auf einmal einen Heiratsantrag gemacht … wie ein Blitz aus heiterm Himmel. Ich habe die ganze Nacht hindurch geweint und mich selber ganz toll verliebt. Und jetzt, wie Sie sehen, bin ich seine Ehefrau geworden. Nicht wahr, er hat etwas Starkes, Machtvolles, Bärenhaftes an sich? Jetzt ist uns sein Gesicht zu drei Vierteln zugekehrt, es ist schlecht beleuchtet, aber wenn er sich umdreht, dann schauen Sie sich seine Stirn an. Rjabowski, was sagen Sie zu dieser Stirn? Dymow, wir sprechen von dir!« rief sie ihrem Mann zu. »Komm her. Reiche Rjabowski deine ehrenwerte Hand … So ist's recht. Seid Freunde.«

Dymow streckte Rjabowski gutmütig und naiv lächelnd die Hand entgegen und sagte:

»Sehr erfreut. Mit mir zusammen hat auch ein gewisser Rjabowski sein Studium abgeschlossen. Ist das ein Verwandter von Ihnen?«

2

Olga Iwanowna war zweiundzwanzig Jahre alt, Dymow einunddreißig. Sie führten nach der Hochzeit ein vortreffliches Leben. Olga Iwanowna behängte alle Wände im Salon über und über mit eigenen und fremden Malstudien mit und ohne Rahmen, und um den Flügel und die Möbel herum arrangierte sie ein reizvolles Gedränge aus chinesischen Schirmen, Staffeleien, allerhand Fetzen in verschiedenen Farben, Dolchen, kleinen Büsten und Fotografien. Im Eßzimmer beklebte sie die Wände mit bunten Jahrmarktbildern, hängte Bastschuhe und Sicheln auf, stellte in eine Ecke eine Sense und einen Rechen, und das ergab dann ein Eßzimmer im russischen Stil. Im Schlafzimmer hatte sie, damit es einer Höhle ähnlich wurde, die Decke und die Wände mit dunklem Tuch drapiert, über den Betten eine venezianische Laterne aufgehängt und an die Tür eine Figur mit einer Hellebarde aufgestellt. Und alle fanden, daß die jungen Ehegatten ein sehr hübsches kleines Heim hätten.

Täglich, wenn sie gegen elf Uhr aufgestanden war, spielte Olga Iwanowna auf dem Flügel, oder aber sie malte, wenn die Sonne schien, irgend etwas mit Ölfarben. Sodann, nach zwölf Uhr, fuhr sie zu ihrer Schneiderin. Da sie und Dymow mit Geld äußerst knapp waren, mußten sie und ihre Schneiderin allerhand Kunstgriffe anwenden, damit sie öfter in neuen Kleidern erscheinen und mit ihren Toiletten Aufsehen erregen konnte. Sehr oft brachten sie aus einem umgefärbten Kleid, aus kleinen Tüll-, Spitzen-, Plüsch- und Seidenresten, die nichts kosteten, wahre Wunderwerke zustande, etwas Bezauberndes, das kein Kleid, sondern ein Traum war. Von der Schneiderin fuhr Olga Iwanowna zu irgendeiner ihr bekannten Schauspielerin, um die Theaterneuigkeiten zu erfahren und bei der Gelegenheit um ein Billett für die Premiere eines neuen Stückes oder für eine Benefizvorstellung zu bitten. Von der Schauspielerin fuhr sie gewöhnlich in das Atelier eines Künstlers oder in eine Bilderausstellung, danach zu irgendeiner Berühmtheit – um sie zu sich einzuladen oder einen Besuch zu erwidern, oder einfach, um zu plaudern. Und überall wurde sie fröhlich und freundschaftlich empfangen, und man versicherte ihr, sie sei hübsch, nett und ein seltener Mensch ... Diejenigen, die sie als berühmt und groß bezeichnete, nahmen sie auf wie eine der Ihrigen, wie eine Gleichgestellte, und prophezeiten ihr einstimmig, daß aus ihr, bei ihren Talenten, ihrem Geschmack und Verstand, etwas sehr Gescheites werden würde, wenn sie sich nicht zersplittere. Sie sang, spielte Klavier, malte, modellierte, beteiligte sich an Liebhaberaufführungen, doch dies alles nicht irgendwie, sondern mit Talent; ob sie Laternchen für Illuminationen machte, ob sie sich festlich anzog, ob sie jemandem die Krawatte band – alles gelang ihr ungewöhnlich künstlerisch, graziös und reizend. Doch nirgends trat ihre Talentiertheit so deutlich zutage wie in ihrem Geschick, mit berühmten Leuten rasch Bekanntschaft zu schließen und sich mit ihnen anzufreunden. Es brauchte jemand nur ein bißchen berühmt zu werden und von sich reden zu machen, da war sie auch schon mit ihm bekannt, hatte am selben Tag mit ihm Freundschaft geschlossen und ihn zu sich eingeladen. Jede neue Bekanntschaft war für sie ein reines Fest. Sie vergötterte berühmte Leute, war stolz auf sie und träumte jede Nacht von ihnen. Sie dürstete nach ihnen und konnte ihren Durst ganz und gar nicht stillen. Alte Bekannte gingen weg und wurden vergessen, neue kamen und lösten sie ab, aber auch an diese gewöhnte sie sich rasch oder war von ihnen enttäuscht, und dann suchte sie begierig nach neuen und immer neuen großen Leuten, fand sie und suchte wieder. Wozu?

Nach vier Uhr aß sie zu Hause mit ihrem Mann zu Mittag. Seine Einfachheit, sein gesunder Verstand und seine Gutmütigkeit versetzten sie in Rührung und Begeisterung. Sie sprang immerfort auf, umfaßte ungestüm seinen Kopf und bedeckte ihn mit Küssen.

»Dymow, du bist ein kluger und edler Mensch«, sagte sie, »aber du hast einen sehr schwerwiegenden Fehler. Du interessierst dich überhaupt nicht für die Kunst. Du lehnst sowohl die Musik wie die Malerei ab.«

»Ich verstehe nichts davon«, sagte er sanft. »Ich habe mich mein ganzes Leben lang mit Naturwissenschaften und Medizin befaßt, und ich hatte keine Zeit, mich für die Künste zu interessieren.«

»Aber das ist doch entsetzlich, Dymow!«

»Warum denn? Deine Bekannten verstehen nichts von Naturwissenschaften und Medizin, trotzdem machst du ihnen keinen Vorwurf daraus. Jedem das Seine. Ich verstehe auch nichts von Landschaften und Opern, aber ich denke so: Wenn kluge Leute ihnen ihr ganzes Leben widmen und andere kluge Leute dafür ungeheure Summen bezahlen, dann sind sie eben notwendig. Ich verstehe nichts davon, aber nicht verstehen heißt doch nicht ablehnen.«

»Komm, laß mich deine ehrenwerte Hand drücken!«

Nach dem Mittagessen fuhr Olga Iwanowna zu Bekannten, dann ins Theater oder in ein Konzert und kehrte nach Mitternacht nach Haus zurück.

So ging es jeden Tag.

Mittwochs fanden bei ihr kleine Abendgesellschaften statt. An diesen Abenden spielten die Hausfrau und ihre Gäste nicht Karten, und sie tanzten auch nicht, sondern unterhielten sich mit allerhand Künsten. Der Schauspieler vom Dramatischen Theater rezitierte, der Sänger sang, die Maler zeichneten etwas in die Alben, von denen Olga Iwanowna eine Menge besaß, der Cellist spielte, und die Hausfrau selber zeichnete und modellierte ebenfalls, sie sang und begleitete sich und die anderen. In den Pausen zwischen den Rezitationen, der Musik und dem Gesang sprach und debattierte man über Literatur, Theater und Malerei. Damen waren nicht anwesend, weil Olga Iwanowna alle Damen außer Schauspielerinnen und ihrer Schneiderin für langweilig und fade hielt. Keine einzige Abendgesellschaft verging, ohne daß die Hausfrau bei jedem Klingeln an der Tür zusammenfuhr und mit einem sieghaften Gesichtsausdruck sagte: »Das ist er!«, und mit diesem Wort »er« meinte sie irgendeine neue eingeladene Berühmtheit.

Dymow war im Salon nicht anwesend, und niemand dachte an seine Existenz. Doch pünktlich um halb zwölf öffnete sich die Tür, die ins Eßzimmer führte, Dymow erschien mit seinem gutmütigen, sanften Lächeln und sagte händereibend: »Meine Herren, ich bitte zu einem Imbiß.«

Alle gingen ins Eßzimmer, und jedesmal erblickten sie auf dem Tisch ein und dasselbe: eine Schüssel mit Austern, ein Stück gekochten Schinken oder Kalbfleisch, Sardinen, Käse, Kaviar, Pilze, Wodka und zwei Karaffen Wein.

»Mein lieber maître d'hôtel!« sagte Olga Iwanowna und schlug vor Begeisterung die Hände zusammen. »Du bist einfach bezaubernd! Meine Herren, sehen Sie sich seine Stirn an! Dymow, dreh mir mal dein Profil zu. Meine Herren, schauen Sie hin: das Gesicht eines bengalischen Tigers, aber der Ausdruck ist gut und lieb wie bei einem Hirsch. Uh, du Lieber!«

Die Gäste aßen und dachten, während sie auf Dymow blickten: Tatsächlich ein netter Kerl!, vergaßen ihn aber bald und fuhren fort, vom Theater, von Musik und Malerei zu reden.

Die jungen Ehegatten waren glücklich, und ihr Leben verlief wie am Schnürchen. Übrigens, die dritte Woche ihres Honigmondes verbrachten sie nicht glücklich, sondern sogar traurig. Dymow hatte sich im Krankenhaus mit Rose angesteckt, er lag sechs Tage zu Bett und mußte sein schönes schwarzes Haar ratzekahl abschneiden lassen. Olga Iwanowna saß neben ihm und weinte bitterlich, doch als es ihm besser ging, band sie ihm ein weißes Tuch um seinen geschorenen Kopf und malte ihn als Beduinen. Und beide waren vergnügt. Etwa drei Tage, nachdem er gesund geworden war und wieder ins Krankenhaus ging, stieß ihm ein neues Mißgeschick zu.

»Ich habe kein Glück, Mama!« sagte er einmal beim Mittagessen. »Heute hatte ich vier Leichen zu sezieren, und ich habe mich gleich in zwei Finger geschnitten. Und erst zu Hause habe ich es bemerkt.«

Olga Iwanowna erschrak. Er lächelte und sagte, das seien Kleinigkeiten und es passiere ihm häufig, daß er sich beim Sezieren in die Hände schneide.

»Ich vergesse alles um mich her, Mama, und ich sehe mich nicht vor.«

Olga Iwanowna befürchtete voller Unruhe eine Leicheninfektion und betete in den Nächten zu Gott, aber alles ging gut vorbei. Und wieder floß das glückliche Leben dahin, ohne Kümmernisse und Sorgen. Die Gegenwart war wunderschön, und sie wurde abgelöst von dem nahenden Frühling, der ihnen bereits von ferne zulächelte und tausend Freuden versprach. Das Glück würde kein Ende haben! Im April, im Mai und im Juni ein Landhaus weit draußen außerhalb der Stadt, Spaziergänge, Malstudien, Fischfang, Nachtigallen, und dann, vom Juli bis in den Herbst hinein, eine Fahrt mit den Künstlern an die Wolga, und an dieser Fahrt wird – als ständiges Mitglied der société – auch Olga Iwanowna teilnehmen. Sie hatte sich bereits zwei Reisekostüme aus Leinen nähen lassen, Farben, Pinsel, Leinwand und eine neue Palette für unterwegs gekauft. Fast jeden Tag kam Rjabowski zu ihr, um nachzusehen, was für Fortschritte sie in der Malerei gemacht hatte. Wenn sie ihm ihre Malerei zeigte, steckte er die Hände tief in die Taschen, preßte die Lippen fest aufeinander, schnaufte und sagte: »Tja ... Ihre Wolke da schreit – die Beleuchtung ist nicht abendlich. Der Vordergrund ist irgendwie gequetscht und, Sie verstehen, ein bißchen ... na, nicht so ... Und die kleine Hütte hat sich an etwas verschluckt und piepst jämmerlich ... Diese Ecke müßte ein wenig dunkler genommen werden. Aber im allgemeinen nicht übel ... Ich muß es loben.«

Und je unverständlicher er sprach, desto leichter verstand ihn Olga Iwanowna.

3

Am zweiten Pfingsttag nach dem Mittagessen kaufte Dymow Konfekt und Verschiedenes zum Imbiß und fuhr zu seiner Frau ins Landhaus. Er hatte sie schon zwei Wochen lang nicht gesehen, und seine Sehnsucht war groß. Während er im Zug saß und nachher, als er in dem großen Waldstück sein Landhaus suchte, verspürte er die ganze Zeit Hunger und Müdigkeit und träumte davon, wie er im Freien zusammen mit seiner Frau zu Abend essen und sich dann schlafen legen würde. Er blickte mit Vergnügen auf sein Paket, in dem Kaviar, Käse und Weißlachs eingewickelt waren.

Als er sein Landhaus gefunden hatte, ging bereits die Sonne unter. Die alte Bediente sagte, die gnädige Frau sei nicht zu Hause, käme aber wahrscheinlich bald. Das Landhaus, das sehr unansehnlich wirkte mit seinen niedrigen, mit Schreibpapier beklebten Decken und den unebenen, rissigen Dielen, hatte nur drei Zimmer. In dem einen stand das Bett, in dem anderen lagen auf Stühlen und Fensterbrettern Gemälde, Pinsel, mit Fett verschmiertes Papier, Herrenhüte und -mäntel herum, und im dritten fand Dymow drei unbekannte Männer vor. Zwei waren bärtige Brünette, der dritte, ein glattrasierter Dicker, war offensichtlich ein Schauspieler. Auf dem Tisch dampfte der Samowar.

»Was wünschen Sie?« fragte der Schauspieler im Baß und betrachtete Dymow griesgrämig. »Sie wollen zu Olga Iwanowna? Warten Sie, sie wird gleich kommen.«

Dymow setzte sich und wartete. Einer der Brünetten blickte hin und wieder schläfrig und träge zu ihm hinüber, goß sich Tee ein und fragte: »Wollen Sie vielleicht Tee?«

Dymow hätte gern getrunken und gegessen, aber um sich den Appetit nicht zu verderben, schlug er den Tee aus. Bald ertönten Schritte und ein bekanntes Lachen; eine Tür klappte, und ins Zimmer kam Olga Iwanowna gelaufen, in einem breitrandigen Hut und mit dem Malkasten in der Hand, hinter ihr trat mit einem großen Sonnenschirm und einem Klappstuhl der lustige, rotbäkkige Rjabowski ein.

»Dymow!« schrie Olga auf und wurde rot vor Freude. »Dymow!« wiederholte sie, während sie Kopf und Hände an seine Brust legte. »Du bist es! Warum bist du so lange nicht gekommen? Warum nicht? Warum?«

»Wann sollte ich denn, Mama? Ich habe immer zu tun, und bin ich mal frei, dann klappt es nie mit dem Fahrplan.«

»Aber wie ich mich freue, dich zu sehen! Ich habe die ganze, ganze Nacht von dir geträumt, und ich habe solche Angst gehabt, du könntest krank geworden sein. Ach, wenn du wüßtest, wie lieb du bist, wie du zur rechten Zeit gekommen bist! Du wirst mein Retter sein. Du allein kannst mich retten. Morgen wird hier eine überaus originelle Hochzeit sein«, fuhr sie lachend und ihrem Mann die Krawatte bindend fort. »Der junge Telegrafist auf der Station heiratet, ein gewisser Tschikeldejew. Ein schöner junger Mann, na, und er ist auch nicht dumm, und im Gesicht, weißt du, hat er so etwas Starkes, Bärenhaftes ... Man kann nach ihm einen jungen Waräger malen. Wir Sommerfrischler mögen ihn sehr gern und haben ihm das Ehrenwort gegeben, zu seiner Hochzeit zu kommen. Er ist kein reicher Mann, einsam und schüchtern, und es wäre natürlich eine Sünde, ihm die Teilnahme zu verweigern. Stell dir vor, die Trauung ist nach dem Hochamt, danach gehen alle aus der Kirche zu Fuß zum Haus der Braut ... verstehst du, der Hain, der Gesang der Vögel, Sonnenflecken im Gras, und wir alle als verschiedenfarbige Flecken auf dem leuchtendgrünen Hintergrund – sehr originell, im Geschmack der französischen Expressionisten. Aber, Dymow, was soll ich in die Kirche anziehen?« sagte Olga Iwanowna und machte ein weinerliches Gesicht. »Ich habe nichts hier, buchstäblich nichts! Weder ein Kleid noch Blumen, noch Handschuhe ... Du mußt mich retten. Wenn du gekommen bist, hat dir folglich das Schicksal befohlen, mich zu retten. Mein Lieber, nimm die Schlüssel, fahr nach Hause und hole dort mein rosa Kleid aus dem Garderobenschrank. Du erinnerst dich, es hängt ganz vorn. Dann in der Vorratskammer, auf der rechten Seite, wirst du auf dem Fußboden zwei Kartons sehen. Wenn du den obersten aufmachst, dann ist dort nichts als Tüll, Tüll, Tüll und allerhand Restchen, und darunter sind Blumen. Die Blumen nimm alle vorsichtig heraus, gib dir Mühe, Liebling, daß du sie nicht zerdrückst, ich wähle sie dann selbst aus ... Und kauf mir Handschuhe.«

»Gut«, sagte Dymow. »Ich fahre morgen und schicke dir alles.«

»Wann denn morgen?« fragte Olga Iwanowna und blickte ihn verwundert an. »Wie willst du das denn morgen schaffen? Morgen geht der erste Zug um neun Uhr, und die Trauung ist um elf. Nein, Herzchen, es muß heute sein, unbedingt heute! Wenn du morgen nicht herkommen kannst, dann schick es mit einem Boten. Nun, geh schon. Gleich muß der Personenzug kommen. Verspäte dich nicht, Liebling.«

»Gut.«

»Ach, wie leid es mir tut, dich wegzulassen«, sagte Olga Iwanowna, und Tränen traten ihr in die Augen. »Und warum hab ich dummes Ding dem Telegrafisten mein Wort gegeben!«

Dymow trank schnell ein Glas Tee, nahm einen Kringel und begab sich, sanft lächelnd, zur Station. Den Kaviar, den Käse und den Weißlachs aber aßen die beiden Brünetten und der dicke Schauspieler auf.

4

In einer stillen Mondscheinnacht im Juli stand Olga Iwanowna auf dem Deck eines Wolgadampfers und blickte bald auf das Wasser, bald auf die schönen Ufer. Neben ihr stand Rjabowski und erzählte ihr, daß die schwarzen Schatten auf dem Wasser keine Schatten wären, sondern ein Traum, und daß angesichts dieses bezaubernden Wassers mit dem phantastischen Schimmer, angesichts des bodenlosen Himmels und der traurigen, verträumten Ufer, die von der Nichtigkeit unseres Lebens sprachen und dem Vorhandensein von etwas Höherem, Ewigem, Glückseligem, es gut wäre, einzuschlafen, zu sterben, Erinnerung zu werden. Die Vergangenheit sei fade und uninteressant, die Zukunft nicht der Rede wert, und diese wunderbare, im Leben einzigartige Nacht würde bald zu Ende sein, mit der Ewigkeit verschmelzen – wozu denn leben?

Und Olga Iwanowna lauschte bald der Stimme Rjabowskis, bald der nächtlichen Stille und dachte, daß sie unsterblich sei und niemals sterben würde. Das türkisfarbene Wasser – nie hatte sie früher eine solche Farbe gesehen –, der Himmel, die Ufer, die schwarzen Schatten und eine unerklärliche Freude, die ihre Seele erfüllte, sagten ihr, aus ihr würde eine große Künstlerin werden, und irgendwo dort in der Ferne, jenseits der Mondscheinnacht, im unendlichen Raum erwarteten sie der Erfolg und der Ruhm, die Liebe des Volkes ... Während sie lange und starr in die Ferne schaute, war ihr, als sähe sie große Menschenmengen und Lichter, als hörte sie feierliche Musikklänge und Schreie der Begeisterung, sie sah sich selbst in einem weißen Kleid und Blumen, die von allen Seiten auf sie niederfielen. Sie dachte auch daran, daß neben ihr, die Ellbogen auf das Schiffsgeländer gestützt, ein wirklich großer Mann stand, ein Genie, ein Erwählter Gottes. Alles, was er bisher geschaffen hatte, war herrlich, neu und ungewöhnlich, und das, was er mit der Zeit noch schaffen würde, wenn mit der männlichen Reife sein seltenes Talent gewachsen war, würde überwältigend, unermeßlich erhaben sein, das konnte man seinem Gesicht anmerken, seiner Art, sich auszudrücken, und seinem Verhalten zur Natur. Von den Schatten, den abendlichen Tönen, vom Mondschein sprach er irgendwie besonders, in einer ihm eigenen Sprache, so daß man unwillkürlich den Zauber seiner Macht über die Natur verspürte. Er selber war sehr schön, originell, und sein unabhängiges, freies Leben, das nichts zu tun hatte mit allem Alltäglichen, glich dem Leben der Vögel.

»Es wird frisch«, sagte Olga Iwanowna und erschauerte.

Rjabowski hüllte sie in seinen Mantel und sagte traurig: »Ich fühle mich in Ihrer Gewalt. Ich bin Ihr Sklave. Warum sind Sie heute so bezaubernd?«

Er schaute sie immerfort an, ohne ein Mal den Blick abzuwenden, und seine Augen waren schrecklich; sie fürchtete sich, ihn anzusehen.

»Ich liebe Sie wahnsinnig ...«, flüsterte er, und sein Atem streifte ihre Wange. »Sagen Sie mir ein einziges Wort, und ich werde nicht mehr leben, ich gebe die Kunst auf«, murmelte er in starker Erregung. »Lieben Sie mich, lieben Sie mich ...«

»Sprechen Sie nicht so«, sagte Olga Iwanowna, die Augen schließend. »Das ist furchtbar. Und Dymow?«

»Was soll Dymow? Warum Dymow? Was geht mich Dymow an? Die Wolga, der Mond, die Schönheit, meine Liebe, meine Begeisterung, da gibt es gar keinen Dymow ... Ach, ich weiß nichts ... Was brauch ich das Vergangene, schenken Sie mir einen Augenblick, nur einen Augenblick.«

Olga Iwanownas Herz begann zu klopfen. Sie wollte an ihren Mann denken, aber ihre ganze Vergangenheit mit der Hochzeit, mit Dymow und den Abendgesellschaften erschien ihr klein, nichtig, glanzlos, unnötig und weit, weit entfernt. Tatsächlich: Was sollte Dymow? Warum Dymow? Was ging sie Dymow an? Ja existierte er denn in der Natur, war er nicht vielleicht nur ein Traum?

Für ihn, den einfachen und gewöhnlichen Menschen, genügt auch das Glück, das er schon bekommen hat, dachte sie und bedeckte das Gesicht mit den Händen. Meinetwegen sollen sie mich dort verurteilen, verfluchen, ich aber werde ganz einfach, allen zum Trotz, ohne mich lange zu besinnen, zugrunde gehen, jawohl, ich gehe zugrunde ... Man muß alles im Leben kennenlernen. Gott, wie unheimlich ist das und wie schön!

»Nun, was ist?« murmelte der Künstler, während er sie umarmte und gierig ihre Hände küßte, mit denen sie den schwachen Versuch machte, ihn abzuwehren. »Liebst du mich? Ja, ja? Oh, welche Nacht! Eine wunderbare Nacht!«

»Ja, welch eine Nacht!« flüsterte sie, ihm in die Augen schauend, die von Tränen glänzten, dann blickte sie sich rasch um, umarmte ihn und küßte ihn fest auf den Mund.

»Wir nähern uns Kineschma!« sagte jemand auf der anderen Seite des Decks.

Schwere Schritte ertönten. Der Kellner vom Büfett ging vorbei. »Hören Sie«, sagte Olga Iwanowna zu ihm, lachend und weinend vor Glück, »bringen Sie uns Wein.«

Der Künstler, blaß vor Erregung, setzte sich auf eine Bank, blickte Olga Iwanowna flehend und dankbar an, dann schloß er die Augen und sagte mit einem schmachtenden Lächeln: »Ich bin müde.«

Und lehnte den Kopf an die Reling.

5

Der zweite September war ein warmer und ruhiger, aber trüber Tag. Früh am Morgen zog ein leichter Nebel über die Wolga, und nach neun Uhr fing es an zu regnen. Es bestand keine Hoffnung, daß der Himmel sich aufklären würde. Beim Tee sagte Rjabowski zu Olga Iwanowna, daß die Malerei die allerundankbarste und die allerlangweiligste Kunst sei, daß er kein Künstler wäre und nur Dummköpfe dächten, er habe Talent, und plötzlich ergriff er, mir nichts, dir nichts, ein Messer und kratzte damit auf seiner besten Studie herum. Nach dem Tee saß er düster am Fenster und blickte auf die Wolga. Die Wolga war bereits ohne Glanz, trübe und farblos, und sah kalt aus. Alles, alles gemahnte an das Herannahen des schwermütigen, düsteren Herbstes. Und es war, als hätte die Natur die üppigen grünen Matten auf den Ufern, die diamantenen Spiegelungen der Sonnenstrahlen, die durchsichtige blaue Ferne und alles Prächtige und Festtägliche jetzt von der Wolga weggenommen und bis zum nächsten Frühling in Truhen verpackt, und Krähen flogen neben der Wolga her und neckten sie: »Kahl bist du! Kahl bist du!« Rjabowski lauschte ihrem Krächzen und dachte daran, daß er schon das Talent verloren und sich verausgabt habe, daß alles auf dieser Welt bedingt, relativ und dumm sei und daß er sich mit dieser Frau nicht hätte einlassen sollen. Mit einem Wort, er war schlecht gelaunt und blies Trübsal.

Olga Iwanowna saß auf dem Bett hinter einer Trennwand, und während sie mit den Händen durch ihr wunderschönes Flachshaar fuhr, sah sie sich in ihrer Phantasie bald im Salon, bald im Schlafzimmer, bald im Arbeitszimmer ihres Mannes; ihre Phantasie versetzte sie ins Theater, zu ihrer Schneiderin und zu berühmten Freunden. Was taten sie wohl jetzt? Gedachten sie ihrer? Die Saison hatte schon begonnen, und es war Zeit, an die Abendgesellschaften zu denken. Und Dymow? Lieber Dymow! Wie sanft und kindlich-klagend bat er sie in seinen Briefen, recht bald nach Hause zu kommen! Jeden Monat schickte er ihr fünfundsiebzig Rubel, und als sie ihm schrieb, sie habe bei den Künstlern hundert Rubel

Schulden, sandte er ihr auch diese hundert. Was für ein guter, großmütiger Mensch! Die Reise hatte Olga Iwanowna ermüdet, sie langweilte sich, und sie wäre so gern recht bald diesen Bauern, der Nähe des Flusses mit dem Geruch von Feuchtigkeit entflohen und das Gefühl der physischen Unsauberkeit losgeworden, das sie die ganze Zeit über empfunden hatte, während sie in Bauernhütten lebte und von Dorf zu Dorf zog. Wenn Rjabowski den Malern nicht sein Ehrenwort gegeben hätte, daß er mit ihnen bis zum zwanzigsten September hier bliebe, hätte man bereits heute wegfahren können. Wie schön wäre das gewesen!

»Mein Gott«, stöhnte Rjabowski auf, »wann wird es endlich Sonne geben? Ich kann doch eine sonnige Landschaft nicht ohne Sonne weitermalen ...!«

»Aber du hast doch eine Studie mit bedecktem Himmel!« sagte Olga Iwanowna und kam hinter der Trennwand hervor. »Erinnerst du dich, rechts im Vordergrund ist Wald, und links sind Gänse und eine Herde Kühe. Jetzt könntest du sie beenden.«

»Äh!« Der Künstler verzog das Gesicht. »Beenden! Glauben Sie wirklich, ich bin so dumm, daß ich nicht weiß, was ich tun muß!«

»Wie hast du dich mir gegenüber verändert!« Olga Iwanowna seufzte.

»Na und, wunderbar!«

Olga Iwanownas Gesicht fing an zu zittern, sie ging zum Ofen und brach in Tränen aus.

»Ja, nur Tränen haben noch gefehlt. Hören Sie auf! Ich habe tausend Gründe zum Weinen, trotzdem weine ich nicht.«

»Tausend Gründe!« schluchzte Olga Iwanowna. »Der Hauptgrund ist der, daß Sie in mir schon eine Last sehen. Jawohl!« sagte sie und weinte laut. »Wenn ich die Wahrheit sagen soll, so schämen Sie sich unserer Liebe. Sie geben sich immer Mühe, daß die Maler nichts merken sollen, obgleich das nicht zu verheimlichen ist und sie alles längst wissen.«

»Olga, ich bitte Sie um eines«, sagte der Künstler flehend und legte die Hand aufs Herz, »um eines: Quälen Sie mich nicht! Weiter verlange ich nichts von Ihnen!«

»Aber schwören Sie mir, daß Sie mich immer noch liebhaben!«

»Das ist qualvoll!« murmelte der Künstler zwischen den Zähnen und sprang auf. »Es wird damit enden, daß ich mich in die Wolga stürze oder wahnsinnig werde. Lassen Sie mich in Ruhe!«

»So schlagen Sie mich tot, schlagen Sie mich doch tot!« schrie Olga Iwanowna. »Schlagen Sie mich tot!«

Sie begann wieder bitterlich zu weinen und begab sich hinter die Trennwand. Auf das Strohdach der Hütte rauschte der Regen hernieder. Rjabowski faßte sich an den Kopf und ging aus einer Ecke in die andere, dann setzte er mit einem entschlossenen Gesicht, als wolle er jemandem etwas beweisen, die Mütze auf, hängte sich die Flinte über die Schulter und verließ die Hütte.

Als er weggegangen war, lag Olga Iwanowna lange auf dem Bett und weinte. Anfangs dachte sie daran, daß es gut wäre, sich zu vergiften, damit der zurückkehrende Rjabowski sie tot anträfe, aber dann sah sie sich in Gedanken in ihrem Salon, in dem Arbeitszimmer ihres Mannes und stellte sich vor, wie sie unbeweglich neben Dymow sitzen und sich dem Genuß der physischen Ruhe und Sauberkeit hingeben und abends ins Theater gehen und Masini hören würde. Und die Sehnsucht nach der Zivilisation, nach dem Lärm der Stadt und nach den berühmten Leuten machte ihr das Herz schwer. Die Bäuerin betrat die Hütte und begann gemächlich den Ofen zu heizen, um das Mittagessen zu kochen. Es fing an, brandig zu riechen, und die Luft wurde blau vor Rauch. Die Künstler kamen in hohen, schmutzigen Stiefeln und mit regennassen Gesichtern, sie betrachteten die Studien und sagten sich selbst zum Trotz, die Wolga habe sogar bei schlechtem Wetter ihre Reize. Und die billige Uhr an der Wand machte ticktack, ticktack. Die frierenden Fliegen drängten sich im Gotteswinkel um die Heiligenbilder und summten, und man konnte hören, wie in den dicken Pappschachteln unter den Bänken die Schaben herumwuselten …

Rjabowski kehrte nach Hause zurück, als die Sonne unterging. Er warf die Mütze auf den Tisch, ließ sich – blaß, erschöpft, in schmutzigen Stiefeln – auf eine Bank fallen und schloß die Augen.

»Ich bin müde«, sagte er und bewegte die Brauen, bemüht, die Augenlider zu heben.

Um sich bei ihm einzuschmeicheln und zu zeigen, daß sie nicht zürnte, trat Olga Iwanowna zu ihm, küßte ihn schweigend und fuhr ihm mit dem Kamm durch das blonde Haar. Sie hätte ihn gern gekämmt.

»Was ist denn?« fragte er, zuckte zusammen, als hätte man ihn mit etwas Kaltem berührt, und öffnete die Augen. »Was ist denn? Lassen Sie mich in Ruhe, ich bitte Sie.«

Er schob sie mit den Händen beiseite und machte einige Schritte von der Bank weg, und ihr schien, daß sein Gesicht Widerwillen und Ärger ausdrückte. In diesem Augenblick brachte ihm die Bäuerin einen Teller mit Kohlsuppe, den sie vorsichtig mit beiden Händen trug, und Olga Iwanowna sah, wie ihre beiden Daumen von der Kohlsuppe benetzt wurden. Und das schmutzige Weib mit dem starken Bauch und die Kohlsuppe, die Rjabowski gierig zu essen begann, und die Hütte und dieses ganze Leben, das sie anfangs wegen seiner Einfachheit und künstlerischen Unordnung so geliebt hatte, erschienen ihr jetzt als etwas Entsetzliches.

Sie fühlte sich plötzlich beleidigt und sagte kalt: »Wir müssen uns für einige Zeit trennen, sonst könnten wir uns vor Langeweile ernstlich verzanken. Ich bin es leid. Ich reise heute ab.«

»Womit denn? Willst du auf einem Stöckchen reiten?«

»Heute ist Donnerstag, folglich kommt um halb zehn Uhr ein Dampfer.«

»So? Ja, ja ... Nun ja, fahre nur ...«, sagte Rjabowski weich und wischte sich statt mit der Serviette mit einem Handtuch den Mund ab. »Du langweilst dich hier und hast auch nichts zu tun, und man müßte ein großer Egoist sein, wenn man dich zurückhalten wollte. Fahre, und nach dem Zwanzigsten sehen wir uns wieder.«

Olga Iwanowna packte fröhlich ihre Sachen, und ihre Wangen röteten sich sogar vor Vergnügen. Sollte das wirklich wahr sein, fragte sie sich, daß sie bald im Salon malen, im Schlafzimmer schlafen und von einem Tischtuch zu Mittag essen würde? Ihr wurde leichter ums Herz, und sie war dem Künstler bereits nicht mehr böse.

»Die Farben und Pinsel lasse ich dir hier, Rjabuscha«, sagte sie. »Was übrig ist, bringst du mit. Sieh nur zu, daß du ohne mich hier nicht faul bist, fang nicht Grillen, sondern arbeite. Du bist ein prächtiger Mensch, mein Rjabuscha.«

Um neun Uhr küßte Rjabowski sie zum Abschied, um sie, wie sie glaubte, nicht auf dem Dampfer im Beisein der Künstler zu küssen, und geleitete sie zur Anlegestelle. Der Dampfer kam bald, und sie fuhr ab.

Nach zweieinhalb Tagen langte sie zu Hause an. Ohne Hut und Regenmantel abzulegen, schwer atmend vor Aufregung, ging sie in den Salon, von dort ins Eßzimmer. Dymow saß ohne Rock, mit aufgeknöpfter Weste am Tisch und schärfte das Messer an der Gabel; vor ihm auf dem Teller lag ein Rebhuhn. Als Olga Iwanowna die Wohnung betrat, war sie überzeugt, daß sie vor ihrem Mann alles verheimlichen müßte und daß es ihr dazu nicht an Geschick und Kraft fehlen würde, aber jetzt, da sie sein breites, sanftes, glückliches Lächeln sah und die strahlenden, freudigen Augen, fühlte sie, daß vor diesem Menschen etwas zu verheimlichen ebenso gemein und ebenso widerwärtig, ebenso unmöglich war und daß ihre Kräfte dazu ebensowenig ausreichen würden, wie jemanden zu verleumden, zu bestehlen oder zu töten, und sie beschloß plötzlich, ihm alles zu erzählen, was gewesen war. Nachdem sie sich von ihm hatte küssen und umarmen lassen, ließ sie sich vor ihm auf die Knie nieder und bedeckte das Gesicht mit den Händen.

»Was denn? Was ist, Mama?« fragte er zärtlich. »Hast du Sehnsucht gehabt?«

Sie hob das Gesicht, das rot war vor Scham, und blickte ihn schuldbewußt und flehend an, aber Furcht und Scham hinderten sie, die Wahrheit zu sagen.

»Es ist nichts …«, erwiderte sie. »Ich hab nur so …«

»Setzen wir uns«, sagte er, hob sie auf und ließ sie am Tisch Platz nehmen. »So ist's recht. Iß von dem Rebhuhn. Du bist hungrig geworden, armes Kind.«

Sie sog gierig die heimatliche Luft in sich ein und aß von dem Rebhuhn, er aber schaute sie voller Rührung an und lachte froh.

6

Seit Mitte des Winters begann Dymow augenscheinlich zu erraten, daß er betrogen wurde. Als habe er kein reines Gewissen, konnte er seiner Frau nicht mehr gerade in die Augen sehen und nicht mehr freudig lächeln, wenn er mit ihr zusammentraf, und um weniger mit ihr allein zu sein, brachte er häufig zum Mittagessen seinen Kollegen Korosteljow mit, ein kleines kahlgeschorenes Männlein mit einem zerknitterten Gesicht, der, wenn er sich mit Olga Iwanowna unterhielt, vor Verlegenheit sämtliche Knöpfe seines Jacketts auf- und wieder zuknöpfte und sich danach mit der rechten Hand an der linken Schnurrbartspitze zupfte. Beim Mittagessen sprachen beide Ärzte darüber, daß bei einem hohen Stand des Zwerchfells der Herzschlag manchmal unregelmäßig sei oder daß in der letzten Zeit sehr oft eine Häufung von Nervenentzündungen zu beobachten sei oder daß Dymow gestern, als er eine Leiche mit der Diagnose »perniziöse Anämie« sezierte, bei ihr Bauchspeicheldrüsenkrebs entdeckt habe. Und es schien, als führten sie beide nur deshalb ein medizinisches Gespräch, damit Olga Iwanowna die Möglichkeit habe zu schweigen, das heißt, nicht zu lügen. Nach dem Mittagessen setzte sich Korosteljow an den Flügel, und Dymow seufzte und sagte zu ihm: »Äh, mein Lieber! Nun, was ist zu machen! Spiel mal irgend etwas Trauriges.«

Mit hochgezogenen Schultern und die Finger weit spreizend, schlug Korosteljow einige Akkorde an und sang mit seiner Tenorstimme:

»Wüßtest du einen Ort mir zu nennen,
Wo der russische Bauer nicht stöhnt?«

Dymow aber seufzte noch einmal, stützte den Kopf auf die Faust und versank in Nachdenken.

In der letzten Zeit benahm sich Olga Iwanowna äußerst unvorsichtig. Jeden Morgen erwachte sie in der allerschlechtesten Stimmung und mit dem Gedanken, daß sie Rjabowski nicht mehr liebe und daß gottlob alles schon zu Ende sei. Sobald sie aber Kaffee getrunken hatte, überlegte sie, daß Rjabowski ihr den Mann genommen habe und daß sie jetzt ohne Mann und ohne Rjabowski sei; dann erinnerte sie sich an die Gespräche ihrer Bekannten darüber, daß Rjabowski für die Ausstellung etwas Überwältigendes vorbereite, eine Mischung von Landschafts- und Genremalerei im Geschmack von Polenow, von der alle, die in seinem Atelier gewesen seien, in Begeisterung gerieten. Aber das hatte er doch, dachte sie, unter ihrem Einfluß geschaffen, und er hatte sich überhaupt dank ihres Einflusses im guten Sinne stark verändert. Ihr Einfluß war so segensreich und so wesentlich, daß er, wenn sie ihn verließ, womöglich zugrunde gehen konnte. Und sie dachte auch daran, daß er das letztemal in einem kurzen changierenden grauen Überrock und mit einer neuen Krawatte zu ihr gekommen war und schmachtend gefragt hatte: »Bin ich schön?« Und tatsächlich war er mit seinen langen blonden Locken und den blauen Augen elegant und sehr schön (oder schien es nur so?), und er war freundlich zu ihr gewesen.

Nachdem Olga Iwanowna sich an vieles erinnert und vieles erwogen hatte, kleidete sie sich in großer Erregung an und fuhr ins Atelier zu Rjabowski. Sie traf ihn fröhlich und begeistert von seinem wirklich großartigen Gemälde an; er sprang umher, trieb Unsinn und antwortete auf ernste Fragen mit Späßen. Olga Iwanowna war eifersüchtig auf dieses Bild und haßte es, aber aus Höflichkeit blieb sie etwa fünf Minuten lang schweigend vor dem Bild stehen, und mit einem Seufzer, so wie man vor einem Heiligtum seufzt, sagte sie leise: »Ja, so etwas hast du noch nie gemalt. Weißt du, man erschrickt geradezu.«

Dann begann sie ihn anzuflehen, er solle sie liebhaben und sie nicht verlassen, er solle Mitleid mit ihr, der Armen und Unglücklichen, haben. Sie weinte, küßte ihm die Hände, verlangte, er solle schwören, daß er sie liebe, und wollte ihm beweisen, daß er ohne ihren guten Einfluß vom Wege abkommen und untergehen würde. Und nachdem sie ihm die gute Stimmung verdorben hatte und sich erniedrigt fühlte, fuhr sie zur Schneiderin oder zu einer ihr bekannten Schauspielerin, bei der sie sich um eine Theaterkarte bemühte.

Wenn sie ihn in seinem Atelier nicht antraf, dann hinterließ sie ihm einen Brief, in welchem sie schwor, sie würde sich unbedingt vergiften, falls er heute nicht zu ihr käme. Er bekam Angst, besuchte sie und blieb zum Mittagessen. Ohne sich in Anwesenheit ihres Mannes zu genieren, sagte er ihr Dreistigkeiten, und sie erwiderte diese. Beide fühlten, daß einer dem anderen Zwang antat, daß sie Despoten und Feinde waren, und sie ärgerten sich, und in ihrem Ärger merkten sie nicht, daß sie sich beide ungehörig benahmen und daß sogar der kahlköpfige Korosteljow alles begriff. Nach dem Mittagessen hatte es Rjabowski eilig, sich zu verabschieden und wegzugehen.

»Wohin wollen Sie?« fragte ihn Olga Iwanowna im Vorzimmer und blickte ihn voll Haß an.

Er verzog das Gesicht, kniff die Augen zusammen und nannte irgendeine Dame, eine gemeinsame Bekannte, und es war offensichtlich, daß er sich über ihre Eifersucht lustig machte und sie ärgern wollte. Sie ging in ihr Schlafzimmer und legte sich aufs Bett; vor Eifersucht, Ärger und in dem Gefühl der Erniedrigung und Scham biß sie ins Kissen und fing an, laut zu weinen.

Dymow ließ Korosteljow im Salon zurück, trat ins Schlafzimmer, und in seiner Verlegenheit und Verwirrung sagte er leise: »Weine nicht so laut, Mama. Wozu? Darüber muß man schweigen ... Man darf sich nichts anmerken lassen ... Weißt du, was geschehen ist, läßt sich bereits nicht wiedergutmachen.«

Da sie nicht wußte, wie sie die bedrückende Eifersucht, von der ihr sogar die Schläfen weh taten, bezähmen sollte, und da sie glaubte, alles könnte noch in Ordnung kommen, wusch sie sich, puderte das verweinte Gesicht und fuhr Hals über Kopf zu der Bekannten. Als sie Rjabowski bei ihr nicht antraf, fuhr sie zu einer anderen, dann zur dritten. Anfangs schämte sie sich, daß sie das tat, aber dann gewöhnte sie sich daran, und es konnte geschehen, daß sie an einem Abend bei sämtlichen ihr bekannten Frauen herumfuhr, um Rjabowski zu suchen, und alle begriffen das.

Einmal sagte sie zu Rjabowski über ihren Mann: »Dieser Mensch bedrückt mich mit seiner Großmut!«

Dieser Satz gefiel ihr so gut, daß sie, wenn sie mit den Künstlern zusammenkam, die von ihrer Liebschaft mit Rjabowski wußten, jedesmal mit einer energischen Handbewegung von ihrem Mann sagte: »Dieser Mensch bedrückt mich mit seiner Großmut!«

Das Leben verlief nach derselben Ordnung wie im vorigen Jahr. Mittwochs fanden kleine Abendgesellschaften statt. Der Schauspieler rezitierte, die Maler zeichneten, der Cellist spielte, der Sänger sang, und unverändert öffnete sich um halb zwölf die ins Eßzimmer führende Tür, und Dymow sagte lächelnd: »Meine Herren, ich bitte zu einem Imbiß.«

Nach wie vor suchte Olga Iwanowna nach großen Leuten, fand sie und war nicht befriedigt und suchte wieder. Nach wie vor kehrte sie jeden Tag spät in der Nacht zurück, aber Dymow schlief nicht wie im vorigen Jahr, sondern saß in seinem Kabinett und arbeitete. Er legte sich gegen drei Uhr morgens schlafen und stand um acht Uhr auf.

Eines Abends, als sie im Begriff war, ins Theater zu gehen, und vor dem Spiegel stand, kam Dymow ins Schlafzimmer, in Frack und mit weißer Halsbinde. Er lächelte sanft und blickte seiner Frau freudig wie früher in die Augen. Sein Gesicht strahlte.

»Ich habe soeben meine Dissertation verteidigt«, sagte er, setzte sich und strich sich über die Knie.

»Mit Erfolg?« fragte Olga Iwanowna.

»Und ob!« Er lachte und reckte den Hals, um das Gesicht seiner Frau im Spiegel zu sehen, die immer noch, ihm den Rücken zukehrend, vor dem Spiegel stand und ihre Frisur ordnete. »Und ob!« wiederholte er. »Weißt du, es ist sehr gut möglich, daß man mir eine Privatdozentur für allgemeine Pathologie anbieten wird. Es sieht ganz so aus.«

Seinem glückseligen, strahlenden Gesicht war anzusehen, daß er, hätte Olga Iwanowna seine Freude und seinen Triumph mit ihm geteilt, ihr alles verziehen hätte, das Gegenwärtige und das Zukünftige, und alles vergessen hätte, aber sie verstand nicht, was eine Privatdozentur und allgemeine Pathologie bedeuteten, zudem fürchtete sie, zu spät ins Theater zu kommen, und sagte nichts.

Er blieb noch zwei Minuten sitzen, lächelte schuldbewußt und ging hinaus.

7

Das war ein höchst unruhiger Tag.

Dymow hatte starke Kopfschmerzen; am Morgen hatte er keinen Tee getrunken, war nicht ins Krankenhaus gegangen und hatte die ganze Zeit in seinem Arbeitszimmer auf dem türkischen Diwan gelegen. Olga Iwanowna hatte sich nach ihrer Gewohnheit kurz nach zwölf Uhr zu Rjabowski begeben, um ihm ihre Studie, ein Stilleben, zu zeigen und ihn zu fragen, warum er gestern nicht gekommen sei. Die Studie kam ihr miserabel vor, und sie hatte sie nur zu dem Zweck gemalt, um wieder einen Vorwand zu haben, den Künstler aufzusuchen.

Sie trat bei ihm ohne zu läuten ein, und als sie im Vorzimmer die Gummischuhe auszog, glaubte sie zu hören, wie im Atelier jemand leise vorbeilief, nach Frauenart mit dem Kleid raschelnd, und als sie schnell ins Atelier hineinschaute, sah sie gerade noch einen Zipfel von einem braunen Rock, der einen Augenblick lang auftauchte und dann hinter dem großen Bild verschwand, das samt der Staffelei bis zum Boden mit schwarzem Kaliko verhängt war. Es gab keinen Zweifel, eine Frau versteckte sich dort. Wie oft hatte Olga Iwanowna selber Zuflucht hinter diesem Bild gefunden!

Rjabowski, offensichtlich sehr verlegen, streckte ihr, wie verwundert über ihren Besuch, beide Hände entgegen und sagte, gezwungen lächelnd: »Aaaah! Sehr erfreut, Sie zu sehen. Was haben Sie Gutes zu erzählen?«

Olga Iwanownas Augen füllten sich mit Tränen. Scham und Bitterkeit überwältigten sie, und nicht für eine Million wäre sie bereit gewesen, in Gegenwart der fremden Frau, einer Rivalin, einer Lügnerin, die jetzt hinter dem Bild stand und wahrscheinlich schadenfroh kicherte, zu sprechen.

»Ich habe Ihnen eine Studie gebracht …«, sagte sie schüchtern, mit dünnem Stimmchen, und ihre Lippen begannen zu beben, »eine nature morte.«

»Aha … eine Studie?«

Der Maler nahm die Studie in die Hand, und während er sie betrachtete, ging er gleichsam mechanisch ins andere Zimmer.

Olga Iwanowna folgte ihm ergeben.

»Nature morte … erste Sorte«, murmelte er, nach einem Reim suchend, »Kurorte … Torte … Forte …«

Im Atelier ertönten eilige Schritte und das Rascheln von Kleidern. Sie war weggegangen. Olga Iwanowna hatte Lust, laut aufzuschreien, den Künstler mit irgend etwas Schwerem auf den Kopf zu schlagen und wegzugehen, aber sie konnte vor Tränen nichts sehen, sie war niedergedrückt von ihrer Scham und fühlte sich schon nicht mehr als Olga Iwanowna und nicht als Künstlerin, sondern als ein winziges Käferchen.

»Ich bin müde«, sagte der Künstler matt, während er die Studie betrachtete und den Kopf schüttelte, um die Schläfrigkeit zu vertreiben. »Das ist nett, natürlich, aber heute eine Studie und im vorigen Jahr eine Studie, und einen Monat später wird es wieder eine Studie sein … Wird Ihnen das nicht langweilig? Ich würde an Ihrer Stelle die Malerei aufgeben und mich ernsthaft mit der Musik oder sonst etwas befassen. Sie sind ja doch keine Malerin, sondern Musikerin. Aber wissen Sie, ich bin so müde! Ich werde gleich bitten, daß man uns Tee bringt. Ja?«

Er verließ das Zimmer, und Olga hörte, wie er seinem Diener einen Befehl gab. Um sich nicht verabschieden zu müssen und einer Auseinandersetzung aus dem Weg zu gehen, hauptsächlich aber, um nicht laut zu weinen, lief sie, ehe Rjabowski zurückkehrte, ganz schnell ins Vorzimmer, zog die Gummischuhe an und trat auf die Straße hinaus. Dort atmete sie erleichtert auf und fühlte sich für immer befreit – von Rjabowski, von der Malerei und von der drückenden Scham, die im Atelier so auf ihr gelastet hatte. Alles war zu Ende.

Sie fuhr zur Schneiderin, dann zu Barnay, der erst gestern angekommen war, von Barnay in einen Musikalienladen, und die ganze Zeit dachte sie daran, wie sie an Rjabowski einen kalten und schroffen Brief schreiben würde, voll von dem Gefühl der eigenen Würde, und wie sie im Frühjahr oder im Sommer mit Dymow auf die Krim reisen, sich dort endgültig von der Vergangenheit befreien und ein neues Leben anfangen würde.

Als sie spät am Abend nach Hause zurückkehrte, setzte sie sich, ohne sich umzuziehen, im Salon hin, um den Brief abzufassen. Rjabowski hatte ihr gesagt, sie sei keine Malerin, und sie würde ihm jetzt aus Rache schreiben, daß er jedes Jahr immer ein und dasselbe male und jeden Tag ein und dasselbe spreche, daß er erstarrt sei und nicht mehr erreichen würde, als er bis jetzt erreicht hatte. Sie hätte ihm auch gern geschrieben, daß er viel ihrem guten Einfluß zu verdanken habe, und wenn er schlecht handelte, so nur deshalb, weil ihr Einfluß durch allerhand zweifelhafte Personen zerstört werde, Personen wie jene, die sich heute hinter dem Bild verborgen habe.

»Mama!« rief Dymow aus dem Arbeitszimmer, ohne die Tür zu öffnen. »Mama!«

»Was willst du?«

»Mama, komm nicht zu mir herein, sondern geh nur bis zur Tür … Also hör zu … Vorgestern habe ich mich im Krankenhaus mit Diphtherie angesteckt, und jetzt … ist mir nicht gut. Schicke ganz schnell nach Korosteljow.«

Olga Iwanowna rief ihren Mann, wie alle ihr bekannten Männer, nicht beim Taufnamen, sondern beim Familiennamen; sein Vorname, Ossip, gefiel ihr nicht, weil er sie an den Gogolschen Ossip und an einen damit zusammenhängenden Kalauer erinnerte. Nun aber schrie sie auf: »Ossip, das kann nicht sein!«

»Schicke nach ihm! Mir ist nicht gut ...«, sagte Dymow hinter der Tür, und man konnte hören, wie er zum Diwan ging und sich niederlegte. »Schicke nach ihm!« ertönte dumpf seine Stimme.

Was soll das heißen? dachte Olga Iwanowna, und ihr wurde kalt vor Entsetzen. Das ist doch gefährlich!

Ohne jede Notwendigkeit nahm sie eine Kerze und ging in ihr Schlafzimmer, und da, während sie noch überlegte, was sie tun sollte, sah sie sich zufällig im Spiegel. Mit dem bleichen, erschrockenen Gesicht, in der Jacke mit den hohen Keulenärmeln, mit den gelben Volants auf der Brust und dem ungewöhnlichen Verlauf der Streifen auf dem Rock erschien sie sich selbst schreckenerregend und häßlich. Ihr tat Dymow plötzlich so leid, daß es sie schmerzte, ihr tat seine grenzenlose Liebe zu ihr leid, sein junges Leben und sogar dieses verwaiste Bett, in dem er schon lange nicht mehr geschlafen hatte, und sie erinnerte sich an sein ständiges sanftes, ergebenes Lächeln. Sie fing bitterlich zu weinen an und schrieb einen flehenden Brief an Korosteljow. Es war zwei Uhr nachts.

8

Als Olga Iwanowna gegen acht Uhr morgens mit einem vor Schlaflosigkeit schweren Kopf, unfrisiert, unschön und mit einem schuldbewußten Ausdruck aus dem Schlafzimmer kam, ging ein schwarzbärtiger Herr an ihr vorbei ins Vorzimmer, augenscheinlich ein Arzt. Es roch nach Medikamenten. An der Tür zum Arbeitszimmer stand Korosteljow und drehte mit der rechten Hand die linke Schnurrbartspitze.

»Entschuldigen Sie, zu ihm lasse ich Sie nicht hinein«,

sagte er mürrisch zu Olga Iwanowna. »Das ist ansteckend. Ja, und was wollen Sie eigentlich bei ihm? Er phantasiert ja doch.«

»Hat er eine richtige Diphtherie?« flüsterte Olga Iwanowna.

»Wer mit dem Kopf durch die Wand rennen will, gehört von Rechts wegen vor Gericht«, murmelte Korosteljow, ohne Olga Iwanownas Frage zu beantworten. »Wissen Sie, wobei er sich infiziert hat? Am Dienstag hat er bei einem Knaben durch ein Röhrchen den Diphtheriebelag abgesaugt. Und wozu? Dumm ... Ganz törichterweise ...«

»Ist es gefährlich? Sehr?« fragte Olga Iwanowna.

»Ja, es heißt, es sei die schwere Form. Eigentlich sollte man Schreck holen lassen.«

Es kam ein kleiner, rotblonder Mann mit langer Nase und jüdischem Akzent, dann ein großer, gebückter, zotteliger, der wie ein Protodiakon aussah, dann ein junger, sehr korpulenter, mit einem roten Gesicht und einer Brille. Das waren die Ärzte, sie kamen, um bei ihrem Kollegen zu wachen. Als Korosteljow seine Wachzeit absolviert hatte, ging er nicht nach Hause, sondern blieb da und wanderte wie ein Schatten durch alle Zimmer. Das Stubenmädchen servierte den wachhabenden Ärzten Tee und lief oft in die Apotheke, und es war niemand da, der die Zimmer aufgeräumt hätte. Es war still und trostlos.

Olga Iwanowna saß in ihrem Schlafzimmer und dachte darüber nach, daß Gott sie jetzt strafte, weil sie ihren Mann betrogen hatte. Ein schweigsames, demütiges, unbegreifliches Wesen, das durch seine Sanftmut seine Individualität eingebüßt hatte, das charakterlos und schwach war vor allzu großer Güte, litt dort einsam auf seinem Diwan und klagte nicht. Und wenn es geklagt hätte, und sei es nur in seinen Fieberphantasien, dann hätten die Ärzte erfahren, daß da nicht allein die Diphtherie schuld war. Hätten sie Korosteljow gefragt: Der wußte alles und blickte nicht umsonst so vorwurfsvoll auf die Frau seines

Freundes, als sei sie die hauptsächliche und wirkliche Übeltäterin und die Diphtherie nur ihre Helfershelferin. Sie dachte nicht mehr an den Abend im Mondschein auf der Wolga und an die Liebeserklärungen und an das poetische Leben in der Hütte, sie wußte nur noch, daß sie aus einer nichtigen Laune heraus, aus Mutwillen sich selber ganz und gar samt Händen und Füßen mit etwas Schmutzigem, Klebrigem beschmiert hatte, das sich jetzt niemals mehr würde abwaschen lassen.

Ach, wie furchtbar habe ich mich belogen! dachte sie, als sie sich an die unstete Liebe zwischen sich und Rjabowski erinnerte. Verflucht soll das alles sein!

Um vier Uhr setzte sie sich zusammen mit Korosteljow an den Mittagstisch. Er aß nichts, trank nur Rotwein und machte ein finsteres Gesicht. Sie aß ebenfalls nichts. Bald betete sie in Gedanken und gelobte Gott, daß sie, würde Dymow gesund, ihn wieder liebhaben und ihm eine treue Frau sein würde. Dann wieder, wenn sie sich für einen Augenblick vergaß, blickte sie Korosteljow an und dachte bei sich: Ist es denn nicht langweilig, ein einfacher, durch nichts bemerkenswerter, unbekannter Mensch zu sein, noch dazu mit einem so zerknitterten Gesicht und schlechten Manieren? Bald schien ihr, daß Gott sie im selben Augenblick töten würde, weil sie aus Angst vor der Ansteckung noch kein einziges Mal bei ihrem Mann im Zimmer gewesen war. Im allgemeinen aber empfand sie ein dumpfes Gefühl der Niedergeschlagenheit und die Gewißheit, daß das Leben verpfuscht und durch nichts wiedergutzumachen sei …

Nach dem Mittagessen trat die Dämmerung ein. Als Olga Iwanowna in den Salon kam, schlief Korosteljow auf der Chaiselongue, unter den Kopf hatte er sich ein goldbesticktes Seidenkissen gelegt. »Kchi-pua …«, schnarchte er, »kchi-pua.«

Und die Ärzte, die kamen, um Wache zu halten, und wieder fortgingen, bemerkten diese Unordnung nicht.

Daß ein fremder Mensch im Salon schlief und schnarchte, daß Studien an den Wänden hingen und die Einrichtung ungewöhnlich war und auch daß die Hausfrau unfrisiert und nachlässig gekleidet war – all dies erweckte jetzt nicht das geringste Interesse. Einer der Ärzte hatte zufällig über etwas gelacht, und dieses Lachen klang irgendwie seltsam und schüchtern, es wurde einem sogar unheimlich dabei.

Als Olga Iwanowna zum zweiten Mal in den Salon kam, schlief Korosteljow nicht mehr, er saß da und rauchte.

»Er hat Nasenhöhlendiphtherie«, sagte er halblaut. »Und das Herz arbeitet auch nicht mehr besonders. Im Grunde genommen stehen die Dinge schlecht.«

»Schicken Sie doch nach Schreck«, sagte Olga Iwanowna.

»Der war schon da. Er hat ja festgestellt, daß die Diphtherie in die Nase übergegangen ist. Äh, was ist denn schon Schreck! Im Grunde genommen ist Schreck nichts. Er ist Schreck, ich bin Korosteljow – und weiter nichts.«

Die Zeit zog sich entsetzlich lange hin. Olga Iwanowna lag angekleidet im Halbschlummer auf dem seit dem Morgen nicht gemachten Bett. Ihr war, als sei die Wohnung vom Fußboden bis zur Decke von einem riesigen Stück Eisen ausgefüllt und als brauche man nur das Eisen hinauszutragen, damit allen wieder fröhlich und leicht zumute würde. Beim Erwachen fiel ihr ein, daß es kein Eisen war, sondern Dymows Krankheit.

Nature morte ... Forte ... Kurorte ..., dachte sie und fiel wieder in einen Dämmerzustand, Sport ... Kurort ... Und wie war es mit Schreck? Schreck, greck, wreck ... kreck. Und wo sind jetzt meine Freunde? Wissen sie, daß wir Kummer haben? Herrgott, rette, hilf. Schreck, greck ...

Und wieder war das Eisen da. Die Zeit zog sich lange hin, die Uhr im unteren Stockwerk schlug oft. Hin und wieder hörte man läuten; die Ärzte kamen. Das Stubenmädchen erschien mit einem leeren Glas auf einem Tablett und fragte: »Gnädige Frau, befehlen Sie, das Bett zu machen?«

Und sie ging hinaus, da sie keine Antwort bekam. Unten schlug die Uhr; ihr träumte vom Regen an der Wolga, und wieder betrat jemand das Schlafzimmer, ein Fremder, wie es schien. Olga Iwanowna sprang auf und erkannte Korosteljow.

»Wieviel Uhr ist es?« fragte sie.

»Gegen drei.«

»Nun, wie steht's?«

»Wie soll es stehen! Ich bin gekommen, um Ihnen zu sagen: Es geht zu Ende mit ihm ...«

Er schluchzte auf, setzte sich neben sie auf das Bett und wischte die Tränen mit dem Ärmel ab.

Sie hatte nicht gleich begriffen, aber ihr wurde ganz kalt, und sie begann sich langsam zu bekreuzigen.

»Es geht zu Ende mit ihm ...«, wiederholte er mit dünner Stimme und schluchzte wieder auf. »Er stirbt, weil er sich selbst geopfert hat ... Was für ein Verlust für die Wissenschaft«, sagte er voll Bitterkeit. »Er war, wenn man uns alle mit ihm vergleicht, ein großer, ungewöhnlicher Mensch! Welche Begabung! Welche Hoffnungen hat er bei uns allen erweckt!« fuhr Korosteljow fort und rang die Hände. »Herr du mein Gott, das wäre ein solcher Gelehrter geworden, wie man ihn jetzt mit der Laterne nicht findet. Oska Dymow, Oska Dymow, was hast du angerichtet! Oje, oje, mein Gott!«

Korosteljow bedeckte vor Verzweiflung das Gesicht mit beiden Händen und wiegte den Kopf hin und her.

»Und was für eine sittliche Kraft!« sprach er weiter, immer mehr gegen irgend jemanden in Zorn geratend. »Eine gute, reine, liebende Seele, ein glasklarer Mensch! Er diente der Wissenschaft und ist an der Wissenschaft gestorben. Und gearbeitet hat er wie ein Ochse, Tag und Nacht, keiner hat ihn geschont, und der junge Gelehrte, der künftige Professor, mußte sich eine Praxis suchen und nachts Übersetzungen machen, um diese ... elenden Fetzen zu bezahlen!«

Korosteljow blickte voller Haß auf Olga Iwanowna, ergriff das Laken mit beiden Händen und riß böse daran, als wäre es schuld.

»Sich selbst hat er nicht geschont, und ihn hat man nicht geschont. Ach, was gibt es da im Grunde noch zu reden!«

»Ja, ein seltener Mensch!« sagte mit tiefer Baßstimme jemand im Salon.

Olga Iwanowna dachte an ihr ganzes Leben mit ihm, vom Anfang bis zum Ende, mit allen Einzelheiten, und plötzlich begriff sie, daß er tatsächlich ein ungewöhnlicher, seltener und im Vergleich mit denen, die sie kannte, ein großer Mensch war. Und als sie sich daran erinnerte, wie ihr verstorbener Vater und alle seine Kollegen, die Ärzte, zu ihm gestanden hatten, da begriff sie, daß sie alle in ihm eine künftige Berühmtheit gesehen hatten. Die Wände, die Zimmerdecke, die Lampe und der Teppich auf dem Fußboden blinzelten ihr spöttisch zu, als wollten sie sagen: »Verpaßt! Verpaßt!« Weinend stürzte sie aus dem Schlafzimmer, schlüpfte im Salon an einem unbekannten Mann vorbei und lief in das Arbeitszimmer ihres Mannes. Er lag unbeweglich auf dem türkischen Diwan, bis zum Gürtel unter der Bettdecke. Sein Gesicht war furchtbar eingefallen und abgemagert und hatte eine graugelbe Farbe angenommen, wie sie bei Lebenden niemals anzutreffen ist; und nur an der Stirn, den schwarzen Augenbrauen und an dem bekannten Lächeln konnte man erkennen, daß dies Dymow war. Olga Iwanowna tastete rasch seine Brust, die Stirn und die Hände ab. Die Brust war noch warm, aber die Stirn und die Hände waren unangenehm kalt. Und die halbgeöffneten Augen blickten nicht auf Olga Iwanowna, sondern auf die Bettdecke.

»Dymow!« rief sie laut. »Dymow!«

Sie wollte ihm erklären, daß es ein Irrtum gewesen sei,

daß noch nicht alles verloren wäre, daß das Leben noch herrlich und glücklich sein könnte, daß er ein seltener, ungewöhnlicher, großer Mensch sei und daß sie ihn ihr ganzes Leben lang verehren, anbeten und vor ihm eine heilige Ehrfurcht empfinden würde …

»Dymow!« rief sie ihn; sie rüttelte ihn an der Schulter und glaubte nicht daran, daß er niemals mehr aufwachen würde. »Dymow, aber Dymow!«

Im Salon jedoch sagte Korosteljow zu dem Stubenmädchen: »Was gibt's da zu fragen? Gehen Sie zum Kirchenwächter und fragen Sie, wo die Armenhäuslerinnen wohnen. Sie werden dann die Leiche waschen und zurechtmachen, sie werden alles tun, was nötig ist.«

1892

Alexander Kuprin

Die bange Minute

Die große neue Terrasse des Landhauses lag im hellen Licht von einer Lampe und von vier Leuchtern, die auf dem länglichen Teetisch standen. Rasch dunkelte der Juliabend. Der alte Lindengarten, der das Haus von allen Seiten dicht umschloß, war in warme Finsternis getaucht. Nur die Fliederblätter, von der Lampe unmittelbar angestrahlt, hoben sich scharf und eigentümlich von der Dunkelheit ab, reglos, glatt und glänzend, wie aus grünem Blech geschnitten. Kein Rascheln, kein Ton drang aus dem schlafenden Garten. Obwohl die Leinwandvorhänge zurückgezogen waren, brannten die Kerzen mit gleichmäßiger, ruhiger Flamme. Es war schwül, und man spürte, daß in der erhitzten, elektrisierten Luft langsam ein Nachtgewitter heraufzog. Es duftete nach Honig, nach Linden- und Holunderblüten.

Warwara Michailowna Rjasanzewa bereitete mit Hilfe des Dienstmädchens auf der Terrasse den Tee für die Gäste. Auch nachdem sie und ihr Mann in das Landhaus übergesiedelt waren, hatten sie ihre gemütlichen Dienstagabende nicht aufgegeben, sie waren nur weniger besucht und intimer, weil sich dazu ausschließlich Bekannte aus der Nachbarschaft einfanden. Für Stadtbewohner war es zu umständlich, wegen drei, vier Stunden fünfzehn Werst weit zu fahren.

Freudig erregt musterte Warwara Michailowna die mit einem neuen, völlig knitterlosen Tischtuch gedeckte Tafel, auf deren schneeiger Weiße die silbernen Zwiebackdosen, Milchkännchen und Teelöffel und die funkelnden Kristallschalen mit Eingemachtem, Konfekt und Obst eine rechte Augenweide boten. All die vier Jahre ihrer Ehe hindurch hatte sie den kleinen Hausstand mit warmherziger, aufrichtiger Liebe geführt, wie sie jungen Frauen eigen ist, die ihren Mann mit zärtlicher Fürsorge zu umgeben gewohnt sind.

Sie vergötterte ihren Mann – trotz des Altersunterschiedes von zwanzig Jahren. Dieser Mann, durch seine Leistungen auf dem Gebiet der Bakteriologie der ganzen wissenschaftlichen Welt bekannt, war im Privatleben ein großes Kind, kränkelnd, schwächlich, unendlich gutmütig, zerstreut bis zur Lächerlichkeit und zartfühlend bis zur Schüchternheit. Warwara Michailowna war stolz darauf, den Namen eines unermüdlichen Wissenschaftlers und makellos rechtschaffenen Mannes zu tragen, noch mehr jedoch darauf, daß sie ihm häusliche Behaglichkeit und ein geregeltes Familienleben geschaffen hatte und daß es ihr unauffällig gelungen war, für ihn in allem unentbehrlich zu sein – als seine Kinderfrau, sein Notizbuch, sein Freund. Und auch jetzt, da sie den mannigfaltigen Hausfrauenpflichten nachging, schaute sie immer wieder mit fürsorglicher Liebe durch die Tür in den Salon, wo sich in einer Ecke Rjasanzews großer Charakterkopf mit der freimütigen, höckerigen Denkerstirn und den klaren blauen Kinderaugen über den Schachtisch beugte.

Als der Tee fertig war, bat Warwara Michailowna die Gäste auf die Terrasse. Im Salon blieben nur ihr Mann und sein steter Partner, der alte Professor Iltschenko, die ihre Partie zu Ende spielen wollten. Sie trat zu den beiden heran, stützte die Ellenbogen auf die Stuhllehne ihres Mannes und fragte, wo sie den Tee einnehmen wollten. Iltschenko, der schon zwei Partien verloren hatte und sah, daß er auch jetzt seinen König nicht gegen Rjasanzews Turm würde verteidigen können, stand auf.

»Ich bin heute nicht in der Lage, die einfachsten zwei Züge zu kombinieren«, sagte er verdrossen. »Mein Kopf ist wie aus Blei. Wahrscheinlich gibt es in der Nacht ein Gewitter.«

Er ging hinaus auf die Terrasse. Rjasanzew, der seine

Frau den ganzen Abend noch nicht gesehen hatte, nahm ihre Hand und zog sie sacht zu sich.

»Wie schön du heute bist, mein Mädchen«, sagte er und lächelte sie liebevoll an.

Sie stand vor ihrem Mann, leicht und graziös, in der üppigen Blüte ihrer achtundzwanzigjährigen Schönheit, mit hoher Brust und biegsamer Taille. Das leichte Jäckchen aus feinem weißem Krepp, das sich in zwanglosem Faltenwurf um ihren jungen Körper schmiegte und dessen anmutige Formen nicht verbarg, ließ bis in Ellenbogenhöhe ihre vollen, kräftigen, mit einem Anflug von Flaumhaar bedeckten Arme frei. Sie hatte das sanfte, glanzlose Gesicht einer dunklen Brünetten, einen kleinen Mund, voll und scharf geschwungen, so wie man ihn nur bei Frauen auf Rubensschen Gemälden sieht, große Augen, die abends, wenn sich die Pupillen erweiterten, tiefschwarz wirkten, und dichte, ein wenig widerspenstige schwarzbraune Haare, die sich an den Schläfen und im Nacken zierlich ringelten.

»Bist du mit mir zufrieden, Papa?« fragte sie und tippte zärtlich an seine kleine sehnige Hand.

»Ach, weißt du«, sagte Rjasanzew, während er seine Frau bewundernd betrachtete, »mitunter will es mir scheinen, daß du viel zu schön bist für so einen alten Knochen wie mich.«

Warwara Michailowna errötete. Es war für sie schmerzlich und unangenehm, solche Worte von ihrem Mann zu hören, den sie bis zur Selbstvergessenheit liebte. Oft hatte sie das Gefühl, sie lohne ihm seine rührende, vertrauensvolle Liebe noch zuwenig. Plötzlich empfand sie ein unwiderstehliches Verlangen, vor ihm niederzuknien und seine Beine zu umfangen.

»Untersteh dich, noch einmal so zu reden«, flüsterte sie.

Mit der Gebärde eines Kindes, das sich heimlich etwas nimmt, führte sie geschwind seine Hand an ihre Lippen und küßte sie zweimal auf die Innenfläche, oben und unten.

Sodann ging sie hinaus auf die Terrasse, schenkte Tee ein und hörte der allgemeinen Unterhaltung zu, bereit, diese hilfreich zu beleben, falls sie erlahmen sollte. Doch die Unterhaltung wollte gar nicht erst in Gang kommen. Alle klagten über Hitze und Mattigkeit vor dem Gewitter. Einige sprachen schon davon, daß sie noch vor dem Regen nach Hause müßten.

»Warum ist denn Ihr Andrej Lukitsch heute gar nicht erschienen?« wurde Warwara Michailowna von Iltschenkos Frau gefragt, einer fülligen Dame von strengem Aussehen, die Wint und Klatschereien liebte und ihren Mann unter dem Pantoffel hatte.

»Ich weiß auch nicht, warum er bis jetzt noch nicht da ist«, erwiderte Warwara Michailowna. »Er hatte zugesagt zu kommen, und zwar nicht allein. Er wollte einen Freund mitbringen. Oh, wie hieß er doch gleich? Dabei ist er durch seine Stimme so bekannt. Ach ja, jetzt weiß ich es wieder – Rshewski.«

»Kennen Sie Rshewski denn noch nicht?« fragte die Iltschenko erstaunt.

»Nein. Aber ich habe schon viel von ihm gehört.«

Die Iltschenko machte ein verschmitztes Gesicht und drohte der Rjasanzewa mit dem Finger. »Passen Sie auf, daß Sie sich nicht verlieben. Dieser Herr ist sehr gefährlich für junge Ehefrauen und alte Ehemänner.«

Frau Iltschenko gehörte zu jenen privilegierten Klatschbasen, die unter dem Vorwand, »jemandem die ganze Wahrheit ins Gesicht zu sagen«, allerorts Gemeinheiten und Niederträchtigkeiten von sich geben und Schmutz, Zwist und Haß säen. Keiner mochte sie, die meisten konnten sie nicht ausstehen, und alle fürchteten sie ein wenig.

Warwara Michailowna erwiderte nichts auf diese zynische Warnung, sie lächelte nur, mit einem Anflug von Geringschätzung und von oben herab, im Bewußtsein ihrer

Lauterkeit und ihres unbefleckten Rufes. Dafür interessierten die Worte der Iltschenko höchlichst Marja Fjodorowna Thiel, eine Gymnasiumsfreundin der Rjasanzewa, eine hübsche, einfältige und sentimentale junge Witwe, der schon drei, vier aller Welt bekannte Liaisons nachgesagt wurden.

»Sieht er sehr gut aus, dieser Rshewski?« fragte sie.

Viele der Gäste lächelten. Rshewski war in mancher Beziehung nur zu bekannt. Die Iltschenko mußte alles berichten, was sie von ihm wußte. Ob er gut aussehe? Je nachdem, aber ihrer Meinung nach sei er mit seinem Gesicht zu sehr auf Wirkung bedacht, wie ein Friseur sozusagen. Moral habe er überhaupt keine, und das locke wohl die Abenteurerinnen an wie die Schmetterlinge das Licht, obwohl man ihm andererseits Gerechtigkeit widerfahren lassen müsse – hinsichtlich seiner Liaisons sei er sehr diskret. Was seine Stimme angehe, so singe er freilich erstaunlich gut. Mit Vergnügen würde ihn jede Bühne nehmen, wenn er nur wollte. Er aber ziehe sein leichtsinniges Nichtstuerdasein vor, da er an Mitteln nicht bedürftig sei und seine Bewegungsfreiheit durch nichts einschränken lassen wolle.

Warwara Michailowna hörte sich Rshewskis Charakteristik nicht bis zu Ende an. Mit dem feinen Gehör der besorgten Mutter vernahm sie zwei Zimmer weiter den Spektakel, den ihre vierjährige Tochter machte, wenn sie zu Bett gebracht wurde. Sie entschuldigte sich bei den Gästen und eilte ins Kinderzimmer.

Im halbdunklen Kinderzimmer, das vom flackernden Schein des Lämpchens vor dem Heiligenbild schwach erhellt wurde, kniete Alja in ihrem von einem hohen Netz umgebenen Bett, nur mit dem Unterhemdchen bekleidet, mit bloßem Hals und bloßen zarten Kinderärmchen. Die alte Kinderfrau, die einst Rjasanzew auf dem Arm getragen hatte, redete schon seit einer halben Stunde mit der sanften Geduld der Greisin auf Alja ein, sie solle, wie es sich gehöre, ihr Muttergottesgebet sprechen. Alja aber wollte nicht beten und zappelte in den Armen der Kinderfrau, sie warf den Kopf zurück und lachte hell. Als sie die Mutter hereinkommen sah, richtete sie sich flink im Bett auf und streckte ihr die Hände mit weitgespreizten Fingerchen entgegen.

»Alja, nun bete aber, bete. Sonst wird der liebe Gott böse, wenn er erfährt, daß du der Njanja nicht gehorchst«, sagte Warwara Michailowna scheinbar streng und suchte sich aus der Umarmung ihres Töchterchens zu lösen.

»Mama, erzählst du mir ein Märchen?« fragte Alja und schaute der Mutter von unten schelmisch in die Augen, ohne dabei deren Hals loszulassen.

»Ich erzähl dir eins, wenn du hübsch artig bist.«

Warwara Michailowna begann halblaut, jedes Wort deutlich aussprechend, das Gebet. Alja sprach es ihr mit feiner Stimme laut nach, wobei sie die Worte putzig entstellte und die eine Hand immer in der gleichen Richtung schwenkte, von der Schulter zum Bauch. Als sie das Gebet beendet hatte, fügte sie noch ihr übliches »Beschütze, Herr, den Papa, die Mama, die Njanja, die Großmama, die kleine Jelena und alle meine Angehörigen« hinzu und legte sich sogleich auf die rechte Seite, beide Hände unter dem Kopf, »wie artige kleine Mädchen schlafen«.

»So, Mama, und jetzt das Märchen«, verlangte sie.

Wenn Warwara Michailowna der Tochter ein Märchen erzählen wollte, wurde ihr die Wahl des Sujets nie schwer. Sie begann ohne Umschweife: Es war einmal, vor langer Zeit, in einem Königreich … Und dann setzte sie das erstbeste Wort ein, das ihr gerade in den Sinn kam: ein uralter König mit einem langen grauen Bart oder: da hauste einst ein schrecklicher Wolf, der um ein Dorf herumstrich und sich die weißen Schäfchen holte.

Heute verfiel sie auf eine Zauberin, und sie begann in getragenem, ein wenig geheimnisvollem Ton, wobei sie Alja die bloße warme Brust streichelte: »Es war einmal eine Zauberin. Sie war sooo groß, größer als ein Glockenturm, und im Mund hatte sie zwei Reihen spitzer weißer Zähne und eine lange, lange rote Zunge mit einem Pfeil vorn dran ...«

»Da hat sie wohl kleine Mädchen gefressen, Mama?« fragte Alja ängstlich.

»Das hat sie, aber nicht alle, nur die ungehorsamen und die Schmutzfinken. Und sie hatte auch eine Eule, so einen großen Vogel mit runden Augen, der am Tage blind ist und auf einem Baum sitzt, nachts aber herumfliegt und ruft und sich Nahrung sucht. Dann hatte sie noch eine schwarze Katze. Die Zauberin selber war einäugig. Doch sie war nicht böse, und wer zu ihr kam und ein gutes Werk tun wollte, dem half sie allemal. Eines Tages sitzt die Zauberin in ihrer Hütte auf Hühnerbeinen und hört, wie jemand aus dem Wald kommt ...«

Warwara Michailowna erzählte noch ein paar Minuten weiter, was ihr gerade einfiel, bis sie die gleichmäßigen, tiefen Atemzüge des Töchterchens vernahm, das eingeschlafen war. Sie bekreuzigte es, schob die Decke, die heruntergerutscht war, unter den entspannten kleinen Körper und verließ das Kinderzimmer so behutsam und lautlos, wie nur Mütter es vermögen.

Zur gleichen Zeit, als sie zurückkehrte, betraten zwei Männer von der Gartenseite her die Terrasse. Als erster Andrej Lukitsch Noritsch, Rjasanzews Vetter, ein alter Junggeselle, zuvorkommend und geschäftig, der am Gymnasium Griechisch unterrichtete. Ihm folgte mit unbeschwertem, selbstsicherem Gang ein sehr großer, schlanker, kräftig aussehender Herr von etwas über dreißig Jahren. Er war von beeindruckender Schönheit, der auffallenden Schönheit des dunkelhäutigen, schwarzhaarigen Typs, gepflegt, gesund und selbstbewußt, mit schwarzen Augen, feucht und keck, und mit tiefroten, sinnlichen Lippen unter einem hübschen kleinen schwarzen Schnurrbart – der Inbegriff eines italienischen Galans.

Unwillkürlich ließ Warwara Michailowna den Blick voll Neugier auf ihm ruhen. Zum erstenmal im Leben begegnete sie einem Mann von so üblem, gefährlichem und für Frauen immer unerklärlich anziehendem Ruf, wie Rshewski ihn hatte. Doch sogleich ertappte sie sich bei dieser Neugier, wurde verlegen und ärgerte sich über sich selber. Was ging sie dieser Provinz-Don-Juan an? Würde sie sich etwa zu so einer kleinlichen, häßlichen Neugierde herablassen wie die Iltschenko oder die skrupellose Marja Fjodorowna? Unwillkürlich verglich sie Rshewski mit ihrem Mann. Jener war ein Geck, das war sofort zu sehen, ein durchschnittlicher, bornierter Mensch, wenn auch sehr hübsch, aber eben wie aus einem Frisiersalon, während ihr Mann so intelligent, schlicht, weitherzig und großmütig war. Und schließlich sein Ruf ... Kann er denn in ihren Augen etwas anderes bedeuten als eine Kette schmuddliger »billiger Amouren«, wie ein gewisser Schriftsteller diese Sorte Liebe nennt?

Als daher Rshewski von Andrej Lukitsch zu ihr geführt und ihr vorgestellt wurde, begrüßte sie ihn recht kühl. Rshewski verbeugte sich respektvoll, aber mit dem stetigen selbstsicheren Lächeln eines Schönlings, der weiß, daß er von makellosem Aussehen, gut gekleidet und ein Herzensbrecher ist.

Warwara Michailowna empfand es denn auch als unschicklich, wie alle zugleich, beinahe schmeichlerisch auf Rshewski einredeten, obwohl er in seinen Äußerungen weit bescheidener war, als man nach seinem Lächeln und dem sieghaften Gebaren hätte vermuten können. Jemand fragte, ob es stimme, daß er Masini persönlich kenne, woraufhin Rshewski sehr schlicht und amüsant von seiner Bekanntschaft mit dem berühmten Sänger erzählte.

»Es fügte sich«, sagte er, »daß ich ihn vor einem privaten Konzert kennenlernte, das der namhafte Mejerowski für ein Häuflein Musikenthusiasten veranstaltete, der sich, nebenbei bemerkt, durch eine kolossale Ignoranz auf dem Gebiet der Musik auszeichnete. Auch ich war zur Teilnahme aufgefordert worden und erschien deshalb zu einer Probe, die im Hause Mejerowskis angesetzt war. Ich mußte als letzter singen, da ich mich ein wenig verspätet hatte. Es hatten sich etwa ein Dutzend Künstler eingefunden, lauter mir fremde Leute. Ich singe also, weiß allerdings gar nicht mehr, was, ich glaube, eine Arie aus Donizettis ›Renegat‹. Als ich zu Ende gesungen habe, gehe ich weg vom Flügel. In dem Augenblick tritt ein Herr auf mich zu, mittelgroß und kräftig, die Haut dunkel getönt, Haare und Bart schwarz und in malerischer Unordnung. Alles in allem ein vitales, schönes Gesicht, der reinste Räuber, unter den Augen Falten wie Säcke. Die Kleidung nachlässig. Er tritt also auf mich zu – bedenken Sie, wir begegneten uns zum erstenmal –, nimmt mich bei der Hand und fängt in gebrochenem Französisch an, sich über meinen Gesang auszulassen. Und zwar auf die unverblümteste Art und Weise, allerdings sehr treffend und prägnant. Mir schien das etwas fehl am Platze, und außerdem ist kein Künstler, wie Sie sicherlich wissen, frei von Eigenliebe. Ich unterbreche ihn also: ›Entschuldigen Sie, aber zunächst einmal habe ich nicht die Ehre, Sie zu kennen.‹ Er lächelt und erwidert im Brustton der Überzeugung: ›Im Gegenteil, ich bin sicher, daß Sie mich kennen. Ich bin Masini.‹ Und in der Tat, er gab mir viele sehr treffende Hinweise, wie ich sie von keinem Gesangsprofessor je gehört habe. Meiner Meinung nach sind die unter dem Publikum kursierenden Gerüchte von Masinis Unverschämtheit und Grobheit völlig unbegründet. Auf mich machte er den angenehmsten Eindruck. Er spricht sehr lebendig und bildhaft, und in alles, was er sagt, streut er charakteristische italienische Flüche und Ausrufe ein wie: ›Porche misere!‹ Dem Publikum, namentlich seinen aufdringlichen Verehrerinnen gegenüber ist er wohl ein wenig überheblich und herablassend, doch diesen Mangel kann man ihm nachsehen, wenn man seine gewaltige Berühmtheit, Verwöhntheit und seine nicht minder gewaltige Eigenliebe in Betracht zieht.«

Rshewski gab noch etliche seiner Reminiszenzen aus der Welt der Operngrößen zum besten. So voreingenommen Warwara Michailowna vom ersten Augenblick an ihm gegenüber war, konnte sie doch nicht umhin anzuerkennen, daß er selber beim Erzählen immer im Hintergrund blieb, was gar nicht zu seinem selbstsicheren Gebaren passen wollte. Und er erzählte sehr interessant, indem er geschickt kleine, aber charakteristische Dinge aus dem Leben hinter den Kulissen wiedergab, die für ihn längst etwas Alltägliches, Eintöniges waren, für seine Zuhörer jedoch, das wußte er, neu und fesselnd.

Warwara Michailowna aber erregte und beunruhigte Rshewskis Blick, der unablässig ihr galt, so als erzähle er allein für sie. Ohne sich umzudrehen, spürte sie diesen eindringlichen, zärtlichen, bewundernden Blick auf ihrem Gesicht, ihren Armen, ihrem Körper, spürte ihn mit jenem besonderen, feinen Instinkt, mit dem die meisten Frauen ausgestattet sind und der ihnen unfehlbar sagt, inwieweit sie einem Mann gefallen. Trotz des unbegründeten feindseligen Gefühls gegenüber Rshewski fing sie, mitgerissen von dem, was er sagte, dennoch zwei-, dreimal seinen Blick auf, und jedesmal schlug sie rasch und verwirrt die Augen nieder.

Ich muß dafür sorgen, daß er nicht mehr bei uns verkehrt, fuhr es Warwara Michailowna durch den Kopf, doch auf der Stelle besann sie sich. Ja, fürchte ich denn wirklich diesen »Unwiderstehlichen«? Er könnte das in der Tat denken, wenn ich so sauertöpfisch dasitze. Ich muß mich natürlicher geben und wenigstens aus purer Höflichkeit etwas zu ihm sagen.

Da tat Frau Iltschenko kund, sie sei überzeugt, daß Rshewski die Gesellschaft noch durch seinen Gesang erfreuen werde.

»Ich singe jederzeit gern«, sagte Rshewski schlicht, »aber ich bin mir wirklich nicht sicher, ob mein Gesang alle Anwesenden erfreuen wird.« Dabei wandte er sich nun vollends Warwara Michailowna zu, sie zu einer Antwort herausfordernd.

»Sie sind gar zu bescheiden«, sagte sie, bemüht, ungezwungen zu wirken, doch wider Willen schüchtern. »Ich habe so viel von Ihrem Gesang erzählen hören, daß es unrecht wäre, wenn Sie es uns abschlügen.«

Während sie diese nichtssagenden Worte sprach, begegneten sich ihre Blicke abermals. Es war dies einer jener sonderbaren, für den Psychologen unbegreiflichen, für die Anwesenden unfaßbaren Blicke, die weit mehr als Worte sagen und die zwei Menschen, die sich zum erstenmal begegnen, unversehens und ohne daß sie es wollen, einander nahebringen, indem sie den konventionellen Vorhang von Anstandsregeln zerreißen. Mitunter ist es ein solcher Blick, der – vage zwar, aber unfehlbar – einem Mann und einer Frau, die sich noch fremd sind, prophezeit, daß sie früher oder später einander gehören werden

»Gut, aber ich hoffe, daß Sie mich begleiten«, sagte Rshewski.

»Ich fürchte, Sie werden unzufrieden mit mir sein. Aber ich will es trotzdem versuchen ...«

»Oh, Sie sind allzu bescheiden. Wenn Sie also mit Ihrem Tee fertig sind, lassen Sie uns beginnen.«

Sie gingen in den Salon zum Flügel, auf dem Stöße von Noten lagen.

»Sind Sie mit den Romanzen Tschaikowskis vertraut?« fragte Warwara Michailowna, während sie die Hefte durchsah und dicht hinter sich Rshewskis Anwesenheit spürte.

»Aber gewiß.«

»Mögen Sie sie?«

»Und Sie?«

Sie lachte, holte ein dickes Album mit Chagrinledereinband hervor, stellte es auf den Notenständer und setzte sich an den Flügel.

»Schlagen Sie aufs Geratewohl auf«, riet Rshewski, »Tschaikowski ist immer gleich schön.«

Sie öffnete das Album in der Mitte und erkannte sofort die Romanze »Die bange Minute«, die sie mit ihrer originellen, leidenschaftlichen und zugleich zaghaften Melodie immer tief beeindruckte.

»Kennen Sie diese?« fragte sie und hob den Kopf, um Rshewski anzuschauen, während sie sich den Stuhl zurechtrückte.

»Ja, lassen Sie uns beginnen.«

Leicht und mit Ausdruck spielte sie die schwierige Introduktion, und vor dem Auftakt hielt sie kurz inne. Die Unterhaltung im Salon und auf der Terrasse war sogleich verstummt.

»Seufzend stehst du mit gebleichten Wangen,
Deine Lippen beben ...«

Die kräftigen und zärtlichen Klänge, gesungen von einer wundervoll frischen Baritonstimme, erfüllten den Raum.

»... leise, kaum vernehmlich!
Ach, du ahnst nicht, welch ein schweres Bangen
Mich ergreift bei deinen wortlosen Mienen ...«

Wieder spürte Warwara Michailowna, daß Rshewskis brennender Blick keine Sekunde von ihrem Gesicht abließ und daß er allein für sie sang, so wie er beim Tee allein für sie erzählt hatte. Warum tut er das? Das fällt doch allen auf, dachte sie erschrocken. Gleichzeitig achtete sie angestrengt auf die Begleitung, und – sonderbar – nie zuvor hatte der Flügel unter ihren Fingern eine Stimme so schön und gehorsam untermalt wie eben jetzt.

Allmählich fühlte sie sich eigenartig entrückt. Das Zimmer, die Gäste, ihr Mann, Alja – alles schien ihr unendlich fern, nebelverhangen, es hatte aufgehört zu existieren. Auf der ganzen Welt waren nur sie beide – er, dieser schöne fremde Mann, seltsam und ihr so nahe, und sie, erregt und ängstlich, als begehe sie ein Verbrechen.

»Schweigst du immer noch und wehrst den Tränen,
Die verdunkeln deine Blicke, voll Milde?
Auch nicht mitleidsvoll sich wollen öffnen
Deine Lippen mir zum Trost, zum Glücke …«,

sang Rshewski, und das Flehen in seiner Stimme klang so innig und sehnsuchtsvoll, der Ruf so eindringlich, daß sie vermeinte, dem unmöglich widerstehen zu können.

In diesem Augenblick streckten beide gleichzeitig die Hand aus, um die Seite umzublättern, und ihre Finger berührten sich. Warwara Michailowna spürte einen zarten Druck, für keinen, außer ihnen beiden, bemerkbar. Rasch zog sie die bebende Hand zurück und beugte das aufflammende Gesicht verlegen über das Notenblatt. Die herrlichen, verzaubernden Töne ergossen sich, hypnotisierend und lockend, immer eindringlicher über sie:

»Sprich, o sprich ein Wort, daß ich mag erkennen,
Ob ich hoffen darf, ob mir wird lächeln
Ein frohes, ein selig Geschick …«

Das ist das heraufziehende Gewitter, redete sich Warwara Michailowna ein, als sie merkte, wie eine glühende Mattigkeit sich in ihrem Körper ausbreitete und wie schwer und stoßweise sie atmete.

Die letzten Worte der Romanze:

»O ende diese Qual, gib mir Gewißheit!«

sang Rshewski – die Arme sogar ein wenig Warwara Michailowna entgegengestreckt – so leidenschaftlich erregt und flehend gebieterisch, daß sie unwillkürlich die Augen schloß und dem raschen und ungestümen Pochen ihres Herzens lauschte. Als sie ihren Klavierpart beendet hatte, ließ sie sich, bewegt und erschöpft, doch mit glänzenden Augen, in den Stuhl zurücksinken. Die Gäste bestürmten Rshewski, noch etwas zu singen, doch Warwara Michailowna erhob sich rasch.

»Ich kann nicht mehr spielen«, sagte sie, »es ist zu schwül.«

Lange drang man in sie, doch vergebens. Sie wollte nicht, weil sie diese brennenden Augen und diese wunderbare, gewaltige Stimme fürchtete, und beschämt erkannte sie, daß sie sich über diese Furcht nicht mehr so entrüstete wie anfangs. Schließlich machte sich Marja Fjodorowna erbötig, die Begleitung zu übernehmen, doch gleich bei den ersten Takten der Rubinsteinschen »Asra« verspielte sie sich, brachte den Sänger aus dem Konzept und wurde unsicher. Die zweite Romanze kannte sie noch weniger, und am Ende erklärte sie, sie sei heute nicht zum Spielen aufgelegt.

Rshewski setzte sich selber an den Flügel. Eine Weile ließ er die Hände gedankenverloren über die Tasten gleiten, als suche er sich etwas ins Gedächtnis zurückzurufen. Warwara Michailowna stand an der Terrassentür und sah ein vages Lächeln über seine Lippen huschen. Dann wurde sein Antlitz plötzlich ernst und schien sogar zu erbleichen. Langsam hob er den Blick zu ihr, sah sie unverwandt an und begann, direkt an sie gerichtet, nach einem temperamentvollen Präludium, wobei seine Stimme und sein Vortrag eine eigenartige, zigeunerhaft-schrille Färbung annahmen, die bekannte Romanze von Tarnowski:

»O fülle meinen Sinn mit Glück,
Schenk Lebensfreude mir, sei meine Sonne,

Sei hold mir auch nur einen Augenblick
Und laß mich kosten deiner Liebe Wonne.«

Eine wild auflodernde, keine Grenzen kennende Leidenschaft, gepaart mit einem inständigen Flehen, klang aus seiner geschmeidigen Stimme, und Warwara Michailowna war wie verzaubert und vermochte die Augen nicht von Rshewskis eindringlichem, sprechendem Blick zu lösen. Der Kopf brannte, ihr schwindelte, das Blut hämmerte in den Schläfen, ihr Atem ging schnell und heftig, die plötzlich ausgedörrten Lippen waren halb geöffnet. Sie schien zu träumen oder trunken zu sein. Dieser schöne Mann, stark und voller Leidenschaft, hatte augenblicklich, an einem einzigen Abend, mit einer erschrekkenden und zugleich fesselnden Dreistigkeit alle Hindernisse überstiegen, die zwischen ihnen lagen, und von Minute zu Minute fühlte sie sich mehr und mehr in seiner gefährlichen, sündhaften Macht, außerstande, sich dagegen zu wehren.

Unterdessen sang er weiter, die Worte immer deutlicher und kühner nuancierend:

»O liebe mich, o liebe mich!
Laß sich kein banges Zagen rühren!
Der Liebe Glut verbrennt auch dich,
Sie soll zur Seligkeit uns führen.«

Warwara Michailowna sah Rshewskis große, männliche Gestalt, sein ausdrucksvolles Gesicht mit den vibrierenden Nasenflügeln und den sinnlichen, tiefroten Lippen, seine breite Brust, die kräftigen Schultern und Arme, und die erregenden Worte der Romanze ließen sie jene Leidenschaft begehren, die seine Stimme und sein Äußeres verhießen. Das Verlangen nach anderen, schamlosen Küssen, nach endlosen Umarmungen, bei denen es einem den Atem verschlägt, das Verlangen nach all dem, was sie bisher nur aus Romanen kannte und was sie für erfunden, übertrieben und sogar lächerlich gehalten hatte, war in ihr instinktiv und heftig erwacht. Die Augen wurden ihr feucht, und in der Brust spürte sie jenes eigenartige schmerzhafte, aber angenehme Prickeln, das sie nur aus der Kindheit kannte, wenn sie, auf der Schaukel sitzend, aus vier Sashen Höhe in die Tiefe sauste.

Als Rshewski die Romanze beendet hatte, flammte im Garten der Schein eines fernen Blitzes auf. Die Damen fuhren erschrocken von ihren Plätzen hoch und hatten es eilig, Hut und Umhang zu finden. Sie waren taub für die Aufforderungen der Hausfrau, zum Abendessen zu bleiben, kleideten sich rasch an, küßten, eine um die andere, Warwara Michailowna und brachen in aller Hast auf, mit Ach- und Oh-Rufen, wie es bei Frauen vor einem Gewitter üblich ist.

Ohne recht bei der Sache zu sein, verabschiedete Warwara Michailowna die Gäste. Es quälte und erregte sie der Gedanke, daß ihr Mann aller Wahrscheinlichkeit nach Rshewski und Andrej Lukitsch, die beide aus Moskau gekommen waren, anbieten würde, bei ihnen im Landhaus zu nächtigen. Um keinen Preis! Um keinen Preis! sagte sie immer wieder ungeduldig zu sich selber. Wenn er sie zum Bleiben auffordert, sage ich kein Wort, und ich glaube, so weit reicht seine Dreistigkeit dann wohl doch nicht. Eine dunkle Ahnung im tiefsten Grunde ihres Herzens sagte ihr, wenn Rshewski und sie diese Nacht unter demselben Dach verbrächten, so mußte ihr ganzes Familienglück, das sie sich in vier ruhigen, ungetrübten Jahren aufgebaut hatte, ein für allemal zusammenbrechen.

Als die Gäste gegangen waren, nahm Rshewski, der bis dahin gezögert hatte, seinen leichten Strohhut vom Fensterbrett. Doch schon protestierte Rjasanzew.

»Sie wollen doch nicht etwa in die Stadt fahren? Das lasse ich auf keinen Fall zu. Außerdem würden Sie jetzt nirgends eine Droschke bekommen.«

Rshewski wandte sich zu Warwara Michailowna um. Sie sah, daß seine Augen baten und gleichzeitig die Bereitschaft widerspiegelten, sich ihrer Entscheidung willig zu fügen. Rasch drehte sie sich um, gab sich den Anschein, als habe sie die Worte ihres Mannes gar nicht vernommen, und ging auf die Terrasse hinaus. Doch angesichts des drohenden Schweigens der Bäume, die in der drückenden Hitze erstarrt waren, inmitten der schwülen Finsternis überkam sie ein Grauen, und Rshewski tat ihr leid. Sie kehrte ins Zimmer zurück.

»In einer halben Stunde gibt es ein schreckliches Gewitter«, sagte sie brüsk und vermied es, Rshewski anzusehen. »Sie werden hierbleiben müssen.«

Wortlos verbeugte er sich und legte seinen Hut wieder fort. Warwara Michailowna beschloß, nicht eine Minute länger bei den Gästen zu verweilen. Sie wollte so schnell wie möglich in ihr Zimmer, sich hinlegen, ruhiger werden, einschlafen und alles vergessen.

»Willst du denn nicht zu Abend essen?« fragte sie ihr Mann, als sie auf ihn zutrat, um ihn auf die Stirn zu küssen, wie sie es immer vor dem Schlafengehen tat.

»Nein«, erwiderte sie sanft, »ich bin zu müde.«

Und als sie ihren Mann küßte, bemerkte sie buchstäblich zum erstenmal seine große, von zahllosen roten Äderchen durchzogene Glatze, die tiefen Falten in seinem Gesicht und das welke Gelb seiner Wangen. Ich habe ihn immer nur wie einen Vater gesehen, dachte Warwara Michailowna wehmütig.

In ihrem kleinen Zimmer mit den lustigen Tapeten und dem schmalen Mädchenbett – die Rjasanzews schliefen getrennt – entzündete sie zwei Kerzen vor dem Spiegel und begann sich auszuziehen. Langsam und träge legte sie das Kleid ab und entledigte sich des Korsetts, zog dann mit gewohnter, schneller Handbewegung die Haarnadeln heraus und ließ ihr dichtes, dunkles Haar auf Schultern und Rücken herabwallen.

Die Handflächen gegen die Brust gepreßt, den Kopf zurückgeworfen und die Augen halb geschlossen – so betrachtete sie lange im Spiegel ihre schöne, halbentblößte Gestalt, und ein dumpfes Gefühl von Selbstmitleid stahl sich zum erstenmal in ihr Herz. In vier, höchstens fünf Jahren, dachte sie, ist dieser schmiegsame, rosige Leib verblüht, hat das Alter seine Furchen im Gesicht gezogen, sind die frischen Lippen blaß geworden. Aber hatte sie auch nur ein einziges Mal mit jener verlockenden Liebe geliebt, zu der sie Rshewski jetzt so glühend aufforderte? Kannte sie die Wonne, all ihre üppig erblühte Schönheit, sich selber ganz und gar den süßen Liebkosungen hinzugeben? Nein. Der seltenen Minuten physischen Zusammenseins mit ihrem Mann gedachte sie mit kaltem Abscheu. Wenn sie zu ihm ging, erfüllte sie damit eine schwere Pflicht, und hinterher hatte er ihr gegenüber immer ein ungutes Gefühl, schlich sich davon und bat sie um Verzeihung, weil er wohl erriet, was seine Frau in diesen Augenblicken durchlebte.

»Die Jugend vergeht, die Schönheit vergeht«, flüsterte Warwara Michailowna verbittert, während sie ihr Spiegelbild mit sehnsuchtsverschleierten Augen betrachtete. »Und wofür? Wofür nur?«

Plötzlich packte sie Scham. O Gott! Was geht mit mir vor? schoß es ihr durch den Kopf. Bin ich denn wirklich so gräßlich, so ohne alle Moral? Bin ich etwa verdorben und habe mich bis jetzt selber nicht gekannt? O Herr, lehre mich! Herr, steh mir bei!

Sie kniete nieder vor dem kleinen Heiligenbild, das am Kopfende ihres Bettes hing. Mechanisch flüsterten ihre Lippen die gewohnten Worte, aber die Gedanken liefen hartnäckig vor dem Gebet davon. Meine Jugend und Schönheit vergeht, dachte Warwara Michailowna gramerfüllt, und niemand wird sich daran berauscht haben.

Nach beendetem Gebet löschte sie die Kerzen und legte sich nieder. Die Berührung mit dem kalten Laken und den kalten Kissen beruhigte sie zuerst ein wenig, aber schon fünf Minuten später warf sie sich mit heißem Kopf im Bett hin und her und wendete immer wieder die Kissen, um ein kühles Fleckchen zu finden. Die süßen, sündigen Träume, die sie während des Abends verscheucht hatte, bemächtigten sich jetzt, in Stille und Dunkelheit, ihrer Phantasie und erhitzten sie, jene wunderbaren Träume, die wenigstens einmal im Leben zu nächtlicher Stunde auf jeden Sterblichen einstürmen, die sich nicht in Geständnisse fassen lassen und die am Morgen wie ein ungeheuerlicher Alptraum anmuten. Jetzt ward Warwara Michailownas Lauterkeit durch Rshewskis Verhalten nicht mehr getroffen und verletzt. Im Gegenteil, mit allen Fasern ihres Seins sehnte sie sich jetzt danach, daß dieser berauschende Abend ohne Ende fortwährte. Sie bedauerte, daß Rshewski nicht noch kühner und sie nicht noch nachgiebiger gewesen war. Im Halbschlaf, in der stickigen, stummen Finsternis nach Luft ringend, schmiegte sie sich an das Kissen und hielt es innig umfangen. Bisweilen glaubte sie im Zimmer eigenartige Schleichlaute und vorsichtiges Atmen zu hören; dann lauschte sie, die Hand vor den Mund gepreßt, und merkte jedesmal, daß es das Herz war, das da in ihrer Brust pochte.

Was, wenn er sich erkühnt, bei mir einzudringen? fragte sie sich in diesen Augenblicken. Was könnte diesen verwegenen, leidenschaftlichen Menschen daran hindern? Und dann, wenn er hereingekommen ist? Eine Nacht im Leben, nur eine einzige Nacht voller Glück ... Wäre sie es etwa nicht wert, mit langer Reue bezahlt zu werden, mit Entsagung bis ans Lebensende?

Immer öfter und greller zuckten die Blitze, dumpf und anhaltend rollte der Donner, wie ein nahendes hungriges Tier, der Regen aber zögerte noch, sammelte Kräfte, ehe er auf die Erde herabstürzen würde. Plötzlich vernahm Warwara Michailowna ganz deutlich draußen im Garten, vielleicht zehn Schritt vom Haus entfernt, verhaltenes, zärtliches Singen:

»Schweigst du immer noch und wehrst den Tränen,
Die verdunkeln deine Blicke, voll Milde?«

Ihr feines Gehör erkannte Worte und Motiv auf der Stelle wieder, schnell richtete sie sich im Bett auf, und dabei sagte sie, als flüstere sie es jemandem ins Ohr: »Er weiß nicht, wo mein Fenster ist. Ich werde es öffnen.«

Doch eine sonderbare Schwere lähmte ihr sämtliche Gliedmaßen, sie rührte sich nicht und erstarb, die Arme um die Knie geschlungen.

»Auch nicht mitleidsvoll sich wollen öffnen
Deine Lippen mir zum Trost, zum Glücke ...«,

sang die Stimme draußen weiter, kaum vernehmlich, aber mit berückender Beharrlichkeit.

»Ich werde aufmachen«, flüsterte Warwara Michailowna, starrte mit aufgerissenen Augen ins Dunkel und hörte ihr Herz fieberhaft schlagen.

»Sprich, o sprich ein Wort, daß ich mag erkennen ...«

Die Stimme entfernte sich. Er geht, fuhr es Warwara Michailowna durch den Kopf. Barfuß eilte sie vom Bett zum Fenster, warf den Store zurück, und bemüht, jeden Laut zu vermeiden, öffnete sie einen Spaltbreit die Fensterläden.

Ein heftiger Windstoß entriß ihren zitternden Händen die Läden und schleuderte sie mit voller Wucht gegen die Hauswand. Gleichzeitig wurde der ganze Himmel grellblau, und vor ihm zeichneten sich die schwarzen Baumwipfel deutlich ab. Warwara Michailowna kniff die Augen zu und fuhr zurück, betäubt von dem Donner, der fast gleichzeitig mit dem Blitz losbrach.

»Warwara Michailowna ... Barbe! ... Um Himmels willen ... Zwei Worte nur ...«, hörte sie aus dem Garten Rshewskis erregtes Flüstern.

Unschlüssig stand sie mitten im Zimmer, bebend am

ganzen Körper, schreckerfüllt, mit trockenem Mund, und gab keine Antwort.

»Du Einzige, Wunderbare!« flehte es jetzt unmittelbar vor dem Fenster.

Ach, einerlei! sagte sich Warwara Michailowna in einem jähen Entschluß, die Hände an den Kopf gepreßt. Es ist das Schicksal.

Sie ging zwei Schritte auf das Fenster zu und blieb plötzlich wie angewurzelt stehen, von Scham und Entsetzen gepackt.

»Mama! Mama! Mama!« hörte sie durch die Wand eine Kinderstimme ungeduldig rufen. »Mama, ich hab Angst! Mama, wo bist du?«

Sie stürzte ins Kinderzimmer und hatte mit einem Schlag das offene Fenster, den darunter stehenden Rshewski und ihre eigenen nächtlichen Ängste vergessen. Im Kinderzimmer war es dunkel, das Lämpchen vor dem Heiligenbild war verloschen, die Kinderfrau schlief den unhörbaren Schlaf des Alters, und Alja rief tränenüberströmt nach der Mutter.

Warwara Michailowna beugte sich über Aljas Bett, schlang die Arme um den warmen, duftigen Körper des Kindes und drückte ihn in inniger Liebe und so stark sie nur konnte an sich.

»Was hast du denn, meine Kleine? Was ist, mein Liebes?« fragte sie und bedeckte Aljas Hals, Arme und Beine mit Küssen.

»Mama, ich hab Angst … Es ist so dunkel und gruslig … Der liebe Gott im Himmel schimpft«, wimmerte das Mädchen, wurde aber sogleich ruhig und schmiegte sich fest an die Mutter.

»Hab keine Angst, hab keine Angst, du Dummchen. Ich bin doch immer bei dir, meine Kleine, mein Kätzchen, mein Sternlein. Möchtest du, daß ich mich zu dir lege? Möchtest du? Na siehst du wohl, wie klug und verständig du bist …«

Lange sagte sie ihr schlichte und zärtliche Worte. Das Mädchen hörte auf zu weinen und schluchzte nur noch hin und wieder kurz auf. Schließlich hatte es sich vollends beruhigt und war, den liebevollen, besänftigenden Worten lauschend, eingeschlafen.

Warwara Michailowna gab dem schlafenden Töchterchen noch viele Kosenamen, und dabei strömten aus ihren Augen lautere Freudentränen, die ersten Tränen eines von schwerer Krankheit genesenen Menschen.

Das Gewitter hatte sich entladen, der Regen die schmachtende Erde erquickt.

Die bange Minute war vorüber.

1895

Leonid Andrejew

Der Abgrund

1

Schon ging der Tag zur Neige, aber die beiden waren so ins Gespräch vertieft, daß sie nicht auf Zeit noch Weg achteten. Vor ihnen auf einem sanft ansteigenden Hügel schimmerte dunkel ein Wäldchen, und durch die Zweige der Bäume gleißte wie eine rotglühende Kohle die Sonne, die Luft versengend und in feurigen Goldstaub verwandelnd. So nah und so grell war die Sonne, daß alles ringsum verschwand und nur sie allein übrigblieb, den Weg in rotes Licht tauchte und einebnete. Die Augen der beiden schmerzten, sie machten kehrt, und sogleich erlosch alles vor ihnen, wurde ruhig und klar, klein und deutlich. Irgendwo, eine Werst oder noch weiter entfernt, griff die untergehende rote Sonne nach dem hohen Stamm einer Kiefer, und er brannte inmitten des Grüns wie eine Kerze im dunklen Zimmer; ein Purpurschleier legte sich über den Weg vor ihnen, auf dem jetzt jeder Stein einen langen schwarzen Schatten warf, und die sonnendurchwirkten Haare des Mädchens leuchteten wie ein rotgoldener Lichtreif. Ein gelocktes Härchen hatte sich von den andern gelöst und bebte und schwankte in der Luft wie goldenes Spinnweb.

Auch die Dunkelheit vor ihnen konnte ihr Gespräch weder unterbrechen noch in eine andere Richtung lenken. Genauso klar, innig und leise floß es in ruhigem Strom dahin und drehte sich nur um das eine: die Kraft, Schönheit und Unsterblichkeit der Liebe. Beide waren sehr jung, das Mädchen siebzehn, Nemowezki vier Jahre älter, und beide trugen Schulkleidung: sie das schlichte braune Kleid einer Gymnasiastin, er die flotte Uniform eines Technologiestudenten. Und wie ihre Unterhaltung war alles an ihnen jung, schön und rein: die schlanken, biegsamen Gestalten, die ätherisch-schwerelos zu sein schienen, der leichte, federnde Gang und die frischen Stimmen, die auch bei den einfachsten Worten versonnen und zärtlich klangen, wie ein Bächlein in stiller Frühlingsnacht klingt, wenn noch nicht aller Schnee von den dunklen Feldern verschwunden ist.

Sie gingen geradeaus und bogen ab, wo der unbekannte Weg abbog, und zwei lange, sich verjüngende Schatten mit lächerlich kleinen Köpfen bewegten sich bald getrennt vorwärts, bald verschmolzen sie zu einem einzigen schmalen Streifen – lang wie der Schatten einer Pappel. Ins Gespräch vertieft, bemerkten sie die Schatten nicht, und während er beim Reden keinen Blick von ihrem schönen Gesicht wandte, auf dem der blaßrosa Sonnenuntergang deutlich einen Teil seiner zarten Farben zurückgelassen hatte, blickte sie zu Boden, auf den Pfad, stieß mit dem Sonnenschirm kleine Steine beiseite und beobachtete, wie unter dem dunklen Kleid hervor bald die eine, bald die andere Spitze der kleinen Schuhe hervorlugte.

Den Weg durchschnitt ein Graben mit staubigen, niedergetretenen Rändern, und für einen Augenblick blieben sie stehen. Sinotschka hob den Kopf, ließ den verschleierten Blick umherschweifen und fragte: »Wissen Sie, wo wir sind? Ich war noch nie hier.«

Er musterte aufmerksam die Umgebung. »Doch, ich weiß es. Dort, hinter diesem Hügel liegt die Stadt. Geben Sie mir die Hand, ich helfe Ihnen.«

Er streckte die Hand aus, die weich, schmal und weiß war wie die Hand einer Frau. Sinotschka war fröhlich zumute, sie wäre am liebsten allein über den Graben gesprungen, davongerannt und hätte gerufen: »Fangen Sie mich!«, doch sie beherrschte sich, neigte mit hoheitsvoller Dankbarkeit leicht den Kopf und streckte ihm ein wenig ängstlich ihre noch kindlich zarte, rundliche Hand entgegen. Er hätte diese bebende Hand schrecklich gern gedrückt, aber er beherrschte sich ebenfalls, ergriff sie respektvoll mit einer leichten Verbeugung und wandte sich verschämt ab, als sich beim Springen das Bein des Mädchens ein Stück entblößte.

Und wieder gingen sie und redeten, doch in ihren Köpfen war nichts als die sekundenlange Berührung ihrer Hände. Sinotschka spürte noch die trockene Glut seiner Handfläche und der kräftigen Finger: Es war ihr angenehm und zugleich ein wenig peinlich. Nemowezki aber fühlte die nachgiebige Weichheit ihrer winzigen Hand und sah die schwarze Silhouette des Fußes, den der kleine Schuh rührend naiv und liebevoll umschloß. Es war etwas Quälendes und Beunruhigendes in diesem nicht verblassenden Bild von dem schmalen Saum des weißen Unterrocks und dem schlanken Bein, und er mußte seinen ganzen Willen aufbieten, um es zu verdrängen. Doch dann wurde er fröhlich, und das Herz schlug ihm so leicht und frei in der Brust, daß er am liebsten gesungen, die Arme zum Himmel gereckt und gerufen hätte: »Laufen Sie, ich will Sie fangen« – diese Urformel der Liebe von alters her, in Wäldern und an tosenden Wasserfällen.

Alle diese Wünsche trieben ihnen Tränen in die Augen.

Die langen, lächerlichen Schatten verschwanden, der Staub am Weg wurde grau und kalt, aber sie merkten es nicht, sie redeten. Beide hatten sie viele gute Bücher gelesen, und die lichten Gestalten derer, die geliebt, gelitten und für die reine Liebe ihr Leben gelassen hatten, standen ihnen vor Augen. Bruchstücke irgendwann einmal gelesener Verse tauchten in der Erinnerung auf, die die Liebe in den Schleier klingender Harmonie und süßer Trauer hüllten.

»Erinnern Sie sich, woraus das ist?« fragte Nemowezki und rezitierte: »... und bei mir ist wieder jene, die ich liebe und ersehne, vor der ich wortlos jederzeit verbarg Leid, Lieb und Zärtlichkeit ...«

»Nein, ich erinnere mich nicht«, antwortete Sinotschka und wiederholte versonnen: »Leid, Lieb und Zärtlichkeit ...«

»Lieb und Zärtlichkeit«, echote Nemowezki unwillkürlich.

Und wieder gaben sie sich Erinnerungen hin. Erinnerungen an reine, lilienweiße Mädchen, die das schwarze Nonnenkleid anzogen, sich in dem von Herbstlaub bedeckten Park in Einsamkeit verzehrten und in ihrem Unglück doch glücklich waren; Erinnerungen an stolze und tatkräftige Männer, die von Leid gequält wurden und um Liebe und weibliches Mitgefühl flehten. Traurig waren die heraufbeschworenen Gestalten, doch in ihrer Trauer erschien die Liebe noch lichter und reiner. Riesengroß wie die Welt, klar wie die Sonne und wunderschön erstand sie vor ihren Augen, und es gab nichts Mächtigeres und Schöneres als sie.

»Könnten Sie sterben für den, den Sie lieben?« fragte Sinotschka und blickte auf ihre kindlich mollige Hand.

»Ja, das könnte ich«, antwortete Nemowezki entschlossen und schaute sie offen und ehrlich an. »Und Sie?«

»Ich auch«, sagte sie versonnen. »Welch ein Glück muß es sein, für den geliebten Menschen zu sterben. Wie sehr wünschte ich mir das.«

Ihre Blicke begegneten sich, klar und ruhig, etwas Wunderschönes sprang von einem zum anderen über, und ihre Lippen lächelten.

Sinotschka blieb stehen. »Warten Sie, auf Ihrer Jacke ist ein Fädchen«, sagte sie.

Zutraulich legte sie die Hand auf seine Schulter und nahm mit zwei Fingern vorsichtig den Faden weg. »Hier!« Dann fragte sie, ernst geworden: »Weshalb sind Sie so blaß und schmal? Arbeiten Sie so viel? Sie dürfen sich nicht überanstrengen, wirklich nicht.«

»Sie haben himmelblaue Augen und darin helle Pünktchen, wie Funken«, antwortete er, ihr in die Augen sehend.

»Und Sie haben schwarze. Nein, warme braune. Und darin …«

Sinotschka sprach nicht zu Ende, was darin sei, und wandte sich ab. Ihr Gesicht überzog sich langsam mit Röte, die Augen blickten verlegen und scheu, während die Lippen unwillkürlich lächelten. Und ohne auf den über etwas zufrieden lächelnden Nemowezki zu warten, machte sie ein paar Schritte, blieb aber gleich wieder stehen.

»Sehen Sie, die Sonne ist untergegangen!« rief sie erstaunt und traurig.

»Ja, sie ist untergegangen.« Auch er wurde plötzlich sehr traurig.

Das Licht erlosch, die Schatten erstarben, und alles ringsum wurde bleich, stumm und leblos. Von dort, wo zuvor die glühende Sonne gestrahlt hatte, krochen lautlos dunkle Wolkenungetüme empor und verschlangen Stück für Stück die lichte, himmelblaue Weite. Regenwolken ballten sich, stießen gegeneinander, veränderten allmählich und mühsam ihre Umrisse und bewegten sich, aufgeschreckten Ungeheuern gleich, unwillig vorwärts, als würden sie selbst gegen ihren Willen von einer unüberwindlichen, schrecklichen Kraft vorangetrieben. Ein helles Federwölkchen hatte sich von den anderen losgerissen und flatterte, zart und erschrocken, allein hin und her.

2

Sinotschkas Wangen erbleichten, die Lippen wurden rot, fast wie Blut, die Pupillen weiteten sich unmerklich und verdunkelten die Augen, und sie flüsterte kaum hörbar: »Ich fürchte mich. Es ist so still hier. Haben wir uns verlaufen?«

Nemowezki zog die dichten Brauen in die Höhe und musterte aufmerksam die Gegend.

Ohne Sonne, unter dem frischen Atem der nahenden Nacht, wirkte sie unfreundlich und kalt; nach allen Seiten erstreckte sich ein graues Feld mit niedrigem, wie festgetrampeltem Gras, Lehmkuhlen, Hügeln und Gruben. Eine Unmenge Gruben gab es hier, tiefe, abschüssige und kleine, grasbewachsene. In ihnen hatte sich schon die schweigende Finsternis der Nacht niedergelassen. Die Tatsache, daß hier Leute gewesen waren und etwas getan hatten, jetzt aber nicht mehr da waren, machte die Gegend noch öder und trostloser. Hier und da erhoben sich wie Klumpen kalten, lila Nebels Gehölze und Baumgruppen, als warteten sie, was ihnen die verlassenen Gruben zu sagen hätten.

Nemowezki unterdrückte ein dumpfes, unklares Angstgefühl und sagte: »Nein, wir haben uns nicht verlaufen. Ich kenne den Weg. Zuerst übers Feld und dann durch jenes Wäldchen. Fürchten Sie sich?«

Sie lächelte tapfer und antwortete: »Nein. Jetzt nicht. Aber wir müssen schnell nach Hause – zum Tee.«

Rasch und energisch gingen sie weiter, doch bald verlangsamten sie den Schritt. Sie blickten nicht nach rechts und nach links, spürten aber die finstere Feindseligkeit des zerwühlten Feldes, das sie mit tausend trüben, unbeweglichen Augen anstarrte, und dieses Gefühl brachte sie einander nahe und weckte Kindheitserinnerungen. Diese Erinnerungen waren hell und licht, von Sonne verklärt, von grünem Laub, Liebe und Lachen. So als sei dies gar nicht das Leben gewesen, sondern ein langes, zärtliches Lied, und die Töne des Liedes waren sie selbst, zwei kleine Noten; der eine Ton hell und rein, wie klingendes Kristall, der andere etwas gedämpfter, aber klar – wie ein Glöckchen.

Plötzlich tauchten Menschen auf – zwei Frauen, die am Rand einer tiefen Lehmgrube saßen. Die eine hatte ein

Bein über das andere geschlagen und schaute aufmerksam hinab. Das Kopftuch war hochgeschoben, und darunter kamen zerzauste Haarsträhnen zum Vorschein. Der Rükken war gebeugt, so daß die schmutzige Bluse mit den apfelgroßen Blumen und den gelösten Bändern hochgerutscht war. Die beiden Vorübergehenden beachtete sie überhaupt nicht. Die zweite Frau saß in halb liegender Stellung daneben, den Kopf zurückgeworfen. Sie hatte ein grobes, breites Gesicht mit männlichen Zügen, und unter den Augen auf den hervortretenden Backenknochen brannten wie frische Wunden je zwei ziegelrote Flecken. Sie war noch schmutziger als die erste und musterte die Entgegenkommenden ungeniert. Als sie vorbei waren, sang sie mit männlich tiefer Stimme:

»Nur für dich bin ich, mein Geliebter,
Wie eine duftende Blume erblüht ...«

»Warka, hörst du?« wandte sie sich an die schweigsame Freundin, und als sie keine Antwort bekam, lachte sie laut und ordinär.

Nemowezki kannte solche Frauen, die selbst dann schmutzig waren, wenn sie kostbare und schöne Kleider trugen, er hatte sich an sie gewöhnt, und so glitten sie jetzt an seinem Blick vorüber und verschwanden, ohne eine Spur zu hinterlassen. Sinotschka jedoch, die sie beinahe mit ihrem unauffälligen braunen Kleid gestreift hatte, spürte, wie sich etwas Feindseliges, Erbärmliches, Böses für einen Augenblick in ihre Seele schlich. Doch kurz darauf war der Eindruck verflogen wie der Schatten der Wolke, der über die goldglänzende Wiese eilte, und als sie zwei Gestalten einholten und an ihnen vorbeigingen – ein Mann in Schirmmütze und Jackett, aber barfuß, und eine ebenso schmutzige Frau –, sah sie die beiden zwar, empfand aber nichts. Ohne sich Rechenschaft darüber abzulegen, folgte sie der Frau noch lange mit den Augen, und es verwunderte sie ein wenig, weshalb sie ein so dünnes Kleid trug, das sich klebrig, als sei es naß, gegen die Beine schmiegte, mit einem breiten, speckigen Schmutzstreifen am Rocksaum, der sich in den Stoff eingefressen hatte. Etwas Alarmierendes, Schmerzhaftes, schrecklich Hoffnungsloses lag im Zucken dieses dünnen und schmutzigen Rocksaums.

Und wieder gingen sie und redeten, und hinter ihnen bewegte sich widerwillig eine dunkle Wolke und warf einen durchsichtigen Schatten, der sich zaghaft niederließ. An den weit auseinandergezogenen Rändern der Wolke leuchteten matt kupfergelbe Flecken auf und verbargen sich, hell schimmernd und sich lautlos zusammenballend, hinter der schweren Wolkenmasse. Das Dunkel verdichtete sich so unmerklich und verstohlen, daß man kaum daran glauben konnte und meinte, es sei immer noch Tag, jedoch ein schwerkranker, der still dahinstarb. Jetzt sprachen sie von jenen schrecklichen Gefühlen und Gedanken, die uns des Nachts heimsuchen, wenn wir nicht schlafen können, wenn kein Wort oder Laut uns stört und wenn sich jenes wie die Dunkelheit endlose und vieläugige Etwas, das sich Leben nennt, fest und dicht an unser Gesicht preßt.

»Können Sie sich die Unendlichkeit vorstellen?« fragte Sinotschka, hielt die mollige kleine Hand an die Stirn und drückte die Augen zu.

»Nein. Die Unendlichkeit ... Nein«, antwortete Nemowezki und schloß ebenfalls die Augen.

»Ich aber sehe sie manchmal vor mir. Das erstemal sah ich sie, als ich noch klein war. Es war – wie lauter Pferdewagen. Hier ein Pferdewagen, da ein zweiter, ein dritter, immer mehr, ohne Ende, lauter Pferdewagen, nichts als Pferdewagen ... Schrecklich.« Sie erschauerte.

»Warum gerade Pferdewagen?« Nemowezki lächelte, obgleich ihm nicht wohl zumute war.

»Ich weiß nicht. Eben Pferdewagen. Einer hinter dem anderen ... ohne Ende.«

Die Dunkelheit wurde unversehens dichter und dichter, die Wolke war schon über ihre Köpfe hinweggezogen und blickte nun von vorn in ihre bleichen, gesenkten Gesichter. Und immer häufiger tauchten die finsteren Gestalten liederlicher, schmutziger Frauen auf, als hätten die tiefen, weiß der Himmel wozu ausgehobenen Gruben sie an die Oberfläche geworfen, und alarmierend zuckten ihre nassen Rocksäume. Einzeln, zu zweit oder zu dritt erschienen sie, und ihre Stimmen klangen laut und merkwürdig verloren in der erstarrten Luft.

»Wer sind diese Frauen? Woher kommen sie nur alle?« fragte Sinotschka ängstlich und leise.

Nemowezki wußte, was das für Frauen waren, und ihn schauderte, daß sie in eine so üble und gefährliche Gegend geraten waren, doch er antwortete ruhig: »Ich weiß nicht. So ist's eben. Reden wir nicht davon. Gleich haben wir das Wäldchen durchquert, dahinter kommt das Stadttor und dann die Stadt. Schade, daß wir so spät aufgebrochen sind.«

Ihr schien es komisch, daß er von spät sprach, wo sie doch um vier Uhr losgegangen waren, und sie schaute ihn an und lächelte. Aber seine Brauen glätteten sich nicht, und so schlug sie beschwichtigend und wie zum Trost vor: »Gehen wir schneller. Ich habe Appetit auf Tee. Da ist auch gleich der Wald.«

»Ja, gehen wir.«

Als sie den Wald betraten und die Baumwipfel sich schweigend über ihren Köpfen verflochten, wurde es sehr dunkel, aber behaglich und ruhig.

»Geben Sie mir Ihre Hand«, bat Nemowezki.

Unschlüssig reichte sie ihm die Hand, und die zarte Berührung schien die Dunkelheit zu vertreiben. Ihre Hände waren starr und schmiegten sich nicht ineinander, und Sinotschka rückte sogar ein wenig von ihrem Begleiter ab, aber ihr ganzes Bewußtsein konzentrierte sich auf die Wahrnehmung dieser winzigen Stelle am Körper, wo sich die Hände berührten. Und wieder hätten sie gern von der Schönheit und geheimnisvollen Kraft der Liebe gesprochen, ohne jedoch das Schweigen zu stören, nicht mit Worten also, sondern mit Blicken. Und sie dachten, sie müßten einander ansehen, und sie wollten es tun, konnten sich aber nicht dazu entschließen.

»Hier sind schon wieder Leute!« sagte Sinotschka fröhlich.

3

Auf einer Lichtung, wo es heller war, saßen um eine geleerte Flasche drei Männer und blickten schweigend und erwartungsvoll auf die Entgegenkommenden. Der eine, glattrasiert wie ein Schauspieler, stieß ein Lachen aus und pfiff durch die Zähne, als wollte er sagen: Oho!

Nemowezki erschrak, und sein Herzschlag setzte aus vor Angst, doch als würde er von hinten gestoßen, ging er direkt auf die drei zu, an denen der Weg vorbeiführte. Sie saßen abwartend da, und drei Augenpaare starrten ihnen finster und schrecklich entgegen. In dem unklaren Wunsch, diese finsteren, abgerissenen Männer, deren Schweigen wie eine Drohung wirkte, für sich einzunehmen, sie auf seine Hilflosigkeit hinzuweisen und ihr Mitgefühl zu wecken, fragte er: »Wo geht's zum Stadttor? Hier lang?«

Aber sie antworteten nicht. Der Glattrasierte pfiff etwas Undefinierbares und Lustiges, während die beiden anderen schwiegen und sie unentwegt und unheilverkündend anstarrten. Sie waren betrunken und böse und lechzten nach Liebe und Zerstörung. Der eine, rotwangig und aufgedunsen, stützte den Oberkörper auf die Ellbogen, dann stemmte er sich tapsig wie ein Bär auf die Tatzen und stand schwer atmend auf.

Seine Kumpane streiften ihn mit einem Blick, dann starrten sie wieder unverwandt auf Sinotschka.

»Ich habe Angst«, sagte sie, nur mit den Lippen.

Nemowezki hörte die Worte nicht, doch ihm sagte die bleischwer gewordene Hand, die sich auf ihn stützte, alles. Bestrebt, weiterhin ruhig zu erscheinen, doch von dem Gefühl der schicksalhaften Unabänderlichkeit dessen durchdrungen, was sogleich geschehen mußte, schritt er gleichmäßig und forsch aus. Drei Augenpaare kamen näher, leuchteten auf und blieben dann hinter ihm zurück. Man müßte laufen, dachte Nemowezki und gab sich selbst die Antwort: Nein, auf keinen Fall laufen.

»Der Bursche ist ein ausgemachter Schlappschwanz, geradezu widerlich«, sagte der dritte, ein Glatzkopf mit spärlichem rotblondem Bart. »Das Mädchen aber ist für jeden ein wahres Gottesgeschenk.«

Alle drei lachten ein ungutes Lachen.

»Junger Mann, auf ein Wort!« sagte der Lange mit dunkler Baßstimme und blickte seine Kumpane an.

Die erhoben sich.

Nemowezki ging weiter, ohne sich umzudrehen.

»Wenn man gebeten wird, muß man sich schon herablassen, sonst kann man eins ins Genick kriegen«, sagte der Rothaarige.

»Du bist gemeint«, schrie der Lange und hatte die beiden mit zwei Sprüngen eingeholt.

Eine kräftige Hand senkte sich auf Nemowezkis Schulter, schüttelte ihn, und als er sich umdrehte, erblickte er dicht vor seinem Gesicht zwei kreisrunde, hervorquellende, schreckliche Augen. Sie waren so nahe, als sähe er sie durch ein Vergrößerungsglas, und er konnte deutlich die roten Äderchen auf der Pupille und den gelblichen Eiter an den Wimpern erkennen. Er ließ Sinotschkas erstarrte Hand los, griff in die Tasche und murmelte: »Geld … Hier, nehmen Sie das Geld. Ich geb's gern.«

Die Glubschaugen quollen immer mehr hervor und glänzten. Und während Nemowezki den Blick von ihnen abwandte, trat der Lange einen Schritt zurück und schlug ihm, ohne auszuholen, von unten gegen das Kinn. Nemowezkis Kopf sackte nach hinten, die Zähne klapperten, die Mütze rutschte in die Stirn und von dort zu Boden, und mit den Armen rudernd, fiel er rücklings hin. Ohne zu schreien, drehte sich Sinotschka um und rannte schweigend los, so schnell sie konnte. Der Glattrasierte stieß ein langgezogenes und sonderbares »Aaa!« aus und stürzte ihr schreiend hinterher.

Nemowezki wollte, schwankend, aufspringen, doch ehe er sich aufgerichtet hatte, wurde er durch einen Schlag ins Genick erneut zu Boden gestreckt. Sie waren zu zweit, er aber war allein, schwächlich und nicht gewohnt zu kämpfen; dennoch kämpfte er lange, kratzte mit den Fingernägeln wie eine wild um sich schlagende Frau, schluchzte vor ohnmächtiger Verzweiflung und biß. Als er völlig erschöpft war, hoben sie ihn auf und trugen ihn fort. Er sträubte sich, aber sein Kopf dröhnte, er begriff nicht mehr, was mit ihm geschah, und hing kraftlos in den Armen, die ihn wegschleppten. Das letzte, was er sah, war ein Stück rotblonden Bartes, der ihm fast in den Mund hinein hing, und dahinter die Dunkelheit des Waldes und die helle Jacke des rennenden Mädchens. Sie rannte schweigend und schnell, so wie neulich, als sie Fangen spielten – und ihr auf den Fersen folgte mit kurzen Schritten der Glattrasierte, der sie gleich eingeholt haben würde. Dann empfand Nemowezki um sich herum Leere, mit stockendem Herzen fiel er irgendwohin in die Tiefe, schlug mit dem ganzen Körper hart auf die Erde und verlor das Bewußtsein.

Nachdem der Lange und der Rothaarige Nemowezki in den Graben geworfen hatten, standen sie eine Weile und lauschten, was sich da unten tat. Doch ihre Gesichter und Augen waren dorthin gewandt, wo Sinotschka zurückgeblieben war. Von da ertönte der helle, erstickte Schrei einer Frau, der sogleich erstarb. Wütend rief der Lange: »So ein Schuft!« und lief schnurstracks davon, die Zweige knickend wie ein Bär.

»Ich auch! Ich auch!« rief der Rothaarige mit dünner Stimme und stürzte hinterdrein. Er war von schwächlicher Konstitution und keuchte. Bei dem Handgemenge hatte man ihm das Knie verletzt. Ihn verdroß, daß der Gedanke an das Mädchen ihm als erstem gekommen war und daß er es als letzter haben sollte. Er blieb stehen, rieb sich das Knie, schneuzte sich, indem er einen Finger gegen die Nase drückte, und rannte wieder los, kläglich schreiend: »Ich auch! Ich auch!«

Die dunkle Wolke hatte schon den ganzen Himmel überzogen, eine stille, finstere Nacht war hereingebrochen. Die Dunkelheit hatte die winzige Gestalt des Rothaarigen bald verschluckt, doch noch lange hörte man das ungleiche Aufstampfen seiner Füße, das Rascheln der auseinandergebogenen Zweige und das klägliche: »Ich auch, Brüder, ich auch!«

4

Nemowezki hatte den Mund voller Erde, die zwischen den Zähnen knirschte. Die erste und stärkste Wahrnehmung, als er das Bewußtsein wiedererlangte, war der satte und friedvolle Geruch der Erde. Sein Kopf war dumpf, wie mit zähflüssigem Blei gefüllt, und ließ sich kaum bewegen; sein ganzer Körper tat weh, die Schulter schmerzte stark, aber nichts war gebrochen oder entzweigeschlagen. Nemowezki setzte sich auf und blickte lange nach oben, ohne an etwas zu denken oder sich an etwas zu erinnern. Über ihm wiegte sich ein Strauch mit breiten schwarzen Blättern, durch die der aufgeklarte Himmel blickte. Die Wolke hatte sich verzogen, ohne einen einzigen Regentropfen versprüht zu haben, die Luft war trocken und leicht, und hoch droben am Firmament war der Halbmond mit durchsichtigem, zerfließendem Rand aufgegangen. Er lebte seine letzten Nächte und leuchtete kalt, traurig und einsam. Kleine Wolkenfetzen jagten über den Himmel, wo offensichtlich noch ein starker Wind wehte, verdeckten aber den Mond nicht, sondern machten vorsichtig einen Bogen um ihn. In der Einsamkeit des Mondes, in der Behutsamkeit der hohen, hellen Wolken, im Wehen des Windes, der hier unten nicht zu merken war, spürte man die geheimnisvolle Tiefe der über der Erde herrschenden Nacht.

Nemowezki erinnerte sich an alles, was geschehen war, und wollte es nicht glauben. Es war zu schrecklich und entsprach so gar nicht der Wirklichkeit, die nicht so furchtbar sein konnte, und er selbst, der mitten in der Nacht hier saß und von unten auf den umgestülpten Mond und die dahinjagenden Wolken blickte, schien ebenfalls merkwürdig und unwirklich. Und er dachte, es sei einer der üblichen schrecklichen Träume, ein furchtbar schrecklicher und böser Traum. Auch die vielen Frauen, denen sie begegnet waren, seien ein Traum.

»Es kann nicht sein«, sagte er wie zur Bestätigung und schüttelte zaghaft den schweren Kopf. »Es kann einfach nicht sein.«

Er streckte suchend die Hand nach der Mütze aus, um zu gehen, doch sie war nicht da. Die Tatsache, daß die Mütze nicht da war, erhellte mit einem Schlag alles. Er begriff: Das Vorgefallene war kein Traum, sondern schreckliche Wahrheit. Im nächsten Augenblick kletterte er, halb tot vor Angst, den Grabenrand empor, stürzte zusammen mit der abbröckelnden Erde zu Boden, kletterte wieder empor und klammerte sich an die biegsamen Zweige des Strauches.

Nachdem er herausgekrochen war, lief er geradeaus, ohne über die Richtung nachzudenken, und er rannte und irrte lange zwischen den Bäumen herum. Ebenso plötzlich und unüberlegt lief er nach der anderen Seite, und wieder zerkratzten ihm Zweige das Gesicht, und wieder war alles wie ein Traum. Nemowezki schien es, er habe irgendwann schon einmal Ähnliches erlebt: Dunkelheit, unsichtbare Äste, die das Gesicht zerkratzten, und er läuft mit geschlossenen Augen und denkt, alles sei ein Traum. Er blieb stehen, dann setzte er sich – unbewußt und ungewohnt – auf die nackte Erde. Und wieder fiel ihm die Mütze ein, und er sagte: »Ich bin es wirklich. Ich muß mich töten. Ich muß mich töten, auch wenn das ein Traum ist.«

Er sprang auf und rannte wieder los, doch dann besann er sich, ging langsamer und versuchte sich an jene Stelle zu erinnern, wo man sie überfallen hatte. Im Wald war es stockfinster, doch hier und da brach ein bleicher Mondstrahl durch und warf sein trügerisches weißes Licht auf die Baumstämme, so daß der Wald von unbeweglichen und aus irgendeinem Grunde stummen Menschen bevölkert zu sein schien. Auch das war schon einmal gewesen, auch das ähnelte einem Traum.

»Sinaida Nikolajewna«, rief Nemowezki, wobei er das erste Wort laut, das zweite leise sagte, als verliere er mit dem Klang der Worte auch die Hoffnung, daß jemand antwortete.

Und es antwortete auch niemand.

Dann gelangte er auf den Pfad, erkannte ihn wieder und folgte ihm bis zur Lichtung. Dort begriff er erneut und diesmal ganz deutlich, daß alles Wirklichkeit war, und rief, von Angst geschüttelt: »Sinaida Nikolajewna! Ich bin es! Ich!«

Niemand antwortete. Nemowezki wandte sich in die Richtung, wo die Stadt liegen mußte, und schrie, jede Silbe einzeln betonend: »Zu Hil-fe!«

Wieder schüttelte es ihn, und vor sich hin flüsternd, durchstöberte er die Sträucher, bis unmittelbar vor seinen Füßen plötzlich ein matter weißer Fleck auftauchte, ähnlich einem erstarrten schwachen Lichtschein. Es war Sinotschka, die da lag.

»Mein Gott! Was bedeutet das?« sagte Nemowezki mit trockenen Augen, doch mit schluchzender Stimme, fiel auf die Knie und beugte sich zu der am Boden liegenden Gestalt.

Er berührte den entblößten Körper, der sich glatt, biegsam, kalt, aber nicht tot anfühlte, und erbebend zog er die Hand zurück.

»Meine Liebste, mein Herzblatt, ich bin es«, flüsterte er und suchte im Dunkeln ihr Gesicht.

Wieder streckte er die Hand aus, diesmal in eine andere Richtung, erneut stieß er auf den nackten Körper, und wohin er die Hand auch ausstreckte, überall begegnete er diesem nackten weiblichen Körper, glatt und biegsam, der sich unter seiner Berührung zu erwärmen schien. Manchmal zog er die Hand rasch zurück, dann wieder ließ er sie verweilen, und so, wie er sich selbst, ohne Mütze und zerfetzt, ganz unwirklich vorkam, so verband sich auch mit diesem entblößten Körper keinerlei Vorstellung von Sinotschka. Alles, was hier geschehen war, was die Männer mit diesem stummen weiblichen Körper getan hatten, bot sich ihm in seiner ganzen abscheulichen Deutlichkeit dar – und fand in allen seinen Gliedern einen seltsamen, übereifrigen Widerhall. Er streckte sich, daß die Gelenke knackten, starrte dumpf auf den weißen Fleck und runzelte die Brauen, als denke er nach. Der Schrecken über das Geschehene erstarrte und gerann zu einem Klumpen, der sich ihm auf die Seele legte – fremd und machtlos.

»Mein Gott, was bedeutet das?« wiederholte er, doch es klang unaufrichtig und gekünstelt.

Er legte ihr die Hand aufs Herz: Es schlug schwach, aber regelmäßig, und als er sich dicht zu ihrem Gesicht hinabbeugte, spürte er einen schwachen Atem, als liege Sinotschka nicht in tiefer Ohnmacht, sondern schlafe nur.

Er rief leise: »Sinotschka, ich bin es.«

Im selben Moment spürte er, daß es aus irgendeinem Grunde gut wäre, wenn sie noch lange nicht erwachte. Mit angehaltenem Atem blickte er sich schnell um, streichelte ihr vorsichtig die Wange und küßte sie zuerst auf die geschlossenen Augen, dann auf die Lippen, die unter dem kräftigen Kuß weich nachgaben. Ihn erschreckte der Gedanke, sie könnte erwachen, und er sprang zur Seite und erstarrte. Doch der Körper war stumm und unbeweglich, und in seiner Ohnmacht und Gefügigkeit lag etwas Klägliches und Aufreizendes, das unwiderstehlich lockte. Mit inniger Zärtlichkeit und diebischer, schreckhafter Vorsicht bemühte sich Nemowezki, sie mit den Kleiderfetzen zu bedecken, und die doppelte Berührung – von Stoff und nacktem Körper – war scharf wie ein Messer und unfaßlich wie Wahnsinn. Er war ihr Beschützer und zugleich derjenige, der sie überfiel, und er suchte Hilfe beim Wald ringsum und bei der Dunkelheit, doch der Wald und die Dunkelheit gewährten sie ihm nicht. Hier hatten wilde Tiere eine Orgie gefeiert, und Nemowezki, der sich plötzlich aus dem menschlichen, verständlichen und einfachen Leben hinausgeschleudert sah, witterte die brennende Wollust, mit der die Luft getränkt war, und sog sie mit geweiteten Nüstern ein.

»Ich bin es! Ich!« wiederholte er unsinnigerweise, ohne etwas um sich herum zu verstehen und ganz erfüllt von der Erinnerung daran, wie er vor kurzem den weißen Rocksaum erblickt hatte, den schwarzen Umriß des Fußes und den ihn zärtlich umschließenden Schuh. Er lauschte auf Sinotschkas Atem, und ohne den Blick von der Stelle zu wenden, wo ihr Gesicht war, schob er die Hand vor. Er lauschte und schob sie noch weiter vor.

»Was ist das?« rief er laut und verzweifelt und sprang auf, von sich selbst entsetzt.

Eine Sekunde lang blitzte vor seinen Augen Sinotschkas Gesicht auf und verschwand sogleich wieder. Er versuchte zu begreifen, daß dieser Körper Sinotschka war, mit der er heute spazierengegangen war und die von der Unendlichkeit gesprochen hatte, aber er konnte es nicht; er versuchte Entsetzen zu empfinden vor dem, was da geschehen, doch das Entsetzen war zu groß, wenn man glauben sollte, daß alles Wirklichkeit sei, und es stellte sich nicht ein.

»Sinaida Nikolajewna!« rief er flehentlich. »Warum das alles? Sinaida Nikolajewna, warum?«

Doch der zerschundene Körper blieb stumm, und zusammenhangloses Zeug faselnd, ließ sich Nemowezki auf die Knie nieder. Er flehte, drohte, sagte, er werde sich umbringen, und er zerrte an der Liegenden herum, preßte sie an sich und krallte sich mit den Fingernägeln in ihr fest. Der warm gewordene Körper gab seinen Bemühungen weich nach, folgte gehorsam seinen Bewegungen, und das alles war so schrecklich, unbegreiflich und sonderbar, daß Nemowezki erneut aufsprang und heiser »Zu Hilfe!« rief, doch es klang unaufrichtig und gekünstelt.

Erneut warf er sich auf den widerstandslosen Körper, küßte ihn, weinte und spürte vor sich einen dunklen, schrecklichen Abgrund, der ihn hinabzog. Es gab keinen Nemowezki mehr, Nemowezki war irgendwo dort hinten geblieben, und jener, der er jetzt war, knetete mit leidenschaftlicher Brutalität den glühenden, willfährigen Körper und stammelte mit dem verschlagenen Lächeln eines Wahnsinnigen: »Sag doch was! Oder willst du nicht? Ich liebe dich, ich liebe dich!«

Mit dem gleichen verschlagenen Lächeln und mit geweiteten Augen beugte er sich bis dicht an Sinotschkas Gesicht und flüsterte: »Ich liebe dich. Du willst nicht sprechen, aber du lächelst, ich sehe es. Ich liebe dich, liebe dich, liebe dich.«

Noch fester preßte er den weichen, willenlosen Körper, der durch seine leblose Willfährigkeit eine unbändige Leidenschaft in ihm geweckt hatte, an sich, rang die Hände, und da er als einzige menschliche Eigenschaft die Fähigkeit zu lügen bewahrt hatte, flüsterte er tonlos: »Ich liebe dich. Wir werden niemandem etwas erzählen, und niemand wird etwas erfahren. Ich werde dich heiraten, morgen, wann du willst. Ich liebe dich. Ich werde dich küssen, und du wirst meine Küsse erwidern, nicht wahr, Sinotschka ...«

Mit aller Macht drückte er seinen Mund an ihre Lippen, fühlte, wie seine Zähne in ihr Fleisch eindrangen, und in der schmerzhaften Gewalt des Kusses schwanden ihm die letzten klaren Gedanken. Ihm schien, daß die Lippen des Mädchens bebten. Für einen Augenblick blitzte ein brennender, schrecklicher Gedanke in ihm auf und öffnete vor ihm einen schwarzen Abgrund.

Und der schwarze Abgrund verschlang ihn.

1902

Lew Tolstoi

Nach dem Ball

»Sie sagen: Ein Mensch kann nicht von sich aus entscheiden, was recht und was unrecht ist, alles, was er tut und läßt, ist durch seine Umgebung bedingt und wird ihm von ihr aufgezwungen. Ich glaube dagegen, alles hängt von Zufällen ab. Ich kann Ihnen da auch ein Beispiel aus meinem Leben anführen.«

So sprach der allseits hochgeschätzte Iwan Wassiljewitsch, nachdem zwischen uns die Frage erörtert worden war, ob es zur Vervollkommnung des einzelnen Menschen notwendig sei, zuvor die allgemeinen Lebensbedingungen zu ändern. Zwar hatte niemand von uns gesagt, ein Mensch könne nicht selbständig entscheiden, was recht und was unrecht sei, doch es gehörte zu Iwan Wassiljewitschs Gepflogenheiten, Fragen zu beantworten, die ihm im Laufe eines Gesprächs in den Sinn gekommen waren, und in diesem Zusammenhang Vorkommnisse aus seinem eigenen Leben zu erzählen. Im Eifer des Erzählens – er schilderte immer alles überaus offenherzig und wahrheitsgetreu – wich er allerdings oft erheblich vom ursprünglichen Thema ab.

Das tat er auch diesmal.

»Ja, ich werde Ihnen etwas erzählen, was ich selbst erlebt habe. Mein Leben ist nicht durch allgemeine Verhältnisse, sondern durch etwas ganz anderes bestimmt worden.«

»Und was war das?«

»Das ist eine lange Geschichte. Um Ihnen alles verständlich zu machen, muß ich weit ausholen.«

»Ach, erzählen Sie doch!«

Iwan Wassiljewitsch dachte ein wenig nach und nickte dann.

»Ja«, sagte er, »mein Leben hat während einer einzigen Nacht, oder vielmehr eines einzigen Morgens, eine grundlegende Wendung genommen.«

»Und wie kam das?«

»Das hing damit zusammen, daß ich damals bis über beide Ohren verliebt war. Verliebt bin ich mehr als einmal gewesen, aber das war die heißeste Liebe, die ich jemals empfunden habe. Doch das gehört der Vergangenheit an; das junge Mädchen, das ich damals liebte, hat jetzt selbst schon verheiratete Töchter. Sie hieß B., ja, Warenka B.«, Iwan Wassiljewitsch nannte den Namen, »und war auch noch mit fünfzig Jahren eine ungewöhnlich schöne Frau. Aber in ihrer Jugend, als achtzehnjähriges Mädchen, war sie geradezu bezaubernd: groß, schlank und graziös, machte sie einen ungemein hoheitsvollen, ja wirklich hoheitsvollen Eindruck. Ihre außergewöhnlich gerade, aber dennoch natürliche Haltung, bei der sie den Kopf ein wenig in den Nacken warf, verlieh ihr, ungeachtet der Magerkeit, im Verein mit ihrer Schönheit und ihrem hohen Wuchs einen gewissen königlichen Zug, der vielleicht abstoßend gewirkt hätte, wäre er nicht mit dem bestrikkenden, allezeit strahlenden Lächeln ihres Mundes und den wunderschönen, leuchtenden Augen sowie dem ganzen Liebreiz ihres jugendfrischen Wesens verbunden gewesen.«

»Wie Iwan Wassiljewitsch alles beschreibt!«

»Ja, aber ich muß es einfach so beschreiben, damit Sie begreifen, was für eine Erscheinung sie war. Doch das spielt jetzt keine Rolle; was ich erzählen will, hat sich in den vierziger Jahren zugetragen. Ich studierte damals an der Universität einer Provinzstadt. Zu dieser Zeit hatten wir unter uns Studenten – ob es ein Vorteil oder Nachteil war, sei dahingestellt – keinerlei Zirkel gebildet und auch keinerlei Theorien aufgestellt, wir waren einfach jung und lebten so, wie es die Jugend eben tut: Wir studierten und vergnügten uns. Ich war ein immer fröhlicher, unternehmungslustiger junger Bursche und besaß zudem Vermögen. Ich hielt mir ein forsches Reitpferd, rodelte mit jungen Damen (Schlittschuhlaufen war damals noch nicht Mode) und zechte mit Studienkameraden (wir tranken ausschließlich Champagner, und wenn unser Geld dazu nicht reichte, tranken wir gar nichts, vor allem nicht Schnaps, wie es heute gang und gäbe ist). Am liebsten jedoch besuchte ich Abendgesellschaften und Bälle. Ich tanzte gut und war auch nicht gerade mißgestaltet.«

»Nun, Sie brauchen nicht so bescheiden zu sein«, unterbrach ihn eine der anwesenden Damen. »Wir entsinnen uns noch der Daguerreotypie, die man damals von Ihnen machte. Sie waren nicht nur keine Mißgestalt, sondern ein ausgesprochen gut aussehender junger Mann.«

»Ob ich gut ausgesehen habe oder nicht, darauf kommt es nicht an. Ich wollte nur sagen, meine Liebe zu ihr hatte den allerhöchsten Grad erreicht, als ich am letzten Abend der Fastnachtswoche beim Adelsmarschall des Gouvernements, einem gutmütigen, reichen und sehr gastfreundlichen alten Kammerherrn, zum Ball eingeladen war. Seine Frau, die ebenso gutmütig wie ihr Mann war und in ihrem Samtkleid, mit einem Brillantdiadem auf dem Kopf, dem trotz ihres Alters tiefen Dekolleté und ihren entblößten Schultern an die Bildnisse der Zarin Jelisaweta erinnerte, machte die Honneurs. Alles war wunderschön. Getanzt wurde in einem prächtigen, von Balustraden umgebenen Saal, es spielte ein zu jener Zeit berühmtes Leibeigenenorchester eines musikliebenden Gutsbesitzers, das Büfett war mit Delikatessen überladen, und der Champagner floß in Strömen. Obwohl ich für mein Leben gern Champagner trank, nahm ich an diesem Abend keinen Schluck zu mir, denn ich war ohnedies von Liebe trunken, doch dafür tanzte ich fast bis zum Umfallen – tanzte Quadrillen, Walzer, Polkas, und natürlich, soweit das möglich war, immer nur mit Warenka. Sie trug ein weißes Kleid mit rosa Gürtel und dazu nicht ganz bis zu ihren spitzen

Ellenbogen reichende weiße Glacéhandschuhe sowie weiße Atlasschuhe. Bei der Mazurka kam mir ein anderer zuvor: der höchst widerwärtige Ingenieur Anissimow – ich kann ihm das bis heute noch nicht verzeihen –, er hatte sie unmittelbar nach ihrem Eintritt in den Saal engagiert, während ich noch beim Friseur gewesen war, um mir Handschuhe zu holen, wobei ich mich etwas verspätet hatte. Infolgedessen tanzte ich die Mazurka nicht mit ihr, sondern mit einer kleinen Deutschen, der ich vorher einmal ein wenig den Hof gemacht hatte. Nun, an jenem Abend wird sie mich, fürchte ich, für sehr unhöflich gehalten haben, denn ich unterhielt mich nicht mit ihr und sah sie auch nicht an, sondern blickte immer nur zu der hohen schlanken Gestalt im weißen Kleid mit rosa Gürtel, zu ihrem strahlenden, vor Erregung leicht geröteten Gesicht mit den Grübchen in den Wangen und den schönen sanften Augen. Und nicht nur ich, nein, auch alle andern sahen immer wieder zu ihr hin und ergötzten sich an ihrem Anblick – die Herren wie die Damen, obwohl sie die allesamt in den Schatten stellte. Es war eben unmöglich, sich ihrem Liebreiz zu entziehen.

Von Rechts wegen sozusagen war ich also bei der Mazurka nicht ihr Partner, aber ich tanzte fast die ganze Zeit über ausschließlich mit ihr. Sie kam, ohne sich zu zieren, durch den Saal auf mich zu, und wenn ich dann, ohne erst ihre Aufforderung abzuwarten, rasch aufsprang, dankte sie mir jedesmal mit einem Lächeln dafür, daß ich ihre Absicht sogleich erraten hatte. Wenn wir Herren an sie herangeführt wurden, sie aber nicht das mir zugefallene Stichwort erriet und dann einem anderen Tänzer die Hand reichen mußte, zuckte sie bedauernd die schmalen Schultern und lächelte mir freundlich zu, als wollte sie mich trösten. Kam nach anderen Figuren bei der Mazurka ein Walzer an die Reihe und war ich lange mit ihr durch den Saal gewirbelt, atmete sie schwer, lächelte und flüsterte mir zu: ›Encore!‹ Dann drehte ich mich mit ihr immer schneller und schneller im Tanz und fühlte überhaupt nicht mehr meinen Körper.«

»Nun, wenn Sie die Taille Ihrer Dame umfaßten, werden Sie, denke ich, nicht nur den eigenen, sondern auch ihren Körper sehr wohl gefühlt haben«, warf einer der Gäste ein.

Iwan Wassiljewitsch wurde jählings rot und rief beinahe wütend: »Ja, so seid ihr, die heutige Jugend! Ihr seht nur den Körper. Zu unserer Zeit war das anders. Je mehr sich meine Liebe zu Warenka steigerte, um so weniger dachte ich an ihren Körper. Heutzutage, da betrachtet ihr die Füße, die Knöchel und sonst was, ihr entkleidet die Frauen, in die ihr verliebt seid; für mich hingegen waren die von mir geliebten Wesen immer von einem – wie sich der bekannte Schriftsteller Alphonse Karr einmal ausgedrückt hat – Bronzepanzer umgeben. Uns lag es nicht nur fern, sie zu entkleiden, nein, wir waren im Gegenteil darauf bedacht, ihre Blöße zu bedecken, so wie es der fürsorgliche Sohn mit Noah getan hat. Nun ja, das werden Sie nicht verstehen ...«

»Hören Sie nicht auf ihn«, sagte einer von uns. »Und was geschah weiter?«

»Ja, dann tanzte ich immer wieder mit ihr und merkte gar nicht, wie die Zeit verstrich. Die Musikanten, schon völlig erschöpft, stimmten, wie gewöhnlich gegen Ende eines Balles, nur noch ein und dasselbe Mazurkamotiv an, in den Nebenräumen hatte sich die ältere Generation in Erwartung des Abendessens bereits von den Spieltischen erhoben, und immer häufiger eilten Lakaien mit allen möglichen Dingen vorüber. Die Uhr ging auf drei. Es galt, die letzten Minuten zu nützen. Ich forderte sie nochmals auf, und wir drehten die soundsovielte Runde durch den Saal.

›Die Quadrille nach dem Essen halten Sie also für mich frei?‹ fragte ich, als ich sie zu ihrem Platz zurückführte.

›Selbstverständlich – falls wir nicht vorher aufbrechen sollten‹, antwortete sie lächelnd.

›Das werde ich nicht zulassen!‹ erklärte ich.

›Geben Sie mir jetzt den Fächer wieder‹, sagte sie.

›Es fällt mir schwer, mich von ihm zu trennen‹, entgegnete ich, während ich ihr den billigen weißen Fächer zurückreichte.

›Nun, dann nehmen Sie das zum Trost‹, sagte sie, riß eine kleine Feder vom Fächer ab und übergab sie mir.

Ich nahm die Feder und vermochte nur durch einen Blick meine grenzenlose Freude und Dankbarkeit auszudrücken. Ich war nicht nur froh und zufrieden, ich war von überschäumender Glückseligkeit und hohen Gedanken erfüllt, war nicht mehr ich selbst, sondern irgendein überirdisches Geschöpf, das nichts Böses kennt und nur zu Gutem fähig ist.

Ich verbarg die kleine Feder in meinem Handschuh und blieb, außerstande, Warenka zu verlassen, vor ihr stehen.

›Schauen Sie mal, man bittet Papa zu tanzen‹, sagte sie und zeigte auf die große, stattliche Gestalt ihres Vaters, eines Obersten mit silbernen Achselstücken, der mit der Frau des Hauses und einigen andern Damen an der Tür stand.

›Warenka, kommen Sie bitte her‹, rief die Hausherrin mit den Jelisaweta-Schultern und dem Brillantdiadem laut zu uns herüber.

Warenka begab sich zur Tür, und ich folgte ihr.

›Überreden Sie doch Ihren Vater dazu, einmal mit Ihnen zu tanzen, ma chère. Ach bitte, tun Sie es doch, Pjotr Wladislawitsch!‹ wandte sich die Hausherrin an den Oberst.

Warenkas Vater war ein sehr gut aussehender, stattlicher alter Herr mit auffallend frischer, rosiger Gesichtsfarbe. Den weißen Schnurrbart, zu dem von den Schläfen ein schmaler, ebenfalls weißer Backenbart herabführte, trug er à la Nicolas I. aufgezwirbelt, das Haar war zu beiden Seiten der Stirn nach vorn gekämmt, und ebenso wie bei der Tochter strahlte ein gewinnendes, frohes Lächeln in seinen Augen und umspielte den Mund. Mit seiner breiten, militärisch herausgereckten und mit ein paar Orden geschmückten Brust, den ausladenden Schultern und den langen, kräftigen Beinen machte er einen imposanten Eindruck. Er war ein typischer alter Haudegen Nikolaischer Schule.

Als wir zur Tür kamen, sträubte er sich zunächst, da er, wie er sagte, ganz aus der Übung gekommen sei; aber schließlich griff er sich dennoch an die linke Seite, schnallte lächelnd den Degen ab, den er einem dienstbeflissenen jungen Mann übergab, streifte einen Wildlederhandschuh über seine Rechte – ›alles, wie es sich gehört‹, bemerkte er schmunzelnd –, faßte die Tochter bei der Hand und stellte sich mit ihr in Positur, um den Auftakt zum Tanz abzuwarten.

Als nun die ersten Klänge einer Mazurka ertönten, stampfte er mit dem einen Fuß auf, streckte den anderen vor – und seine große, wuchtige Gestalt bewegte sich, bald gemessen und gravitätisch, bald stürmisch, laut mit den Stiefeln aufstampfend und die Füße aneinanderschlagend, den Saal entlang. Warenkas graziöse Figur schwebte neben ihm her; und unmerklich verkürzte oder verlängerte sie dabei abwechselnd die Schritte ihrer zierlichen, in weißen Atlasschuhen steckenden Füße. Die Leute im Saal verfolgten jede Bewegung des Paares. Ich selbst betrachtete die beiden nicht nur mit Wohlgefallen, sondern geradezu voller Entzücken und Rührung. Am meisten rührten mich die durch den Lederriemen strammgezogenen Stiefel des Obersten; es waren durchaus solide kalbslederne Stiefel, aber sie hatten nicht die spitze Fasson, sondern eine altmodische mit viereckigen Spitzen und ohne Absätze. Offensichtlich waren sie ein Werk des Bataillonsschusters. Ja, dachte ich, um die geliebte Tochter ausführen und entsprechend kleiden zu können, kauft er sich kein modernes Schuhzeug, sondern trägt diese derb zusammengeschusterten Stiefel. Man sah, daß er einstmals ein sehr guter Tänzer gewesen sein mußte, doch jetzt war er schon zu schwerfällig, und seine Beine waren nicht mehr gelenkig genug, um alle die hübschen und schnellen Pas des Tanzes auszuführen. Trotz alledem absolvierte er ziemlich flott zwei Runden. Als er dann rasch die Füße auseinanderstellte und wieder zusammenschlug und sich, obschon ein wenig unbeholfen, auf ein Knie niederließ und als Warenka lächelnd ihren Rock zurechtzog, an dem er hängengeblieben war, und graziös im Kreis um ihn herumtanzte, wurde von allen Seiten stürmisch applaudiert. Nachdem er sich hierauf mit einiger Anstrengung wieder erhoben hatte, umfaßte er mit beiden Händen das Gesicht der Tochter, küßte sie auf die Stirn und führte sie mir zu, in der Annahme, sie hätte vorher mit mir getanzt. Ich sagte, ich sei nicht ihr Partner.

›Nun, das macht nichts, dann tanzen Sie eben jetzt eine Runde mit ihr‹, sagte er freundlich lächelnd, während er sich wieder den Degen umschnallte.

So, wie sich mitunter aus einer Flasche nach dem ersten Tropfen ihr weiterer Inhalt in großen Strömen ergießt, so hatte meine Liebe zu Warenka die ganze in meiner Seele verborgene Fähigkeit zu lieben befreit. Ich umfing in diesem Augenblick die ganze Welt mit meiner Liebe. Ich liebte die Hausfrau mit ihrem Diadem und dem Jelisaweta-Busen, liebte ihren Mann, alle Gäste und Diener, ja selbst den mir grollenden Ingenieur Anissimow. Und für Warenkas Vater, der diese derben Stiefel trug und ebenso gewinnend lächelte wie sie, empfand ich damals ein an Verzückung grenzendes zärtliches Gefühl.

Die Mazurka war beendet, und der Adelsmarschall und seine Frau baten die Gäste zu Tisch. Der Oberst nahm jedoch nicht am Essen teil; er entschuldigte sich bei den Gastgebern unter dem Vorwand, er müsse am nächsten Morgen früh aufstehen, und brach auf. Ich fürchtete schon, Warenka würde nun auch nach Hause müssen, doch sie blieb mit ihrer Mutter noch da.

Nach dem Essen tanzte ich mit ihr wie verabredet die Quadrille, und obgleich ich mich auch bis dahin schon über alle Maßen glücklich gefühlt hatte, steigerte sich meine Glückseligkeit noch mehr. Wir sprachen kein Wort über Liebe. Ich fragte weder sie, noch stellte ich mir selbst die Frage, ob sie mich liebte. Es genügte mir, daß ich sie liebte, und mir bangte nur davor, mein Glück könnte auf irgendeine Weise zunichte gemacht werden.

Als ich nach Hause kam, den Mantel ausgezogen hatte und zu Bett gehen wollte, merkte ich, daß an Schlafen gar nicht zu denken war. Ich hielt die kleine Feder von ihrem Fächer und einen ihrer Handschuhe in den Händen, den sie mir gegeben hatte, als ich ihrer Mutter und anschließend ihr beim Einsteigen in den Wagen behilflich gewesen war. Ich blickte auf diese Dinge und sah Warenka dabei vor mir, wie sie, als sie zwischen mir und einem andern Tänzer wählen mußte, mein Stichwort zu erraten suchte und mit ihrer lieblichen Stimme fragte: ›Stolz – nicht wahr?‹ und mir dann erfreut die Hand reichte; oder wie sie während des Abendessens das Glas mit Champagner an den Mund führte und mich dabei zärtlich von der Seite anschaute. Am deutlichsten jedoch sah ich sie vor mir, wie sie an der Seite ihres Vaters durch den Saal schwebte und, von Stolz auf ihn und sich selbst erfüllt, erfreut zu den entzückten Zuschauern hinsah. Und unwillkürlich empfand ich für Vater und Tochter zugleich ein einziges Gefühl herzlicher Rührung und Zuneigung.

Zu jener Zeit hausten wir, mein verstorbener Bruder und ich, für uns allein. Mein Bruder, der ohnehin für die große Welt nichts übrig hatte und keine Bälle besuchte, führte, zumal er sich gerade auf das Kandidatenexamen vorbereitete, ein äußerst solides Leben. Er schlief. Als ich auf seinen im Kissen vergrabenen und zur Hälfte mit einer Flanelldecke bedeckten Kopf blickte, empfand ich aufrichtiges Mitleid mit ihm; er tat mir leid, weil er das mir beschiedene Glück nicht kannte und nicht daran teilhatte. Unser Diener Petruschka, ein Leibeigener, den wir von zu Hause mitgebracht hatten, kam mir mit einer Kerze entgegen und wollte mir beim Auskleiden behilflich sein, doch ich schickte ihn gleich wieder weg: Sein verschlafenes Gesicht und das wirre Haar wirkten auf mich so rührend. Bemüht, kein Geräusch zu machen, ging ich auf Zehenspitzen in mein Zimmer und setzte mich aufs Bett. Nein, ich war allzu glücklich, ich konnte nicht schlafen. Zudem war es mir in den überheizten Zimmern zu heiß, und ich ging daher, ohne erst meine Galauniform abzulegen, leise ins Vorzimmer, zog wieder den Mantel an, schloß die Außentür auf und trat auf die Straße hinaus.

Den Ball hatte ich gegen fünf Uhr verlassen; seit ich nach Hause gekommen war und dort eine Weile zugebracht hatte, waren nochmals zwei Stunden verstrichen, so daß es jetzt, als ich ins Freie trat, bereits hell war. Wir hatten richtiges Fastnachtswetter: Alles war in Nebel gehüllt, auf den Straßen taute der matschige Schnee, es tropfte von den Dächern. Die Familie B. wohnte am Ende der Stadt neben einer großen Wiese; auf der einen Seite der Wiese zog sich ein Park hin, auf der anderen lag ein Erziehungsinstitut für Mädchen. Nachdem ich unsere menschenleere Gasse durchquert und die Hauptstraße erreicht hatte, begegneten mir hier Fußgänger und mit Holz beladene Lastschlitten, deren Kufen bis zum Straßenpflaster durchdrangen. Und alles – die Pferde mit ihren nassen, unter den feucht glänzenden Krummhölzern gleichmäßig nickenden Köpfen, die Kutscher, die sich Bastmatten übergeworfen hatten und in ihren riesigen Stiefeln neben den Fuhren herstapften, und die im Nebel ungewöhnlich groß erscheinenden Häuser –, alles das fand ich heute besonders anheimelnd und bedeutsam.

Als ich zu der Wiese gekommen war, an der das von Oberst B. und seiner Familie bewohnte Haus stand, bemerkte ich an ihrem Ende, in Richtung des Parks, eine große schwarze Masse und hörte zugleich von dort die Töne einer Flöte und die Schläge einer Trommel. In meiner Seele sang es die ganze Zeit, und ab und zu erklang das Motiv der Mazurka. Das jedoch war eine ganz andere, eine harte, mißtönende Musik.

Was mag das bedeuten? fragte ich mich und ging auf dem glitschigen, von Schlittenspuren durchfurchten Weg, der quer über die Wiese führte, in die Richtung, aus der diese Musik herüberschallte. Nachdem ich etwa hundert Schritt gegangen war, konnte ich im Nebel eine große Anzahl schwarzer menschlicher Gestalten erkennen. Es waren allem Anschein nach Soldaten. Sie exerzieren wohl, dachte ich und näherte mich zusammen mit einem Schmied, der in einer schmierigen Pelzjoppe, mit einem Schurz um den Leib und einem Packen auf dem Arm, vor mir herging, der Gruppe. Soldaten in schwarzen Uniformen waren in zwei Reihen aufmarschiert und standen sich Gewehr bei Fuß gegenüber. Hinter ihnen standen ein Trommler und ein Flötist und wiederholten unaufhörlich ein und dieselbe schrille, unangenehm klingende Melodie.

›Was machen sie dort?‹ fragte ich den Schmied, der neben mir stehengeblieben war.

›Ein Tatar wollte flüchten, da muß er jetzt Spießruten laufen‹, antwortete der Schmied und warf einen wütenden Blick auf das untere Ende der Soldatenreihen.

Als ich nun genauer hinblickte, gewahrte ich eine grauenhaft aussehende Gestalt, die sich zwischen den Reihen der Soldaten auf mich zu bewegte. Es war ein Mann mit entblößtem Oberkörper, der an die Gewehre zweier Soldaten gebunden war und von ihnen vorwärts gezerrt wurde. Neben ihm schritt ein stattlicher Offizier in Mantel und Mütze, dessen Gestalt mir bekannt vorkam. Während der Delinquent, am ganzen Körper zuckend und mühsam durch den Schneematsch watend, sich allmählich immer mehr meinem Standort näherte, prasselten von beiden Seiten unaufhörlich Schläge auf ihn nieder; taumelte er dabei nach hinten, stießen ihn die Unteroffiziere, die ihn an den Gewehren führten, nach vorn; stürzte er vornüber, zerrten sie ihn, damit er nicht hinfiel, wieder zurück. Und ohne von seiner Seite zu weichen, ging mit festen, elastischen Schritten der stattliche Offizier neben ihm her. Es war Warenkas Vater mit dem rosigen Gesicht und dem aufgezwirbelten weißen Schnurrbart!

Bei jedem Schlag drehte der Gezüchtigte, als sei er erstaunt, sein vor Schmerz verzerrtes Gesicht nach der Seite, von der ihn der Schlag getroffen hatte, und wiederholte, seine weißen Zähne entblößend, jedesmal ein und dieselben Worte. Erst als er ganz in meine Nähe gekommen war, konnte ich die Worte verstehen, die er sagte oder vielmehr wimmernd hervorstieß: ›Brüder, liebe Brüder, erbarmt euch, erbarmt euch!‹ Allein die Brüder erbarmten sich nicht, und als der kleine Trupp unmittelbar vor mir angelangt war, sah ich, wie der mir gegenüberstehende Soldat entschlossen einen Schritt vortrat, den Stock schwang und ihn mit voller Wucht auf den Rücken des Tataren niedersausen ließ. Der Tatar taumelte vornüber, doch die Unteroffiziere stützten ihn, und ein ebenso wuchtiger Schlag traf ihn von der andern Seite, und dann wieder von dieser, und wieder von jener. Der Oberst, der die ganze Zeit neben ihm ging und abwechselnd auf den Boden und auf den Gezüchtigten blickte, atmete in vollen Zügen die Luft ein und blies sie, die Wangen blähend, zwischen den gespitzten Lippen wieder aus. Als der kleine Trupp an der Stelle vorbeikam, an der ich stand, konnte ich für einen Moment den Rücken des Gezüchtigten sehen: Kreuz und quer mit Striemen bedeckt, rot und triefend naß von Blut, bot er einen dermaßen grauenhaften Anblick, daß ich nicht glauben konnte, einen menschlichen Körper vor mir zu haben.

›O mein Gott!‹ stammelte neben mir der Schmied.

Der Trupp entfernte sich wieder – und nach wie vor prasselten von beiden Seiten auf den stolpernden und sich krümmenden Tataren die Schläge nieder, nach wie vor wurde die Trommel geschlagen und die Flöte geblasen, und nach wie vor ging neben dem Gezüchtigten mit festen Schritten die stattliche Gestalt des Obersten. Auf einmal blieb der Oberst stehen und trat schnell an einen der Soldaten heran.

›Ich werde dir gleich helfen!‹ hörte ich ihn wütend schreien. ›Wirst du wohl richtig zuhauen? Wirst du wohl?‹

Und ich sah, wie er mit seiner kräftigen, in einem Wildlederhandschuh steckenden Hand den erschrockenen, schwächlichen kleinen Soldaten ins Gesicht schlug, weil der den Stock nicht mit genügender Wucht auf den roten Rücken des Tataren hatte niedersausen lassen.

›Gebt frische Spießruten her!‹ rief er, und als er sich dabei umsah, bemerkte er mich. Er gab sich den Anschein, mich nicht zu kennen, und wandte sich mit grimmig verzogenem Gesicht gleich wieder ab. Mich befiel eine so grenzenlose Scham, daß ich nicht wußte, wohin ich blikken sollte; als wäre ich bei einer weiß Gott wie schlimmen Missetat ertappt worden, senkte ich die Augen und beeilte mich, nach Hause zurückzukehren. Auf dem ganzen Weg schallten mir noch die Trommelschläge und Flötenklänge in den Ohren, und ich hörte entweder die Worte: ›Liebe Brüder, erbarmt euch!‹ oder wie der Oberst wütend mit seiner herrischen Stimme schrie: ›Wirst du wohl richtig zuhauen? Wirst du wohl?‹ Ich war dermaßen niedergeschlagen, daß ich eine fast physische Übelkeit verspürte und mehrmals stehenblieb, weil mir schien, nach all den schrecklichen Eindrücken, die ich eben in mich aufgenommen hatte, würde ich mich jeden Augenblick übergeben müssen. Wie ich nach Hause gekommen bin und mich niedergelegt habe, weiß ich nicht mehr. Ich erinnere mich nur, daß ich jedesmal, wenn ich gerade einschlummern wollte, alles wieder hörte und vor mir sah und aufsprang.

Anscheinend muß er doch etwas wissen, was ich nicht

weiß, dachte ich hinsichtlich des Obersten. Wüßte ich das, was er weiß, hätte ich auch eine Erklärung für das, was ich gesehen habe, und der Gedanke daran würde mich nicht mehr quälen. Doch soviel ich auch nachsann, ich konnte mir nicht vorstellen, was das Besondere war, das der Oberst wußte. Ich schlief erst gegen Abend ein, und auch das erst, nachdem ich zu einem Freund gegangen war und mich mit ihm sinnlos betrunken hatte.

Meinen Sie nun etwa, ich hätte damals ohne weiteres angenommen, daß das, was ich gesehen hatte, etwas Unrechtes war? Durchaus nicht. Wenn das mit solcher Selbstverständlichkeit getan wird, dachte ich, und alle es für notwendig halten, dann müssen sie doch wohl etwas wissen, was ich nicht weiß, und ich bemühte mich, es zu ermitteln. Doch trotz all meiner damaligen und späteren Bemühungen habe ich es nie erfahren können. Ohne das zu wissen, konnte ich aber nicht die militärische Laufbahn einschlagen, wie ich es ursprünglich beabsichtigt hatte, und so bin ich weder Offizier geworden noch sonst irgendwo in Staatsdienste getreten und habe mich, wie Sie sehen, zu nichts als tauglich erwiesen.«

»Nun, das können Sie uns nicht erzählen, daß Sie zu nichts tauglich gewesen sind«, warf einer von uns ein. »Sagen Sie lieber, wie viele Menschen zu nichts getaugt hätten, wenn Sie nicht gewesen wären.«

»Ach, das ist totaler Unsinn«, erklärte Iwan Wassiljewitsch ehrlich überzeugt.

»Und was ist aus Ihrer Liebe zu der Tochter des Obersten geworden?« fragten wir.

»Aus meiner Liebe zu ihr? Nun, die verblaßte von dem Tage an. Wenn sie über etwas nachsann und dabei, wie sie es häufig tat, lächelnd vor sich hin blickte, fiel mir jedesmal ihr Vater ein, wie ich ihn damals auf dem Platz gesehen hatte, und mich überkam ein peinliches, unangenehmes Gefühl. Ich vermied es immer mehr, mit ihr zusammenzutreffen, und schließlich erloschen meine früheren Gefühle für sie ganz ... Ja, so können mitunter Umstände eintreten, die das Leben eines Menschen wandeln und ihm eine andere Richtung geben. Und da behaupten Sie ...«

Damit schloß er seine Erzählung.

1903; 1911

Valeri Brjussow

Für mich oder für eine andere?

1

Sie ist es! Aber natürlich ist sie es! sagte sich Pjotr Andrejewitsch Basmanow, als die Dame, die seine Aufmerksamkeit erregt hatte, zum fünften oder sechsten Mal an seinem Tischchen vorbeiging.

Er zweifelte nicht länger, daß es Jelisaweta war. Natürlich, sie hatten sich fast zwölf Jahre nicht gesehen, und diese Zeitspanne konnte nicht spurlos an ihrem Gesicht vorübergegangen sein. Einst zart und scharf geschnitten, war es jetzt etwas voller, der Blick, einst kindlich vertrauensselig, war kühl und streng, der Gesichtsausdruck hatte insgesamt etwas Hochmütiges, was er früher nicht aufwies. Aber waren das nicht dieselben Augen, die Basmanow so gern mit dem Elmsfeuer verglichen hatte, dasselbe Oval, das allein durch die Reinheit seiner Konturen besänftigend wirkte, dieselben winzigen Öhrchen, die er voll Wonne geküßt hatte? Ja, das war Jelisaweta, denn es konnte nicht zwei Frauen geben, so absolut identisch wie ihr Bild in zwei nebeneinander stehenden Spiegeln.

In Sekundenschnelle ließ Basmanow die Geschichte seiner Liebe zu Jelisaweta an seinem geistigen Auge vorüberziehen. Er tat das nicht zum ersten Mal, denn es gab nichts Kostbareres, nichts Heiligeres in seinen Erinnerungen als diese Liebe. Als junger Rechtsanwalt, der gerade seine Laufbahn begann, begegnete er einer Frau, etwas älter als er, die ihn mit der ganzen Verblendung einer wilden, wahnsinnigen, besessenen Leidenschaft liebte. Dieser Liebe weihte Jelisaweta ihre Seele, und alles auf der Welt wurde ihr bedeutungslos außer dem einen Wunsch: ihren Geliebten zu besitzen, sich ihm hinzugeben, ihn anzubeten. Jelisaweta war bereit, sich über alle Konventionen ihrer Kreise hinwegzusetzen, sie flehte Basmanow an, ihren Mann verlassen und zu ihm kommen zu dürfen; sie schämte sich ihrer Liaison, die natürlich von der Gesellschaft zur Kenntnis genommen wurde, keineswegs, sondern schien sogar stolz darauf zu sein. Niemals mehr war Basmanow einer solch selbstlosen, opferbereiten Liebe begegnet, und hätte er damals von Jelisaweta verlangt, sie solle sterben, würde sie seinem Befehl mit stillem, gehorsamem Enthusiasmus nachgekommen sein, daran zweifelte er keinen Augenblick.

Wie verhielt sich Basmanow gegenüber dieser Liebe, deren man nur ein einziges Mal im Leben teilhaftig wird? Er erschrak vor ihr, vor ihrer gewaltigen Größe und Kraft. Denn er begriff: Wo grenzenlose Opfer gebracht werden, stellt man unwillkürlich auch hohe Forderungen. Er fürchtete, diese Liebe anzunehmen, weil man eine Gegenleistung erbringen mußte, er sich aber seelisch arm fühlte. Darüber hinaus hatte er Angst, diese Liebe könnte seiner Karriere schaden, die gerade nicht ungünstig begonnen hatte ... Wie ein Dieb stahl er sich ein halbes Jahr von dieser Liebe, die ihm nicht zuteil geworden wäre, hätte er von Anfang an sein wahres Antlitz gezeigt, und dann machte er sich den erstbesten läppischen Vorwand zunutze, um »die Verbindung abzubrechen«.

Bis heute schämte er sich, wenn er an die letzten Rendezvous vor ihrer Trennung dachte. Verblendet von ihrer Liebe, begriff Jelisaweta nichts, erkannte sie nicht, daß ihr Geliebter viel zu nichtswürdig war, als daß sie sich hätte vor ihm erniedrigen sollen, und so flehte sie ihn kniefällig an, sie nicht zu verlassen. Er erinnerte sich, wie sie tränenüberströmt seine Beine umschlang, sich von ihm über den Fußboden schleifen ließ und verzweifelt mit dem Kopf gegen die Wand schlug. Später erfuhr er, daß die von ihm verlassene Jelisaweta vor Gram beinahe den Verstand verloren hatte, eine Zeitlang ins Kloster gehen wollte und sich dann, verwitwet, ins Ausland begeben hatte. Hier verlor sich ihre Spur.

Sollte er ihr jetzt, zwölf Jahre nach ihrer Trennung, hier, in Interlaken, wiederbegegnet sein – abgeklärt, unnahbar, immer noch schön und für ihn von unerklärlichem Reiz durch die qualvoll-wonniglichen Erinnerungen an Vergangenes? An seinem Tischchen im Café sitzend, beobachtete Basmanow, wie die hochgewachsene Dame im breitkrempigen Pariser Hut langsam an ihm vorbeiging, und Bilder und Empfindungen aus der Vergangenheit, geistiger wie körperlicher Natur, bedrängten und quälten ihn. Ja, sie war es, Jelisaweta, der er nicht erlaubt hatte, ihn so bedingungslos zu lieben, wie sie es erwartet hatte, und die er nicht so bedingungslos zu lieben gewagt hatte, wie er es vermocht und gewollt hätte! Sie, der beste Teil seines fast zu Ende gelebten Lebens, war zum Leben erwacht, lebte, sie – die personifizierte Möglichkeit, das wiederauferstehen zu lassen, was einst war, es zu vervollkommnen, zu korrigieren.

Trotz all seiner Selbstbeherrschung schwindelte ihn. Er bezahlte sein Eis, stand auf und ging dieselbe Allee entlang, auf der die hochgewachsene Dame promenierte.

2

Als sich Basmanow und die hochgewachsene Dame begegneten, zog er ehrerbietig den Hut und verneigte sich. Die Dame schaute ihn wie einen Fremden an.

Basmanow fragte sie auf russisch: »Erkennen Sie mich denn nicht, Jelisaweta Wassiljewna?«

Nach kurzem Zögern antwortete die Dame, ebenfalls auf russisch, wenngleich mit leichtem Akzent: »Verzeihung, Sie müssen sich irren: ich kenne Sie nicht.«

»Jelisaweta Wassiljewna!« rief Basmanow, von dieser Antwort schmerzlich betroffen. »Sollten Sie mich wirklich nicht erkennen? Ich bin doch Pjotr Andrejewitsch Basmanow.«

»Diesen Namen höre ich zum ersten Mal«, sagte die Dame, »und Sie kenne ich ganz und gar nicht.«

Sekundenlang blickte Basmanow sein Visavis an und fragte sich, ob er sich tatsächlich geirrt haben sollte. Aber die Ähnlichkeit stand so außer jedem Zweifel, er erkannte Jelisaweta so eindeutig, daß er sich der Dame mit dem breitkrempigen Pariser Hut in den Weg stellte und mit Nachdruck wiederholte: »Ich habe Sie erkannt, Jelisaweta Wassiljewna. Ich begreife, daß Sie Gründe haben mögen, Ihren wahren Namen zu verheimlichen und ein Wiedersehen mit einem früheren Bekannten zu meiden. Aber begreifen auch Sie, daß ich Ihnen unbedingt ein paar Worte sagen muß! Nach unserer Trennung habe ich zu viel durchgemacht! Ich muß mich vor Ihnen rechtfertigen! Ich will nicht, daß Sie mich verachten!«

Basmanow wußte selbst nicht genau, was er sagte. Er wollte nur das eine: Jelisaweta sollte zugeben, daß sie es war. Er fürchtete, sie könnte weggehen, nicht wiederkommen und für immer verschwunden sein und ihre Begegnung würde sich als ein Traum erweisen.

Die Dame ging gelassen um Basmanow herum und sagte auf französisch: »Monsieur, laissez-moi passer s'il vous plaît! Je ne vous connais pas.«

Sie zeigte keinerlei Gemütsbewegung, und ihr Gesichtsausdruck blieb bei Basmanows Worten unverändert. Doch er wollte sie trotzdem nicht gehen lassen, sondern folgte ihr und beschwor sie: »Jelisaweta! Verfluche mich, nenne mich den übelsten Schurken, sag mir, daß du mich nicht mehr kennen willst – ich werde alles gehorsam ertragen, wie ich es verdiene. Nur tu nicht, als ob du mich nicht kennst – das ertrage ich nicht. So kannst und darfst du mich nicht demütigen!«

»Ich versichere Ihnen«, sagte die Dame bereits etwas unwirsch, »Sie verwechseln mich. Sie nennen mich Jelisaweta Wassiljewna, aber das ist nicht mein Name. Ich heiße Jekaterina Wladimirowna Sadikowa, mein Mädchenname ist Armand. Genügt Ihnen das, und wollen Sie mich jetzt promenieren lassen, wie und wohin ich will?«

»Aber warum, warum, frage ich, dulden Sie dann, daß ich Sie so lange belästige?« unternahm Basmanow einen letzten Versuch. »Wenn ich ein völlig Fremder für Sie bin, weshalb heißen Sie mich dann nicht augenblicklich schweigen und rufen nach einem Polizisten? Verhält man sich Straßenrowdys gegenüber so rücksichtsvoll?«

»Ich sehe sehr wohl, daß Sie kein Straßenrowdy sind und sich nichts Ungebührliches herausnehmen«, entgegnete die Dame. »Sie haben sich einfach geirrt, mich durch meine Ähnlichkeit mit einer Bekannten von Ihnen verwechselt. Das ist kein Verbrechen, und ich habe keinen Grund, die Polizei zu rufen. Aber nun ist alles geklärt, leben Sie wohl.«

Basmanow wagte nicht, weiter in sie zu dringen. Er blieb stehen, und die Dame ging langsam an ihm vorbei. Doch das ganze Gespräch, die Stimme der Unbekannten, ihr Gang – alles bestärkte Basmanow nur, daß es Jelisaweta war.

Erschüttert und fassungslos ging er in sein Hotel. Jenseits der Wiese schimmerte wie ein gigantisches Phantom der ewige Schnee der Jungfrau. Sie wirkte ganz nahe, war aber unendlich fern. Genauso wie Jelisaweta, die auferstanden schien und nun wieder in unbekannte Fernen entschwunden war.

Es fiel Basmanow nicht schwer, herauszufinden, wo die Dame logierte, der er begegnet war. Nach kurzem Zögern schrieb er ihr einen Brief. Er erklärte ihr, daß er die augenscheinliche Wahrheit nicht bestreiten wolle; daß er sich offensichtlich geirrt habe, als er die unbekannte Dame für eine alte Bekannte hielt, daß ihn diese kurze Begegnung jedoch tief beeindruckt habe und er um die Erlaubnis bitte, sie beim Spaziergang zu grüßen, in Erinnerung an die zufällige Bekanntschaft. Der Brief war in äußerst behutsamem und ehrerbietigem Ton gehalten. Als Basmanow am nächsten Tag der Dame, die sich Sadikowa genannt hatte, am *Höheweg** begegnete, grüßte sie als erste und richtete das Wort an ihn. So begann ihre Bekanntschaft.

3

Die Sadikowa gab durch nichts zu verstehen, daß sie Basmanow von früher kannte. Im Gegenteil, sie behandelte ihn wie einen völlig Fremden. Sie unterhielten sich über belanglose Neuigkeiten, vorzugsweise aus dem Kurortleben. Die Sadikowa war eine interessante, geistreiche Gesprächspartnerin und zeigte sich sehr belesen. Doch wenn Basmanow auf konkretere, brennendere Fragen zu kommen suchte, wich sie ihnen leicht und geschickt aus.

Alles überzeugte Basmanow davon, daß er Jelisaweta vor sich hatte. Er erkannte ihre Stimme, ihre bevorzugten Redewendungen, er erkannte jenes unfaßbare Etwas, das die Individualität eines Menschen ausmacht, sich aber schwer in Worte kleiden läßt. Er hätte schwören können, daß er recht hatte.

Gewiß, es gab auch kleine Unterschiede, aber ließen die sich nicht durch die inzwischen vergangenen zwölf Jahre erklären? Es war nur natürlich, daß die Prüfungen des Lebens Jelisawetas flammende Leidenschaft zu stählerner Kälte hatten verglühen lassen; daß die im Ausland verbrachte lange Zeit Jelisaweta die Muttersprache etwas entfremdet hatte und sie mit leichtem Akzent sprach; und daß sich schließlich in ihrer Haltung, ihren Gesten und in ihrem Lachen neue Züge zeigten, die es früher nicht gegeben hatte.

Manchmal allerdings wurde Basmanow von Zweifeln gepackt, und dann stellte er in Gedanken Hunderte kleiner Eigenheiten fest, die Jekaterina von Jelisaweta unter-

* Im Original deutsch.

schieden. Aber er brauchte die Sadikowa nur anzusehen, sie sprechen zu hören, und schon waren alle Zweifel zerstreut – wie Nebel. Er spürte, er fühlte es mit ganzer Seele, daß sie es war, die er einst geliebt hatte.

Natürlich tat Basmanow alles, was in seinen Kräften stand, um das Geheimnis zu lüften. Er versuchte die Sadikowa durch unerwartete Fragen zu überführen, doch sie war stets auf der Hut und schlüpfte mühelos aus jeder Falle. Er fragte ihre Umgebung nach ihr aus: Niemand wußte etwas über sie. Er ging so weit, einen an sie gerichteten Brief abzufangen: Er war aus Paris und enthielt nichts als unpersönliche französische Phrasen.

Eines Abends, als Basmanow mit der Sadikowa in einem Restaurant am Harder saß, hielt er die ständige Anspannung nicht länger aus und sagte plötzlich: »Weshalb spielen wir dieses grausame Spiel! Du bist Jelisaweta, ich weiß es. Du kannst nicht vergessen haben, wie du mich geliebt hast. Und natürlich auch nicht, wie gemein ich dich verlassen habe. Jetzt bringe ich dir aus tiefstem Herzen meine Reue dar. Ich verachte mich für mein einstiges Vergehen und schlage dir vor: Nimm mich fürs ganze Leben, wenn du mir vergeben kannst. Aber ich sage das Jelisaweta, ihr will ich mich hingeben und keiner anderen!«

Die Sadikowa hatte sich diesen kleinen Monolog, der über den Rahmen der üblichen Konversation hinausging, schweigend angehört, dann antwortete sie ruhig: »Lieber Pjotr Andrejewitsch! Hätten Sie sich an mich gewandt, vielleicht würde ich Ihnen auf Ihre Worte etwas erwidert haben. Doch da Sie betonen, daß Sie sich an Jelisaweta richten, habe ich nichts zu sagen.«

In großer Erregung stand Basmanow auf und fragte: »Sie wollen behaupten, daß Sie nicht Jelisaweta Wassiljewna Swiblowa sind? Wiederholen Sie das klipp und klar, und ich gehe, verschwinde unverzüglich aus Ihrem Gesichtskreis und aus dem Leben. Dann habe ich keinen Grund, länger zu leben.«

Die Sadikowa lächelte ihr reizendes Lächeln und sagte: »Wenn Sie so sehr möchten, daß ich Jelisaweta bin – schön, dann werde ich eben Jelisaweta sein.«

4

Das zweite Spiel begann, vielleicht noch grausamer als das erste. Die Sadikowa nannte sich Jelisaweta und verhielt sich zu Basmanow wie zu einem alten Bekannten. Wenn er von der Vergangenheit sprach, tat sie, als entsinne sie sich an die Personen und Ereignisse. Wenn er sie, am ganzen Leibe bebend, an ihre Liebe zu ihm erinnerte, stimmte sie lachend zu, ihn geliebt zu haben, gab ihm aber zu verstehen, daß diese Liebe mit den Jahren erloschen sei, wie jede Flamme einmal erlischt.

Um ihrer Rolle voll gerecht zu werden, brachte die Sadikowa von sich aus die Rede auf vergangene Ereignisse, aber sie irrte sich in den Jahren, verwechselte Namen, erfand Dinge, die es nie gegeben hatte. Besonders schmerzlich war, daß sie ihre Liebe zu Basmanow als oberflächliche Romanze, als den zufälligen Flirt einer Dame von Welt abtat. Das erschien Basmanow wie Blasphemie, und fast stöhnend bat er dann die Sadikowa zu schweigen.

Doch damit nicht genug. Unmerklich, sich Schritt für Schritt vorarbeitend, vergiftete die Sadikowa Basmanows heiligste Erinnerungen. Mit ihren Anspielungen entweihte sie die schönsten Augenblicke der Vergangenheit. Sie gab ihm zu verstehen, daß vieles, was Basmanow für den Ausdruck ihrer selbstlosen Liebe gehalten hatte, nur Verstellung und Spiel gewesen sei.

»Jelisaweta«, fragte Basmanow sie einmal, »soll ich wirklich glauben, daß deine rasenden Schwüre, deine Tränen, deine Verzweiflung, in der du dich selbstvergessen zu Boden warfst, daß das alles nur Verstellung war? Das bringt die beste Tragödin nicht zustande! Du verleumdest dich selbst.«

Als Jelisaweta, wie sie es stets in letzter Zeit zu tun pflegte, antwortete die Sadikowa mit einem Lächeln: »Wie läßt sich unterscheiden, wo die Verstellung aufhört und die Aufrichtigkeit beginnt? Ich brauchte damals eine starke Gefühlserregung, und so gab ich mir den Anschein, als sei ich verzweifelt und wahnsinnig. Wäre ein anderer an deiner Stelle gewesen, hätte ich genauso gehandelt. Aber ebenso hätte es mich keine Anstrengung gekostet, mich zu beherrschen und nicht eine einzige Träne zu vergießen. Schließlich sind wir doch alle Schauspieler und stellen das Leben mehr dar, als wir es leben.«

»Das ist nicht wahr«, rief Basmanow, »das sagst du, weil du nicht weißt, wie Jelisaweta geliebt hat. Sie hätte das niemals gesagt! Du spielst eben nur ihre Rolle! Du bist eben nicht Jelisaweta, du bist Jekaterina!«

Die Sadikowa lachte und sagte in ganz anderem Ton: »Wie Sie belieben, Pjotr Andrejewitsch. Ich habe diese Rolle ja nur übernommen, um Ihnen eine Freude zu machen. Wenn Sie es wünschen, werde ich wieder ich selbst, Jekaterina Wladimirowna Sadikowa.«

»Woher soll ich wissen, ob du die Richtige bist!« flüsterte Basmanow gequält.

Ihm schien, als verlöre er den Verstand. Fiktion und Realität verschmolzen miteinander, vermischten sich. Sekundenlang wußte er nicht, wer er selbst war.

Indessen schlug ihm die Sadikowa, die sich erhoben hatte, vor, auf den Rugen zu steigen, und wieder war sie Jelisaweta.

5

Die Tage vergingen. Die Saison in Interlaken neigte sich dem Ende zu.

An seine geheimnisvolle Unbekannte geschmiedet, hatte Basmanow vergessen, weshalb er hier war, er hatte alle seine Angelegenheiten vergessen, beantwortete keinen einzigen Brief aus Rußland und lebte wie im Wahn. Wie ein manisch Kranker dachte er nur an eins: wie er das Geheimnis der Swiblowa-Sadikowa lüften könnte.

Ob er in diese Frau verliebt war – er hätte es nicht sagen können. Sie zog ihn an – wie ein Abgrund, wie das Grauen, wie der Ort, wo das Verderben droht. Mochten auch Monate und Jahre vergehen – er würde dieses Duell an Geist und List gern verlängern, diesen Kampf zweier Hirne, von denen das eine sein Geheimnis zu wahren trachtete, während das andere alles tat, um es jenem zu entreißen.

Doch überraschend reiste die Sadikowa in den ersten Oktobertagen ab. Ohne sich von Basmanow verabschiedet, ohne ihm etwas angedeutet zu haben. Aber schon am nächsten Tag bekam er einen Brief aus Bern.

»Ich will Sie nicht des Vergnügens berauben, weiter zu raten, wer ich bin«, schrieb die Sadikowa. »Die Lösung des Rätsels stelle ich Ihrem Scharfsinn anheim. Doch wenn Sie des Ratens müde sind und die einfachste Lösung haben möchten, will ich Ihnen dabei helfen. Nehmen Sie an, Sie waren mir völlig fremd, doch nachdem ich Ihren erregten Erzählungen entnommen hatte, wie grausam Sie einst mit einer Jelisaweta umgesprungen sind, beschloß ich, sie zu rächen. Ich glaube, ich habe erreicht, was ich wollte, und meine Rache ist gelungen: Sie werden diese qualvollen Wochen in Interlaken niemals vergessen. Und für wen ich Rache genommen habe, für mich oder für eine andere, ist letztlich doch gleich. Leben Sie wohl, Sie werden mich nie mehr wiedersehen.

Jelisaweta-Jekaterina«

1911

Maxim Gorki

Das Glück

Eines Tages ist mir das Glück so nahe gekommen, daß ich beinahe in seine weiche Umarmung geraten wäre.

Es geschah während eines Ausflugs. Eine große Gesellschaft von jungen Leuten war in einer heißen Sommernacht auf den Wiesen jenseits der Wolga bei den Sterlettfischern versammelt. Man aß die von den Fischern zubereitete Fischsuppe und trank, um ein offenes Feuer gelagert, Wodka und Bier. Man debattierte, wie die Welt am schnellsten und besten umzugestalten wäre, und ging schließlich, körperlich und geistig ermüdet, auf der abgemähten Wiese nach allen Richtungen auseinander, jeder, wohin es ihm beliebte.

Ich brach vom Lagerfeuer mit einem Mädchen auf, das mir klug und feinfühlend erschien.

Sie hatte angenehme dunkle Augen, aus ihren Reden klang stets eine einfache, verständliche Wahrheit. Das Mädchen sah alle Menschen freundlich an.

Wir schritten langsam Seite an Seite. Unter unseren Füßen knisterten zerbrechend die Grasstoppeln, und aus der über die Erde gestülpten kristallenen Himmelsschale ergoß sich die trunkene Feuchte des Mondlichts über uns.

Tief seufzend sagte das Mädchen: »Wie schön es ist! Wie in der afrikanischen Wüste, die Heuschober sind die Pyramiden. Und heiß ist es auch …«

Dann schlug sie vor, sich neben einem Heuschober niederzulassen, dessen runder Schatten schwer war wie am Tage. Die Grillen zirpten, während in der Ferne jemand mit trauriger Stimme fragte:

»Ach, warum bist du mir nicht treu?«

Ich begann eifrig vom Leben zu sprechen, wie ich es kannte, und von allem, was ich unbegreiflich fand, da sank sie plötzlich mit einem leisen Aufschrei hintenüber.

Es war, glaube ich, die erste Ohnmacht, die ich zu sehen bekam, und einen Augenblick war ich verwirrt, wollte schreien und um Hilfe rufen, besann mich aber sogleich darauf, was in solchen Fällen die mir bekannten wohlerzogenen Helden in den Romanen tun – ich riß ihren Rockgürtel, die Jacke, die Bänder ihres Leibchens auf.

Als ich ihre Brüste erblickte, die sich wie zwei kleine Silberschalen voll konzentrierten Mondlichts über ihrem Herzen wölbten, flammte in mir eine wahnsinnige, brennende Begierde auf, sie zu küssen. Allein ich stürzte, diesen Wunsch unterdrückend, spornstreichs zum Fluß, Wasser zu holen, denn meine Romanhelden pflegten nach dem, was geschrieben stand, in solchen Fällen stets davonzustürzen, um Wasser zu holen, wenn nicht von vornherein am Ort der Katastrophe zufällig ein Bach vorhanden war, den der umsichtige Autor für diesen Zweck bereitgehalten hatte.

Als ich dann, wie ein wild gewordenes Roß über die Wiese dahingaloppierend, den Hut voll Wasser, bei ihr ankam – stand die Kranke bereits in bester Verfassung an den Heuschober gelehnt und hatte die von mir an ihrer Garderobe verursachten Zerstörungen wieder in Ordnung gebracht.

»Nicht nötig«, sagte sie erschöpft und leise und schob meine Hand mit dem nassen Hut beiseite.

Sie schritt auf das Lagerfeuer zu, wo zwei Studenten und ein Statistiker bis zum Überdruß immer das eine Lied grölten:

»Ach, warum bist du mir nicht treu?«

»Ich habe Ihnen hoffentlich nicht weh getan?« erkundigte ich mich, verwirrt durch das Schweigen des Mädchens.

Sie entgegnete kurz: »Nein. Allzu gewandt sind Sie allerdings nicht. Immerhin, ich bin Ihnen selbstverständlich dankbar.«

Es kam mir vor, als sei ihr Dank nicht aufrichtig.

Ich war nicht oft mit ihr zusammen gewesen, nach diesem Vorfall aber wurden unsere Begegnungen noch seltener. Bald verschwand sie ganz aus der Stadt, und erst vier Jahre später traf ich sie auf einem Dampfer wieder.

Sie reiste aus einem Dorf an der Wolga, wo sie in der Sommerfrische gewesen war, zu ihrem Mann zurück in die Stadt, war schwanger und war gut und bequem angezogen, trug eine lange goldene Uhrkette um den Hals und eine Brosche, groß wie ein Orden. Sie war bedeutend hübscher und voller geworden und glich einem Schlauch schweren kaukasischen Weins, wie ihn die fröhlichen Georgier auf den glühenden Plätzen von Tiflis feilbieten.

»Sehen Sie«, sagte sie, als wir uns in einer freundschaftlichen Unterhaltung der vergangenen Tage erinnerten, »ich bin nun verheiratet, und überhaupt ...«

Es war Abend, auf dem Fluß schimmerte der Abglanz des Abendrots; die schaumige Spur des Dampfers verlor sich nach Norden in der blauen Ferne wie ein breites rotes Spitzenband.

»Ich habe bereits zwei Kinder, das dritte ist unterwegs«, sagte sie stolz wie ein Meister, der sich auf seine Sache versteht. Auf ihren Knien lag ein gelber Papierbeutel mit Apfelsinen.

»Soll ich Ihnen etwas sagen?« fragte sie, wobei ihre dunklen Augen freundlich lächelten. »Wenn Sie damals am Heuschober – wissen Sie noch? – etwas kühner gewesen wären, sagen wir, mich geküßt hätten ..., wäre ich heute Ihre Frau. Ich habe Ihnen doch – gefallen? Mußten Sie denn nach Wasser laufen, Sie komischer Mensch? Ach, Sie!«

Ich erklärte ihr, daß ich mich so benommen hätte, wie

es in den Büchern geschrieben stand, und daß man nach den für mich damals geheiligten Büchern ein ohnmächtiges Mädchen zunächst einmal mit Wasser zu besprengen habe und sie erst küssen dürfe, wenn sie die Augen aufschlägt und ausruft: »Ach, wo bin ich?«

Sie lachte ein wenig, um dann nachdenklich zu äußern: »Darin besteht eben unser Unglück, daß wir leben wollen, wie es in den Büchern steht. Das Leben, mein Herr, ist größer, klüger als die Bücher. Das Leben hat mit den Büchern keinerlei Ähnlichkeit, nein ...«

Sie nahm eine Apfelsine aus dem Beutel, besah sie aufmerksam, verzog das Gesicht und sagte: »So ein Schuft, hat er mir doch eine faule dazwischengetan!«

Mit einer ungeschickten Bewegung warf sie die Apfelsine über Bord. Ich sah, wie sie sich im Wasser drehte und im roten Schaum verschwand.

»Nun, und wie machen Sie es jetzt? Sie leben wohl immer noch, wie es in den Büchern steht, wie?«

Ich schwieg, während ich auf den sandigen Uferstreifen, der von der Abendröte übergossen war, und weiter fort in die Leere der rötlichgoldenen Wiesen hinausblickte.

Boote lagen kieloben auf dem Sand wie große tote Fische. Auf das Gold des Uferstreifens fielen Schatten von traurigen Weiden. Weit draußen standen die Hügel der Heuschober auf den Wiesen, ich mußte an ihren Vergleich zurückdenken: Wie in der afrikanischen Wüste, die Heuschober sind die Pyramiden.

Sie wiederholte, während sie eine andere Apfelsine schälte, im Ton der Älteren und wie um mich zu strafen:

»Ja, ich wäre heute Ihre Frau...

»Ich danke Ihnen«, sagte ich, »ich danke Ihnen.«

Mein Dank war aufrichtig.

1915

Zu den Autoren

Andrejew, Leonid Nikolajewitsch, (1871–1919) wurde als Sohn eines Landmessers in Orjol geboren. Nach dem Abschluß eines Jurastudiums an der Moskauer Universität 1897 und einer kurzfristigen Tätigkeit als Anwalt, Feuilletonist und Gerichtsreporter kam er Ende der neunziger Jahre zur Literatur. Er wurde Mitglied der 1899 gegründeten »Mittwochs«-Gesellschaft (Sreda), die zu einem Zentrum des damaligen geistig-kulturellen Lebens wurde. Ab 1908 lebte er als freischaffender Schriftsteller, meist in seinem Haus in Vammelsum (Finnland), und kehrte nach 1917 nicht mehr in die Heimat zurück.

Nach Gerichtsreportagen und Feuilletons erschien 1898 seine erste Erzählung »Bargamot und Garaska«. Das Frühwerk Andrejews bis 1905 zeichnet sich durch Mitgefühl mit den rechtlosen »kleinen Leuten«, Kritik an den herrschenden Zuständen, Haß gegen die Greuel des Krieges und Sympathie für die revolutionäre Bewegung aus. Zu den bekanntesten Erzählungen dieser Periode gehören: »Das Leben des Popen Wassili« (1903) und »Das rote Lachen« (1904). In der Erzählung »Die sieben Gehenkten« (1908) treten neben der Gesellschaftskritik bereits anarchistisch-pessimistische Züge hervor, die für sein späteres Schaffen charakteristisch sind. Neben Erzählungen zu biblischen Stoffen veröffentlichte er in dieser Periode auch zahlreiche philosophische Dramen und seinen einzigen Roman, »Saschka Sheguljow« (1912).

Brjussow, Valeri Jakowlewitsch, (1873–1924) entstammte einer wohlhabenden Moskauer Kaufmannsfamilie. Nach Abschluß eines Geschichtsstudiums an der Moskauer Universität 1899 war er Mitarbeiter verschiedener Zeitschriften und gab von 1904 bis 1909 die Zeitschrift »Wessy« (Die Waage), das führende Organ der Symbolisten, heraus. Am ersten Weltkrieg nahm er als Kriegsberichterstatter teil, seine ursprüngliche patriotische Haltung wich jedoch bald der Enttäuschung. Nach 1917 arbeitete er im Volkskommissariat für Bildungswesen und gründete 1921 das »Höhere literarisch-künstlerische Institut«, dessen Leiter und befähigtster Lehrer er wurde.

Brjussow, der enzyklopädische Kenntnisse auf dem Gebiet der Literatur und Kunst, aber auch ein gründliches Wissen im Bereich der Naturwissenschaften besaß, war Dichter und Übersetzer, Publizist und Literaturkritiker, Essayist und Verstheoretiker. Schon als Student gab er die drei Hefte »Russische Symbolisten« (1894/95) heraus, deren Erscheinen als die Geburtsstunde des russischen Symbolismus gilt. Mit der allmählichen Lösung vom Symbolismus, die 1905 einsetzte, erfolgte eine immer stärkere Hinwendung zum Prosaschaffen. Er veröffentlichte neben zahlreichen Gedichtbänden die beiden Erzählungsbände »Die Erdachse« (1906; 1910) und »Nächte und Tage« (1913) sowie die historischen Romane »Der feurige Engel« (1908) und »Der Siegesaltar« (1911).

Dostojewski, Fjodor Michailowitsch, (1821–1881) wurde als Sohn eines Armenarztes in Moskau geboren. Von 1834 bis 1837 besuchte er eine Moskauer Privatschule, von 1838 bis 1843 die Ingenieurschule der Petersburger Militärakademie. Nach einer kurzen Tätigkeit im Ingenieur-Departement für Festungsbau widmete er sich ab 1845 ausschließlich der Literatur. 1849 wurde er mit anderen Mitgliedern des oppositionell-revolutionären Petraschewski-Kreises verhaftet. Die Todesstrafe durch Erschießen wurde unmittelbar vor der Vollstreckung in vier Jahre Zwangsarbeit mit anschließendem Militärdienst in Sibirien umgewandelt. Nach seiner Rückkehr nach Petersburg Ende 1859 widmete er sich verstärkt der literarischen und publizistischen Tätigkeit. Von 1863 bis 1866 und von 1867 bis 1871 unternahm er ausgedehnte Reisen nach Deutschland, Frankreich, England und Italien. Seine letzten Lebensjahre waren überschattet von einer schweren epileptischen Krankheit.

Das Frühschaffen Dostojewskis, von dem erfolgreichen Debüt mit dem Briefroman »Arme Leute« (1845) bis zu dem Roman »Erniedrigte und Beleidigte« (1861), steht ganz im Zeichen der Natürlichen Schule und hat den »kleinen Mann« der zaristischen Metropole zum Hauptgegenstand. Auf die »Aufzeichnungen aus einem Totenhaus« (1862), ein realistisches Bild der sibirischen Zwangsarbeit, folgte neben zahlreichen Erzählungen, Novellen und publizistischen Werken der Zyklus kritisch-realistischer Gesellschaftsromane, die Dostojewskis Weltruhm begründeten: »Schuld und Sühne« (1866), »Der Spieler« (1866), »Der Idiot« (1868), »Die Dämonen« (1872), »Der Jüngling« (1875), »Die Brüder Karamasow« (1880). Das sehr umfangreiche »Tagebuch eines Schriftstellers«, in dem Dostojewski seine sozialpolitischen und ästhetischen Ansichten darlegte, enthält auch sechs Erzählungen, darunter »Die Sanfte«.

Gorki, Maxim, eigentlich: Alexej Maximowitsch Peschkow, (1868–1936) wurde als Sohn eines Handwerkers in Nishni Nowgorod geboren. Früh verwaist, mußte er sich schon mit elf Jahren den Lebensunterhalt selbst verdienen: als Ladenjunge, Tellerwäscher, Ikonenmaler, Bäcker und Lastenträger. 1888 in Kasan kam er zum erstenmal mit illegalen marxistischen Zirkeln in Berührung. 1889 wurde er wegen revolutionärer Tätigkeit verhaftet und stand von da an unter Polizeiaufsicht. Er nahm an der Revolution von 1905 teil, danach hielt er sich hauptsächlich im Ausland auf: Er reiste durch Amerika und lebte dann auf Capri. 1913 kehrte er nach Rußland zurück. Neben eigener literarischer Tätigkeit gründete er den Verlag »Weltliteratur«

(Wsemirnaja literatura) und setzte sich sowohl für die Erhaltung des kulturellen Erbes als auch für die Förderung und die Publikation der zeitgenössischen Literatur ein. Von 1921 bis 1928 ging er abermals ins Ausland. Ab 1928 war sein ständiger Wohnsitz Moskau.

1892 erschien Gorkis erste Erzählung »Makar Tschudra«, darauf folgten neben zahlreichen Erzählungen die Romane »Foma Gordejew« (1899), »Die Mutter« (1906), die autobiographische Trilogie – »Kindheit« (1913), »Unter fremden Menschen« (1916), »Meine Universitäten« (1922) –, »Das Werk der Artamonows« (1925), »Klim Samgin« (1925–1936) u. a. Um die Jahrhundertwende wandte sich Gorki auch der Dramatik zu und veröffentlichte u. a. die Stücke »Die Kleinbürger« (1901), »Nachtasyl« (1902), »Feinde« (1906), »Somow und andere (1931), »Jegor Bulytschow und andere« (1932), »Dostigajew und andere« (1933), »Wassa Shelesnowa« (1935; Erstfassung 1910). Darüber hinaus schrieb er Aufsätze und Briefe zu Fragen der Literatur.

Kuprin, Alexander Iwanowitsch, (1870–1938) wurde als Sohn eines Beamten in Narowtschat im Gouvernement Pensa geboren. Nach Absolvierung der Kadetten- und der Offiziersschule diente er vier Jahre als Leutnant in einem Infanterieregiment in der Westukraine, mußte aber 1894 wegen eines Zusammenstoßes mit Vorgesetzten den Militärdienst quittieren. Er war als Journalist, Hafenarbeiter, Kontorist, Kirchensänger, Landmesser, Schauspieler und in vielen anderen Berufen tätig, bevor er seinen Lebensunterhalt als Schriftsteller bestreiten konnte. Er wurde Mitglied der renommierten »Mittwochs«-Gesellschaft (Sreda), die zu einem Zentrum des damaligen geistig-kulturellen Lebens wurde. 1919 emigrierte er und lebte in den folgenden siebzehn Jahren vorwiegend in Paris. 1937 kehrte er in die Heimat zurück, starb aber bereits 1938 in Moskau.

Nach Milieuskizzen und einer Vielzahl von Erzählungen über Liebe, Tod, Freundschaft und Wahnsinn schrieb Kuprin 1896 sein erstes umfangreiches Werk, »Der Moloch«, die erste Darstellung eines Industriebetriebes in der russischen Literatur. Zu seinen bedeutendsten Erzählwerken gehören: »Olessja« (1898), »Das Duell« (1905), »Der Strom des Lebens« (1906), »Gambrinus« (1907), »Die Laistrygonen« (1907–1911) sowie der Roman »Das sündige Viertel« (1914/15), in dem er die Prostitution als soziale Krankheit analysiert und anklagt. Aus den in der Emigration entstandenen Werken ragt der autobiographische Roman »Die Junker« (1933) heraus.

Leskow, Nikolai Semjonowitsch, (1831–1895) wurde als Sohn eines Beamten in dem Dörfchen Gorochowo im Gouvernement Orjol geboren. Als Fünfzehnjähriger verließ er das Gymnasium von Orjol und wurde 1847 Schreiber beim Kriminalgericht. Zwei Jahre später ging er nach Kiew, wo er am Kameralhof tätig war, Vorlesungen über Medizin, Landwirtschaft und Statistik hörte und intensive Literaturstudien trieb. Als Handlungsreisender fuhr er von 1857 bis 1859 kreuz und quer durch Rußland und übersiedelte 1860 nach Petersburg, um Berufsschriftsteller zu werden. Als Korrespondent der offiziösen Zeitung »Sewernaja ptschela« (Nordische Biene) reiste er 1862 und 1863 nach Westeuropa. Ab 1874 arbeitete er im Ministerium für Volksbildung und ab 1877 zusätzlich im Ministerium für Staatsdomänen, wurde aber wegen seiner bissigen Satiren auf den Klerus und die korrupte Oberschicht 1880 aus dem Staatsdienst entlassen. In den letzten Lebensjahren gab er seine frühere gemäßigte Position auf und wurde zu einem Gegner des herrschenden Systems im Sinne des von ihm verehrten und bewunderten Lew Tolstoi.

Leskow ist der unübertroffene Geschichtenerzähler und ein unverwechselbarer Sprachkünstler der russischen

Literatur. Mit seinen Erzählungen aus der Kaufmannswelt – »Die Lady Macbeth aus dem Landkreis Mzensk« (1865), »Die Kampfnatur« (1866) –, aus der Welt der Geistlichkeit – dem Roman »Die Klerisei« (1872), »Am Ende der Welt« (1875), »Kleinigkeiten aus dem Bischofsleben« (1878–1880) –, der Welt der Bauern und der Gutsbesitzer – »Liebe in Bastschuhen« (1863), »Der unsterbliche Golowan« (1880), »Das Tal der Tränen« (1892) –, aus dem Milieu der Beamten und Polizisten – »Der Tolpatsch« (1894; 1917) – und der Militärs – »Das Kadettenkloster« (1880) – schuf er ein umfassendes Panorama des russischen Lebens. Um die sittlichen Werte des Menschen, unabhängig von Herkunft, Beruf, Religion oder Rasse, geht es ihm sowohl in den Bearbeitungen alter Legenden und Heiligenleben – »Erzählung vom Christen Theodor und seinem jüdischen Freund Abraham« (1886), »Der Gaukler Pamphalon« (1887) – als auch in den Volkserzählungen »Der verzauberte Pilger« (1873), »Der versiegelte Engel« (1873) und »Der Linkshänder« (1881).

Puschkin, Alexander Sergejewitsch, (1799–1837) entstammte einem alten russischen Bojarengeschlecht. Von 1811 bis 1817 besuchte er das Lyzeum in Zarskoje Selo und trat anschließend in den Dienst des Kollegiums für Auswärtige Angelegenheiten. Wegen revolutionärer Gedichte und Epigramme wurde er 1820 in den Süden Rußlands und 1824 auf das väterliche Gut Michailowskoje verbannt. Nikolai I. gestattete ihm 1826 die Rückkehr nach Moskau und Petersburg, zensierte jedoch von nun an die Werke des Dichters persönlich. Die 1831 geschlossene Ehe mit Natalja Gontscharowa zwang Puschkin, seine Tätigkeit als Kollegiensekretär wiederaufzunehmen und ein Amt am Zarenhof zu bekleiden. Höfische Intrigen führten zu dem Duell mit dem französischen Emigranten d'Anthès, in dem Puschkin am 27. Januar 1837 tödlich verwundet wurde.

Puschkin, der bedeutendste russische Dichter und eigentliche Schöpfer einer modernen russischen Literatursprache, schrieb bereits als Lyzeumsschüler Gedichte, Oden und Epigramme und wurde noch vor Beendigung des Studiums in die Dichtervereinigung »Arsamas« aufgenommen. Mit »Ruslan und Ludmila« (1820) schuf er – in bewußter Auseinandersetzung mit der Epik des Klassizismus – das originalrussische romantische Poem, dem 1821 »Der Gefangene im Kaukasus«, 1824 »Die Zigeuner«, 1828 »Poltawa« und 1833 »Der eherne Reiter« folgten. Höhepunkt seiner epischen Dichtung ist der realistische Versroman »Eugen Onegin« (1823–1830). Ein russisches Nationaldrama schuf er mit der Verstragödie »Boris Godunow« (1825; 1831), der 1830 die vier »Kleinen Tragödien« – »Der geizige Ritter«, »Mozart und Salieri«, »Der steinerne Gast« und »Das Gelage während der Pest« – folgten. Mit den »Erzählungen des verstorbenen Iwan Petrowitsch Belkin« (1831) legte er den Grundstein für die russische Novellistik. Der Roman »Die Hauptmannstochter« (1836) beschließt sein Prosaschaffen.

Tolstoi, Lew Nikolajewitsch, Graf, (1828–1910) wurde als Nachkomme eines alten russischen Adelsgeschlechts in Jasnaja Poljana, dem Stammsitz seiner Vorfahren, geboren. In Kasan studierte er ab 1844 orientalische Sprachen und Jura, kehrte jedoch vor Abschluß des Studiums nach Jasnaja Poljana zurück. Von 1851 bis 1854 diente er in der Kaukasusarmee, 1854 nahm er an der Verteidigung Sewastopols gegen die Türken teil. Nach einem vorübergehenden Aufenthalt in Petersburg und zwei ausgedehnten Reisen nach Westeuropa (1857 und 1860) ließ er sich endgültig in Jasnaja Poljana nieder, wo er sich der Bewirtschaftung seines Gutes, der Verbesserung der ökonomischen und sozialen Lage der Bauern und ihrer schulischen Bildung widmete. Vor allem nach seiner Heirat 1862 wandte er sich immer mehr der literarischen Tätigkeit zu.

In den achtziger Jahren geriet er immer stärker in Widerspruch zu dem herrschenden sozialen und politischen System und vertrat die Positionen der patriarchalischen Bauernschaft. Dem Bruch mit dem herrschenden Regime und der offiziellen russischen Kirche folgte schließlich ein Bruch mit der eigenen Familie: Am 10. November 1910 verließ Tolstoi heimlich Jasnaja Poljana und starb am 20. November an einer Lungenentzündung auf der Eisenbahnstation Astapowo.

1852 debütierte Tolstoi mit der Erzählung »Kindheit«, dem ersten Teil der autobiographischen Trilogie »Kindheit, Knabenjahre, Jugendzeit« (1852–1857), der eine Reihe Erzählungen folgten, darunter die drei »Sewastopoler Erzählungen« (1855), »Die Kosaken« (1862) und »Polikuschka« (1863). Den Höhepunkt seines Schaffens bilden die Romane »Krieg und Frieden« (1863–1869), »Anna Karenina« (1873–1878) und »Auferstehung« (1889–1899). Dazwischen liegen so bedeutende Erzählungen wie »Der Leinwandmesser« (1886), »Der Tod des Iwan Iljitsch« (1886) und »Die Kreutzersonate« (1890), denen in der letzten Schaffensperiode Erzählungen wie »Herr und Knecht« (1895) und »Hadschi Murat« (1905; 1912) folgten. Nach ersten dramatischen Versuchen in den sechziger Jahren schrieb Tolstoi die Stücke »Macht der Finsternis« (1886), »Früchte der Bildung« (1890), »Der lebende Leichnam« (1900; 1911), »Und das Licht scheint in der Finsternis« (1900; 1911). Darüber hinaus verfaßte er kunsttheoretische, religionsphilosophische, pädagogische und sozialkritische Werke sowie Aufsätze zu aktuellen Fragen.

Tschechow, Anton Pawlowitsch, (1860–1904) wurde als Sohn eines Kleinhändlers in Taganrog geboren. Nach dem Besuch des Gymnasiums studierte er in Moskau Medizin, anschließend praktizierte er als Arzt in Landkrankenhäusern in der Umgebung Moskaus. 1890 reiste er auf die

Sträflingsinsel Sachalin, um den zaristischen Strafvollzug zu studieren und durch umfangreiches statistisches Material die Öffentlichkeit aufzurütteln. Von 1892 bis 1899 wohnte er mit seinen Angehörigen, deren Unterhalt er nach dem Bankrott des Vaters bestritt, in seinem Landhaus in Melichowo bei Moskau. Eine schwere Lungentuberkulose zwang ihn, 1897 auf die Krim zu übersiedeln. 1904 starb er in dem Schwarzwald-Kurort Badenweiler.

Tschechow, der zu Beginn der achtziger Jahre unter dem Pseudonym Antoscha Tschechonte seine ersten Humoresken veröffentlichte, hinterließ ein literarisches Erbe von über vierhundert Kurzgeschichten (»Der Dicke und der Dünne«, 1883; »Das Chamäleon«, 1884; »Unteroffizier Prischibejew«, 1885), etwa siebzig größeren Erzählungen (»Die Steppe«, 1888; »Krankenzimmer Nr. 6«, 1892; »In der Schlucht«, 1900) und rund einem Dutzend Einaktern und Dramen (»Die Möwe«, 1896; »Onkel Wanja«, 1897; »Drei Schwestern«, 1901; »Der Kirschgarten«, 1904). Von seinen publizistischen Werken ist das bedeutendste »Die Insel Sachalin« (1893/94). Ein umfangreicher Briefwechsel und literarische Notizhefte vervollständigen das Bild Tschechows, der eine eigene russische Tradition der Kurzgeschichte begründete und darüber hinaus die Erzähltechnik und das Drama des 20. Jahrhunderts maßgeblich beeinflußte.

Turgenjew, Iwan Sergejewitsch, (1818–1883) wurde in einer wohlhabenden Gutsbesitzerfamilie auf dem mütterlichen Gut Spasskoje-Lutowinowo bei Orjol geboren. Von 1833 bis 1836 studierte er in Moskau und Petersburg Philosophie, Geschichte und Literatur. 1838 reiste er nach Deutschland und studierte an der Berliner Universität Geschichte, klassische Philologie und die Hegelsche Philosophie. Nach seiner Rückkehr 1842 legte er die philosophische Magisterprüfung ab, es gelang ihm jedoch nicht, einen Lehrstuhl für Philosophie zu erhalten. Nach einer vorübergehenden Beamtentätigkeit im Innenministerium wandte er sich in den vierziger Jahren endgültig der schriftstellerischen Arbeit zu. Nach mehreren Auslandsaufenthalten übersiedelte Turgenjew 1863 nach Baden-Baden und später nach Paris. Er wurde zum Wegbereiter und Popularisator der russischen Literatur in Westeuropa. Seine Absicht, nach Rußland zurückzukehren, verhinderte ein unheilbares Leiden, an dem er 1883 in Bongival bei Paris starb.

Seinem literarischen Erstlingswerk »Steno« (1834), einem in Byronscher Manier geschriebenen Versdrama, folgten Gedichte, Vers- und Prosaerzählungen sowie dramatische Versuche. Höhepunkt seines Frühschaffens sind die »Aufzeichnungen eines Jägers« (1847–1852), die ihn berühmt machten, ihm aber zugleich eine anderthalbjährige Verbannung auf sein Gut Spasskoje einbrachten. Mit den realistischen Gesellschaftsromanen »Rudin« (1856), »Ein Adelsnest« (1859), »Vorabend« (1860), »Väter und Söhne« (1862), »Rauch« (1867) und »Neuland« (1877), die jeweils von einer Reihe lyrisch-stimmungsvoller Erzählungen umgeben sind, wurde Turgenjew zu einem Chronisten seiner Zeit. Sein umfangreiches novellistisch-erzählerisches Schaffen, zu dem weltberühmte Erzählungen wie »Mumu« (1852; 1854), »Faust« (1856), »Erste Liebe« (1860) und »Frühlingsfluten« (1872) gehören, fand in den unter der Sammelbezeichnung »Gedichte in Prosa« (1882) veröffentlichten Miniaturen Abschluß und Krönung.

Anmerkungen

9 *Tulaer Siegel* – Die Stadt Tula war für ihre Metallerzeugnisse berühmt.

16 *Borodino* – Am 7. September 1812 fand hier die größte Schlacht des Vaterländischen Krieges gegen Napoleon statt.

Artemisia – Königin von Karien (4. Jh. v. Chr.), Witwe des Mausoleus, dem sie in Halikarnassos ein prächtiges Grabmal (Mausoleum) errichtete, das als eines der sieben Weltwunder galt.

17 *Vive Henri-Quatre* – (franz.) Es lebe Heinrich IV.; Couplet aus der 1774 entstandenen Komödie »Die Jagd Heinrichs IV.« des französischen Chansoniers und Dramatikers Charles Collé (1709–1783).

»Joconde« – Oper des französischen Komponisten Niccolo Isouard (1775–1818), die 1814 mit großem Erfolg im von russischen Truppen besetzten Paris aufgeführt wurde.

und in die Luft die Hauben warfen – Vers aus der Komödie »Verstand schafft Leiden« von Alexander Sergejewitsch Gribojedow (1795 bis 1829).

18 *Se amor non è che dunque? ...* – (ital.) Wenn's keine Liebe ist, was dann? – Vers aus dem 88. Sonett des italienischen Dichters Francesco Petrarca (1304–1374).

20 *Saint-Preux* – Held aus dem Briefroman »Julie oder Die neue Héloïse« von Jean-Jacques Rousseau (1712–1778).

24 *in der kleinen deutschen Stadt S.* – Gemeint ist Sinzig, wo sich Turgenjew im Sommer 1857 aufhielt.

25 *das Städtchen L.* – Gemeint ist Linz am Rhein.

26 *Studenten aus B.* – Gemeint sind Studenten aus Bonn.

33 *»Du schläfst? Mit der Gitarre ...«* – Verse aus Puschkins Romanze »Ich halt, Inesilla« (1830), die 1834 von Michail Iwanowitsch Glinka vertont wurde.

zu der »Ruine« begeben – Gemeint ist die Ruine des Schlosses Linzhausen bei Linz.

40 *wie die kleine Galathea von Raffael in der Farnesina* – Gemeint ist eine Figur aus der von Raffael (1483–1520) gemalten Freske »Der Triumph der Galathea« in der Villa Farnesina in Rom.

57 *»Der Zweige Schatten und das Kreuz ...«* – sinngemäße Wiedergabe von Versen aus Puschkins »Eugen Onegin« (Achtes Buch, Vers XLVI).

120 *Mariä Opfer* – Fest der orthodoxen Kirche am 21. November.

129 *Kaufmannswitwe der dritten Gilde* – Der russische Kaufmann gehörte, je nach der Höhe seines Kapitals, einer von drei Gilden an. Zur dritten Gilde zählten die weniger vermögenden Kaufleute.

140 *Raskolnik* – Angehöriger der religiösen Bewegung der Altgläubigen, die sich im 17. Jahrhundert von der offiziellen russischen Kirche abspalteten (ralskol=russ. Spaltung).

148 *Gros de Naples* – (franz.) schwerer, taftartiger Seidenstoff.

»Golos« – (russ.) »Die Stimme«, gemäßigt-liberale Petersburger Tageszeitung.

164 *»Die Jagd nach dem Glück«* – Operette von Franz von Suppé (1819–1895).

»La Périchole« – Operette von Jacques Offenbach (1819 bis 1880).

165 *Mill* – John Stuart Mill (1806–1873), englischer Philosoph und Nationalökonom.

194 *Szene zwischen Gil Blas und dem Erzbischof von Granada* – Gestalten aus dem Roman »Gil Blas« des französischen Schriftstellers Alain-René Lesage (1668–1747).

202 *Prosektor* – Arzt, der Leichenzerlegungen durchführt oder überwacht.

203 *die Bylinen* – altrussische Heldenlieder.

209 *société* – (franz.) Gesellschaft.

218 *Masini* – Angelo Masini (1844–1926), italienischer Tenor, der mehrfach in Rußland gastierte.

222 *perniziöse Anämie* – (lat.) bösartige Blutarmut.

Polenow – Wassili Dmitrijewitsch Polenow (1844–1927), russischer Maler.

227 *nature morte* – (franz.) Stilleben.

228 *Barnay* – Ludwig Barnay (1842–1924), deutscher Schauspieler, der häufig im Ausland gastierte.

229 *»an den Gogolschen Ossip ... erinnerte* – Gemeint ist der Diener von Chlestakow aus Gogols Komödie » Der Revisor«; in der Regieanweisung wird er vom Autor als »schweigsamer Gauner« charakterisiert.

230 *Protodiakon* – erster, oberster Diakon; ein Diakon ist ein niederer Geistlicher, ein Hilfsprediger.

239 *Wint* – ein Kartenspiel.

244 *»Porche misere!«* – (itat.) »Erbärmliche Säue!«

247 *»Seufzend stehst du mit gebleichten Wangen ...«* – Romanze von Pjotr Iljitsch Tschaikowski (1840–1893)

249 *der Rubinsteinschen »Asra«* – Romanze des russischen Komponisten und Pianisten Anton Grigorjewitsch Rubinstein (1829 bis 1894).

Tarnowski – Konstantin Awgustowitsch Tarnowski (1826 bis 1892), russischer Theaterschaffender, Verfasser populärer Romanzen.

251 *Sashen* – altes russischens Längenmaß; 2,13 m.

279 *Zarin Jelisaweta* – Jelisaweta Petrowna (1709–1761), Tochter Peters I., ab 1741 russische Zarin.

280 *»Encore!«* – (franz.) »Weiter!«

281 *Alphonse Karr* – Alphonse Karr (1808–1890), französischer Schriftsteller, Verfasser humoristisch-sentimentaler Romane, die sich in den dreißiger und vierziger Jahren des 19. Jahrhunderts in Rußland großer Beliebtheit erfreuten.

295 *»Monsieur, laissez-moi ...«* – (franz.) Monsieur, lassen Sie mich bitte vorbei, ich kenne Sie nicht.

Quellenverzeichnis

Alexander Puschkin: Der Schneesturm. Aus: Alexander Sergejewitsch Puschkin, Romane und Novellen, Gesammelte Werke in sechs Bänden. © der deutschen Übersetzung Aufbau-Verlag Berlin und Weimar 1964.

Iwan Turgenjew: Asja. Aus: Iwan Turgenjew, Erste Liebe, Gesammelte Werke in Einzelbänden. © der deutschen Übersetzung Aufbau-Verlag Berlin und Weimar 1970.

Nikolai Leskow: Die Lady Macbeth aus dem Landkreis Mzensk. Aus: Nikolai Leskow, Liebe in Bastschuhen, Gesammelte Werke in Einzelbänden. © der deutschen Übersetzung Rütten & Loening, Berlin 1967.

Fjodor Dostojewski: Die Sanfte. Aus: Fjodor Dostojewskij, Der ewige Ehemann. © der deutschen Übersetzung Aufbau-Verlag Berlin und Weimar 1971.

Anton Tschechow: Flattergeist. Aus: Anton Tschechow, Weiberwirtschaft, Gesammelte Werke in Einzelbänden. © der deutschen Übersetzung Rütten & Loening, Berlin 1966.

Alexander Kuprin: Die bange Minute. Aus: Das Glück zu lieben und geliebt zu werden. Hrsg. von Margit Bräuer. © der deutschen Übersetzung Rütten & Loening, Berlin 1978.

Leonid Andrejew: Der Abgrund. Aus: Das Glück zu lieben und geliebt zu werden. Hrsg. von Margit Bräuer. © der deutschen Übersetzung Rütten & Loening, Berlin 1978.

Lew Tolstoi: Nach dem Ball. Aus: Lew Tolstoi, Hadschi Murat, Gesammelte Werke in zwanzig Bänden. © der deutschen Übersetzung Rütten & Loening, Berlin 1973.

Valeri Brjussow: Für mich oder für eine andere? Aus: Valeri Brjussow, Nur der Morgen der Liebe ist schön. © der deutschen Übersetzung Rütten & Loening, Berlin 1987.

Maxim Gorki: Das Glück. Aus: Maxim Gorki, Wanderungen durch Rußland, Gesammelte Werke in Einzelbänden. © der deutschen Übersetzung Aufbau-Verlag Berlin und Weimar 1955.